PRENTICE HALL
EXPLORADOR DE CIENCIAS

Movimiento, fuerza y energía

PRENTICE HALL
Needham, Massachusetts
Upper Saddle River, New Jersey

PRENTICE HALL
EXPLORADOR
DE CIENCIAS

Movimiento, fuerza y energía

Recursos del programa

Student Edition
Annotated Teacher's Edition
Teaching Resources Book with Color Transparencies
Motion, Forces, and Energy Materials Kits

Componentes del programa

Integrated Science Laboratory Manual
Integrated Science Laboratory Manual, Teacher's Edition
Inquiry Skills Activity Book
Student-Centered Science Activity Books
Program Planning Guide
Guided Reading English Audiotapes
Guided Reading Spanish Audiotapes and Summaries
Product Testing Activities by Consumer Reports™
Event-Based Science Series (NSF funded)
Prentice Hall Interdisciplinary Explorations
Cobblestone, Odyssey, Calliope, and *Faces* Magazines

Medios/Tecnología

Science Explorer Interactive Student Tutorial CD-ROMs
Odyssey of Discovery CD-ROMs
Resource Pro® (Teaching Resources on CD-ROM)
Assessment Resources CD-ROM with Dial-A-Test®
Internet site at www.science-explorer.phschool.com
Life, Earth, and Physical Science Videodiscs
Life, Earth, and Physical Science Videotapes

Explorador de ciencias
Libros del estudiante

Créditos

El equipo de colaboradores de *Explorador de ciencias* está conformado por representantes editoriales, editores, diseñadores, encargados de pruebas de campo de mercadeo, investigadores de mercado, encargados de servicios de mercadeo, desarrolladores de servicios en línea/multimedia, representantes de mercadotecnia, encargados de producción, y publicadores. Los nombres de los colaboradores se listan a continuación. Aquellos resaltados en negritas indican a los coordinadores del equipo.

Kristen E. Ball, **Barbara A. Bertell,** Peter W. Brooks, **Christopher R. Brown, Greg Cantone,** Jonathan Cheney, **Patrick Finbarr Connolly,** Loree Franz, Donald P. Gagnon, Jr., **Paul J. Gagnon, Joel Gendler,** Elizabeth Good, Kerri Hoar, **Linda D. Johnson,** Katherine M. Kotik, Russ Lappa, Marilyn Leitao, David Lippman, **Eve Melnechuk, Natania Mlawer,** Paul W. Murphy, **Cindy A. Noftle,** Julia F. Osborne, Caroline M. Power, Suzanne J. Schineller, **Susan W. Tafler,** Kira Thaler-Marbit, Robin L. Santel, Ronald Schachter, **Mark Tricca,** Diane Walsh, Pearl B. Weinstein, Beth Norman Winickoff

ISBN 0-13-436604-2
3 4 5 6 7 8 9 10   03

Rueda de la fortuna en la Feria de Del Mar, en Del Mar, California

Autores del programa

Michael J. Padilla, Ph.D.
Professor
Department of Science Education
University of Georgia
Athens, Georgia

Michael Padilla es líder en la enseñanza de Ciencias en secundaria. Ha trabajado como editor y funcionario de la Asociación Nacional de Profesores de Ciencias. Ha sido miembro investigador en diversas premiaciones de la Fundación Nacional de Ciencias y la Fundación Eisenhower, además de participar en la redacción de los Estándares Nacionales de Enseñanza de Ciencias.

En *Explorador de ciencias*, Mike coordina un equipo de desarrollo de programas de enseñanza que promueven la participación de estudiantes y profesores en el campo de las ciencias con base en los Estándares Nacionales de la Enseñanza de Ciencias.

Ioannis Miaoulis, Ph.D.
Dean of Engineering
College of Engineering
Tufts University
Medford, Massachusetts

Martha Cyr, Ph.D.
Director, Engineering
    Educational Outreach
College of Engineering
Tufts University
Medford, Misssachusetts

Explorador de ciencias es un proyecto creado con la colaboración del Colegio de Ingeniería de la Universidad Tufts. Dicha institución cuenta con un extenso programa de investigación sobre ingeniería que fomenta la participación de estudiantes y profesores en las áreas de ciencia y tecnología.

Además de participar en la creación del proyecto *Explorador de ciencias*, la facultad de la Universidad Tufts también colaboró en la revisión del contenido de los libros del estudiante y la coordinación de las pruebas de campo.

PROYECTO DEL CAPÍTULO

Autor

Peter Kahan
Former Science Teacher
Dwight-Englewood School
Englewood, New Jersey

Colaboradores

Mark Illingworth
Teacher
Hollis Public Schools
Hollis, New Hampshire

Thomas R. Wellnitz
Science Teacher
The Paideia School
Atlanta, Georgia

Asesor de lecturas

Bonnie B. Armbruster, Ph.D.
Department of Curriculum
    and Instruction
University of Illinois
Champaign, Illinois

Asesor interdisciplinario

Heidi Hayes Jacobs, Ed.D.
Teacher's College
Columbia University
New York, New York

Asesores de seguridad

W. H. Breazeale, Ph.D.
Department of Chemistry
College of Charleston
Charleston, South Carolina

Ruth Hathaway, Ph.D.
Hathaway Consulting
Cape Girardeau, Missouri

Revisores de pedagogía

Stephanie Anderson
Sierra Vista Junior
    High School
Canyon Country, California

John W. Anson
Mesa Intermediate School
Palmdale, California

Pamela Arline
Lake Taylor Middle School
Norfolk, Virginia

Lynn Beason
College Station Jr. High School
College Station, Texas

Richard Bothmer
Hollis School District
Hollis, New Hampshire

Jeffrey C. Callister
Newburgh Free Academy
Newburgh, New York

Judy D'Albert
Harvard Day School
Corona Del Mar, California

Betty Scott Dean
Guilford County Schools
McLeansville, North Carolina

Sarah C. Duff
Baltimore City Public Schools
Baltimore, Maryland

Melody Law Ewey
Holmes Junior High School
Davis, California

Sherry L. Fisher
Lake Zurich Middle
    School North
Lake Zurich, Illinois

Melissa Gibbons
Fort Worth ISD
Fort Worth, Texas

Debra J. Goodding
Kraemer Middle School
Placentia, California

Jack Grande
Weber Middle School
Port Washington, New York

Steve Hills
Riverside Middle School
Grand Rapids, Michigan

Carol Ann Lionello
Kraemer Middle School
Placentia, California

Jaime A. Morales
Henry T. Gage Middle School
Huntington Park, California

Patsy Partin
Cameron Middle School
Nashville, Tennessee

Deedra H. Robinson
Newport News Public Schools
Newport News, Virginia

Bonnie Scott
Clack Middle School
Abilene, Texas

Charles M. Sears
Belzer Middle School
Indianapolis, Indiana

Barbara M. Strange
Ferndale Middle School
High Point, North Carolina

Jackie Louise Ulfig
Ford Middle School
Allen, Texas

Kathy Usina
Belzer Middle School
Indianapolis, Indiana

Heidi M. von Oetinger
L'Anse Creuse Public School
Harrison Township, Michigan

Pam Watson
Hill Country Middle School
Austin, Texas

Revisores de actividades de campo

Nicki Bibbo
Russell Street School
Littleton, Massachusetts

Connie Boone
Fletcher Middle School
Jacksonville Beach, Florida

Rose-Marie Botting
Broward County
    School District
Fort Lauderdale, Florida

Colleen Campos
Laredo Middle School
Aurora, Colorado

Elizabeth Chait
W. L. Chenery Middle School
Belmont, Massachusetts

Holly Estes
Hale Middle School
Stow, Massachusetts

Laura Hapgood
Plymouth Community
    Intermediate School
Plymouth, Massachusetts

Sandra M. Harris
Winman Junior High School
Warwick, Rhode Island

Jason Ho
Walter Reed Middle School
Los Angeles, California

Joanne Jackson
Winman Junior High School
Warwick, Rhode Island

Mary F. Lavin
Plymouth Community
    Intermediate School
Plymouth, Massachusetts

James MacNeil, Ph.D.
Concord Public Schools
Concord, Massachusetts

Lauren Magruder
St. Michael's Country
    Day School
Newport, Rhode Island

Jeanne Maurand
Glen Urquhart School
Beverly Farms, Massachusetts

Warren Phillips
Plymouth Community
    Intermediate School
Plymouth, Massachusetts

Carol Pirtle
Hale Middle School
Stow, Massachusetts

Kathleen M. Poe
Kirby-Smith Middle School
Jacksonville, Florida

Cynthia B. Pope
Ruffner Middle School
Norfolk, Virginia

Anne Scammell
Geneva Middle School
Geneva, New York

Karen Riley Sievers
Callanan Middle School
Des Moines, Iowa

David M. Smith
Howard A. Eyer Middle School
Macungie, Pennsylvania

Derek Strohschneider
Plymouth Community
    Intermediate School
Plymouth, Massachusetts

Sallie Teames
Rosemont Middle School
Fort Worth, Texas

Gene Vitale
Parkland Middle School
McHenry, Illinois

Zenovia Young
Meyer Levin Junior
    High School (IS 285)
Brooklyn, New York

Contenido

Movimiento, fuerza y energía

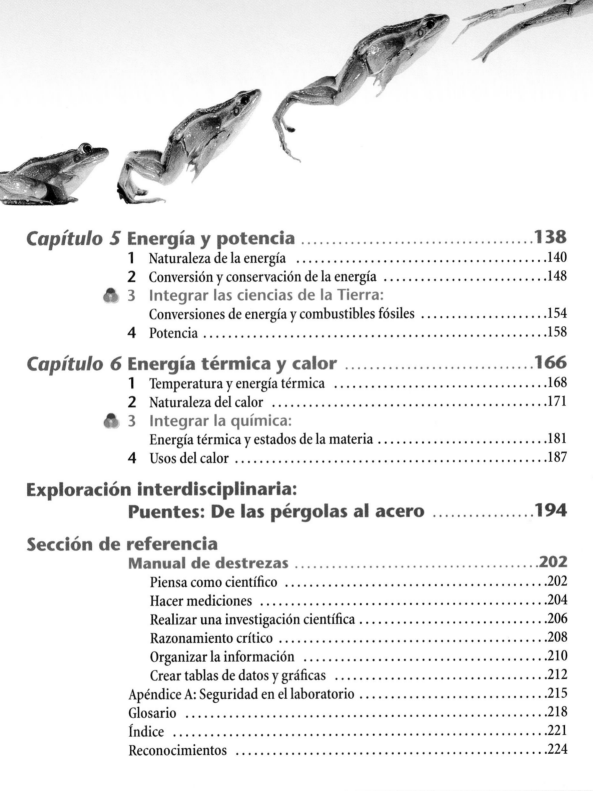

Actividades

Aplicación diaria de conceptos científicos

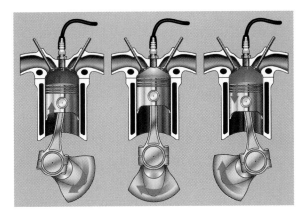

EXPLORAR
Exploración visual de conceptos

Actividades interdisciplinarias

Herramientas matemáticas

Ciencias e historia

Ciencias y sociedad

Conexión

COMPRENSIÓN DE LOS DISEÑOS DE LA NATURALEZA

Ioannis Miaoulis, ingeniero y científico
El Dr. Miaoulis nació y creció en Grecia. Luego se trasladó a Estados Unidos con el fin de estudiar. En la actualidad es profesor de ingeniería mecánica y decano de la Escuela de Ingeniería de la Universidad Tufts, en Medford, Massachusetts.

Los peces se deslizan dentro de un tanque bajo la atenta mirada de una videocámara. Dentro de una caja de cristal, las arañas tejen telarañas en el viento que produce un potente ventilador. "Éste es un laboratorio de biomecánica", señala el profesor Ioannis Miaoulis. "Estudiamos cómo los animales y las plantas utilizan la energía, el movimiento y la fuerza".

Miaoulis se acerca a una red de túneles construidos entre dos cristales. La estructura se parece a un criadero de hormigas de juguete, pero tiene un tubo para soplar aire por arriba. Miaoulis explica:

"Éste es un corte transversal de una madriguera de perros de la pradera. Tiene dos agujeros de entrada. Uno de ellos está sobre una superficie plana, y el otro sobre una superficie curva. Los biólogos se preguntaban por qué. Pensaban que los perros de la pradera deseaban ver mejor, ¿pero por qué no construir ambos agujeros arriba y sobre una superficie curva para tener una mejor vista desde los dos?"

ENTREVISTA CON IOANNIS MIAOULIS

Miaoulis y sus estudiantes están aprendiendo por qué ocurre esto. El viento que sopla sobre una superficie plana se mueve más despacio, pues no tiene que desplazarse tanto como la misma brisa que se mueve por una superficie curva. "El aire lento produce presión alta aquí", explica el científico, indicando el agujero plano. "El aire rápido que se desplaza sobre el agujero curvo causa baja presión. Aquí tenemos presión alta y presión baja allá. La forma de los agujeros permite que el aire atraviese la madriguera: entra por el agujero plano y sale por el curvo. Es el sistema de aire acondicionado de los perros de la pradera".

P *¿Cómo se inició en las ciencias?*

R Crecí en Atenas, Grecia. Es una ciudad superpoblada y contaminada, pero como mi escuela se encontraba en el bosque, tenía actividades al aire libre. Me enamoré de la naturaleza. Abría los hormigueros para ver cómo eran por dentro. Descubrí los lugares donde las tortugas ponían sus huevos. Pasábamos los veranos cerca del mar, de modo que todos los días iba a pescar y a bucear. Llegué a conocer cada roca submarina. Entonces no sabía qué era un científico, pero observaba y estudiaba detenidamente las cosas, pues quería atrapar más peces. Si el agua corría en cierta dirección, ¿dónde se encontraban los peces? Observaba los patrones que seguía la corriente para ver dónde, cómo y por qué los peces construían sus refugios. Todavía lo hago, en parte para atraparlos porque aún me gusta pescar. Pero ahora lo hago para observarlos, para saber cómo son. Siempre fui curioso.

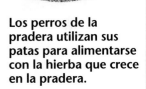

Los perros de la pradera utilizan sus patas para alimentarse con la hierba que crece en la pradera.

El aire pasa a través de un agujero de perros de la pradera que puede tener más de cuatro metros de profundidad. Las cavidades laterales sirven de refugio y para almacenar comida.

El aire acondicionado de los perros de la pradera

① El aire se desplaza sobre el agujero plano.

② El aire se mueve con mayor rapidez sobre el agujero curvo y produce un importante descenso de la presión.

El aire fluye de una zona de presión alta a una de presión baja. La diferencia de presión entre los dos agujeros hace que el aire pase a través de la madriguera y genere brisa.

Las alas de las mariposas se estudian bajo luces brillantes para saber cómo absorben el calor uniformemente.

Una vista microscópica del ala de una mariposa muestra las múltiples y delgadas capas superpuestas que captan el calor del sol.

P *Usted enseña ingeniería. ¿Es ésa una actividad diferente de las ciencias?*

R Bueno, me gusta manipular objetos, desarmarlos y ver cómo funcionan; construirlos y hacerlos funcionar. Descubrí que lo que disfrutaba al estudiar era adquirir conocimientos sobre ciencias y después hacer algo con ella. En eso consiste la ingeniería. Trato de descubrir algo que nadie sabía acerca de algún animal. Luego empleo esa información para crear algo que permita a la gente vivir mejor.

P *¿Cómo aprovecha la naturaleza en sus proyectos de ingeniería?*

R Veamos un ejemplo. Supongamos que me interesa saber cómo se desplaza el calor en los chips que hacen funcionar las computadoras.

> **Estudiamos cómo los animales y las plantas utilizan la energía, el movimiento y la fuerza.**

Los chips están formados por capas o películas cien veces más delgadas que un cabello. A veces, si los chips no se calientan uniformemente, se deshacen al tratar de fabricarlos. Me preguntaba si las plantas o los animales habían resuelto ese problema: el de utilizar películas delgadas para controlar la manera en que absorben o reflejan el calor. Buscamos animales que se tumban o toman el sol, o animales e insectos que dependen del calor del sol.

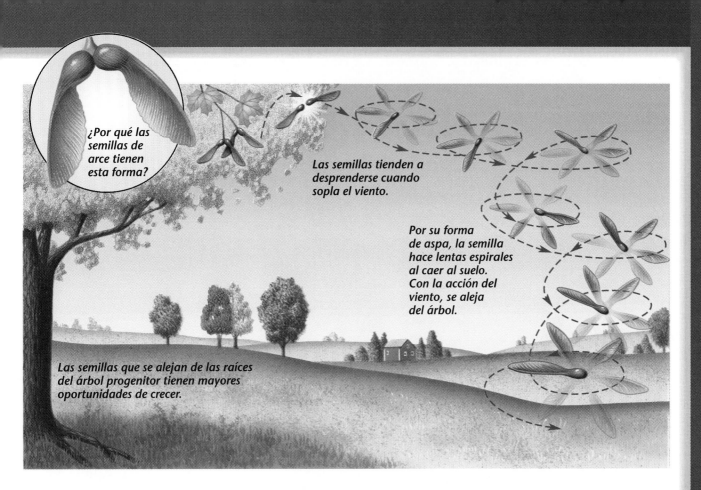

¿Por qué las semillas de arce tienen esta forma?

Las semillas tienden a desprenderse cuando sopla el viento.

Por su forma de aspa, la semilla hace lentas espirales al caer al suelo. Con la acción del viento, se aleja del árbol.

Las semillas que se alejan de las raíces del árbol progenitor tienen mayores oportunidades de crecer.

Si tocamos una mariposa, una especie de polvo se nos pega en los dedos. Cuando era pequeño, solía atrapar mariposas; no sabía qué era ese polvo. Si cortamos en rebanadas esas partículas, encontraremos que se componen de muchas capas. Esas delgadas películas son diminutos colectores de luz solar. Las mariposas pueden cambiar la cantidad de calor que reciben. Sencillamente, al estar al sol, cambian el ángulo en que sostienen las delgadas películas que se encuentran en sus alas. Una buena parte de las alas se calienta uniformemente. Así que observamos las capas de las alas de las mariposas para saber cómo los chips de computadora transferirán el calor de manera más uniforme.

P *¿Cómo surgen las preguntas que se hace?*

R Depende. A veces simplemente al observar las cosas. Si vemos una semilla de arce con alas cayendo

caprichosamente, tal vez no lo pensemos dos veces. Pero si empezamos a observar y valorar la naturaleza, comenzaremos a plantearnos preguntas acerca de cómo funcionan las cosas. ¿De qué le sirve a un árbol tener una semilla que el viento pueda llevarse? Puedo combinar mi amor por la naturaleza de mi infancia con lo que he aprendido sobre las ciencias y la ingeniería.

Las hojas de arce pueden caer al suelo en cualquier momento, desde mayo hasta principios del otoño.

En tu diario

¿Tú también tienes un "ojo inquisitivo"? Miaoulis observa con cuidado a las plantas y los animales, y se hace preguntas acerca de ellos. En silencio observa a algunos animales en su ambiente (mascotas, insectos, aves) durante 15 o 20 minutos. Luego anota cuatro preguntas que empiecen con "¿cómo?" o "¿por qué?" sobre el movimiento y la velocidad de los animales. Por ejemplo, ¿por qué las ranas realizan un movimiento de parar y arrancar?

LO QUE ENCONTRARÁS

14 ◆ M

Velocidades à la Carte

Imagina que has recorrido miles de kilómetros para visitar la región tropical de América del Sur. De pronto, intensos rojos y azules avivan el verde de la selva cuando un grupo de guacamayas desciende rápidamente y se posa en un nogal, por encima de tu cabeza. Se graznan unos a otros mientras cascan nueces con sus poderosos picos y se comen la pulpa. Minutos después, extienden sus alas para emprender el vuelo y desaparecer. Las guacamayas cascando nueces, batiendo sus alas y volando por la selva son ejemplos de movimiento; así como tu vuelo en avión a América del Sur.

En este capítulo aprenderás a describir y medir el movimiento. Encontrarás ejemplos de movimiento y describirás con qué velocidad se mueven distintos objetos. Medirás la velocidad de varios objetos comunes que se mueven.

Tu objetivo Identificar ejemplos de movimiento y medir la velocidad con que se mueven. Debes ordenar tus resultados del más lento al más rápido.

Tu proyecto debe:
- incluir mediciones cuidadosas de distancia y tiempo
- emplear tus datos para calcular la velocidad de cada ejemplo
- proporcionar tarjetas que muestren datos, diagramas y cálculos
- seguir los lineamientos de seguridad del Apéndice A

Para empezar En equipo con tus compañeros de clase, den varios ejemplos de movimiento. Por ejemplo, una pluma que cae, el nivel de agua que sube en una bañera o el minutero de un reloj. ¿Qué ejemplos serán fáciles de medir? ¿Cuáles serán los más difíciles?

Comprueba tu aprendizaje Trabajarás en este proyecto mientras estudias el capítulo. Para mantener tu proyecto en marcha, revisa los cuadros de Comprueba tu aprendizaje en los puntos siguientes: **Repaso de la Sección 1**, página 25: Haz una tabla de datos. **Repaso de la Sección 3**, página 38: Repite las mediciones y haz cálculos.

Para terminar Al final del capítulo (página 41), compararás la velocidad de los objetos anotadas por la clase.

Estas guacamayas de colores rojo y verde viven en la cuenca del Amazonas del Perú.

SECCIÓN ① Descripción y medición del movimiento

DESCUBRE

ACTIVIDAD

¿Con qué velocidad y a qué distancia?

1. Investiga cuánto tiempo tardas en caminar 5 metros a paso normal. Anota el tiempo.

2. Ahora indaga qué tan lejos puedes llegar en 5 segundos si caminas a paso normal. Anota la distancia.

3. Repite los pasos 1 y 2, caminando más despacio que a paso normal. Luego repite los pasos 1 y 2, caminando más rápido que a paso normal.

Reflexiona sobre

Inferir ¿Qué relación hay entre la distancia que caminas, el tiempo que te lleva recorrerla y la velocidad con que lo haces?

GUÍA DE LECTURA

◆ ¿Cuándo un objeto está en movimiento?

◆ ¿Cómo puedes encontrar la rapidez y la velocidad de un objeto?

Sugerencia de lectura Antes de leer, escribe los encabezados de la sección, esta vez como preguntas. A medida que leas, busca las respuestas.

¡Son las tres en punto y ya terminó la clase! Sales corriendo del salón para disfrutar de la tarde radiante. Sopla una brisa suave. Algunas nubes vagan perezosas por el cielo, y hojas de colores vivos descienden flotando de los árboles. Dos pájaros revolotean alegremente por encima de tu cabeza. Un grupo de ardillas juguetonas se persiguen al trepar por un árbol. Pasas algunos minutos con algunos amigos que patean una pelota. Luego te diriges a casa.

¿Te llamó la atención algo de esta escena vespertina? Abundan en ella toda clase de movimientos: soplar, vagar, revolotear, volar y perseguir. Hay movimientos sencillos y complicados, movimientos que terminan en un momento

Ardillas grises ▶

16 ◆ M

y otros que continúan toda la tarde. ¿De qué otra manera puedes describir todos estos ejemplos de movimiento? En realidad hay mucho por saber sobre cómo y por qué todas estas cosas se mueven como lo hacen. En esta sección, sabrás cómo los científicos describen y miden el movimiento.

Cómo reconocer el movimiento

Decidir si un objeto está en movimiento no es tan fácil como parece. Por ejemplo, quizás estés sentado mientras lees este párrafo. ¿Estás moviéndote? Aparte de parpadear y subir y bajar el pecho, tal vez dirías que tú (y este libro) no se mueven. Un objeto está en **movimiento** cuando su distancia con respecto a otro objeto está cambiando. Puesto que la distancia entre tú y este libro no está cambiando, deduces que ninguno de los dos se mueve.

Al mismo tiempo que piensas que estás inmóvil, en realidad te mueves a unos 30 kilómetros por segundo. ¡Con esa rapidez podrías viajar de Nueva York a Los Ángeles en 2 minutos! Te mueves porque estás sobre el planeta Tierra, que gira alrededor del Sol. La Tierra se desplaza aproximadamente a 30 kilómetros por segundo, de modo que tú y todo lo que está sobre el planeta se mueve con esa velocidad.

El hecho de que un objeto se mueva o no depende del punto de vista. Si comparas los libros que están sobre un escritorio con el piso que se encuentra debajo de ellos, ninguno se mueve. Pero si los comparas con el Sol, los

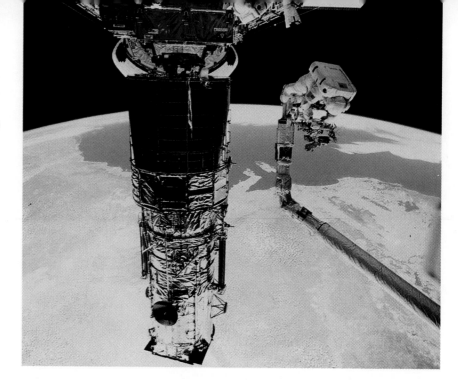

Figura 2 En realidad, tanto el Telescopio Espacial Hubble como el astronauta se mueven rápidamente por el espacio. Pero en comparación con el telescopio, el astronauta no se mueve y, por lo tanto, puede realizar las reparaciones necesarias.

libros se mueven con bastante velocidad. La Tierra y el Sol constituyen puntos de referencia distintos. Un **punto de referencia** es un objeto o lugar que sirven para comparar y determinar si algo está en movimiento. **Un objeto está en movimiento si cambia de posición en relación con un punto de referencia.** Se supone que el punto de referencia es estacionario, es decir, no se mueve.

Si has viajado en un tren que va lentamente, sabes que tal vez no puedas decir si el tren se mueve a menos que mires por la ventana. Un edificio cercano es un buen punto de referencia, y bastará con echarle un vistazo para saber si tú y el tren se mueven. Pero es importante elegir con cuidado el punto de referencia. ¿Has estado alguna vez en un autobús escolar parado junto a otro? De pronto, te imaginas que el vehículo en que te encuentras se mueve hacia atrás. Al mirar por la ventana del otro lado, encuentras que tu autobús no se mueve en absoluto. ¡En realidad, el otro vehículo se mueve hacia adelante! El autobús en que te encontrabas pareció moverse hacia atrás porque utilizaste el otro vehículo como punto de referencia. Supusiste que tu punto de referencia era estacionario. Sin embargo, tu punto de referencia, el otro autobús, estaba moviéndose.

Descripción de la distancia

INTEGRAR LAS MATEMÁTICAS Para describir más ampliamente el movimiento, necesitas recurrir a unidades de medida. Aunque no te des cuenta, todo el tiempo empleas unidades o cantidades oficiales. Podrías, por ejemplo, medir 2 tazas de leche para una receta, nadar 100 metros después de salir de clases o comprar 3 kilos de fruta en la tienda. Las tazas, los metros y los kilogramos son unidades.

Los científicos de todo el mundo emplean el mismo sistema de unidades con el fin de dar a conocer la información con claridad. Este sistema de medidas se llama **Sistema Internacional de Unidades** o, en francés, Système International (SI). El SI es un sistema que se basa en el número diez. Esto facilita relativamente los cálculos con el sistema.

La unidad de longitud básica del SI es el **metro** (m). Un metro es un poco más largo que una yarda. La torre Eiffel, que aparece en la Figura 3, se mide en metros. Para medir la longitud de un objeto más pequeño que un metro, los científicos utilizan la unidad métrica llamada centímetro (cm). El prefijo *centi-* significa "centésima parte". Un centímetro es la centésima parte de un metro, de manera que en un metro hay 100 centímetros. La hermosa mariposa de la Figura 3 se mide en centímetros. En cuanto a longitudes más pequeñas, se emplea el milímetro (mm). El prefijo *mili-* significa "milésima parte". Así que en un metro hay 1,000 milímetros. Según el Sistema Internacional, los objetos grandes, o las distancias largas, se miden en kilómetros. El prefijo *kilo-* significa "mil". Hay 1,000 metros en un kilómetro.

Las unidades del SI también se utilizan para describir otras cantidades además de las de longitud. Puedes encontrar más información sobre las unidades del SI en el Manual de destrezas, en la página 204 de este libro de texto.

☑ *Punto clave* ¿Qué unidad utilizarías para describir la anchura de tu dedo pulgar?

Herramientas MATEMÁTICAS

Conversión de unidades

Cuando una unidad métrica se convierte en otra, debe moverse el punto decimal.

1. ¿Cuántos milímetros hay en 14.5 metros? Conviertes de una unidad grande a una menor, así que debes multiplicar. Hay 1,000 milímetros en un metro. Para multiplicar por 1,000, mueve el punto decimal tres lugares a la derecha.
14.500 m = 14,500. mm.
Hay 14,500 mm en 14.5 m.

2. Convierte 1,200 centímetros en metros. En este caso conviertes de una unidad más pequeña a una más grande, así que divide (mueves el punto decimal a la izquierda).
1,200. cm = 12.00 m
1,200 cm equivalen a 12 m.

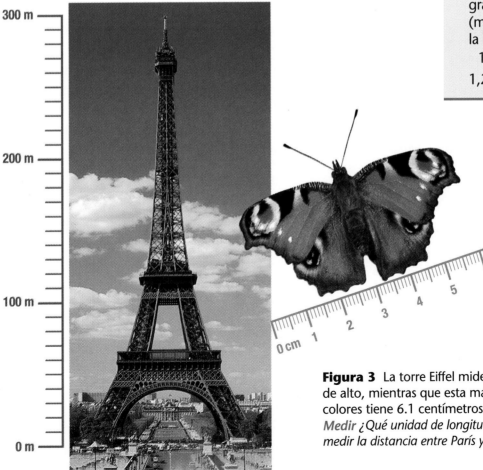

Figura 3 La torre Eiffel mide 300 metros de alto, mientras que esta mariposa de vivos colores tiene 6.1 centímetros de ancho.
Medir ¿Qué unidad de longitud emplearías para medir la distancia entre París y Roma?

La velocidad afecta la forma de las ciudades. Como la gente desea viajar con más velocidad, vive cerca de las rutas de transporte más importantes: autopistas y vías férreas. Así, a menudo las ciudades parecen un centro eje del que parten radios a lo largo de las rutas de transporte.

En tu diario

Se prefiere no viajar más de una hora de la casa al trabajo. La tabla muestra las rutas de tráfico.

Ruta	Velocidad
Autopista 1	75 km/h
Autopista 2	55 km/h
Vía férrea azul	60 km/h
Vía férrea roja	75 km/h
Calle principal	35 km/h

¿En cuáles dos rutas esperarías encontrar gente que viva más lejos del centro de la ciudad? Explica. Haz un mapa que muestre su posible apariencia.

Cálculo de la velocidad

Los científicos utilizan las unidades del SI para describir la distancia que un objeto recorre. Un automóvil, por ejemplo, podría avanzar 90 kilómetros. Una hormiga podría recorrer 2 centímetros. Si se conoce la distancia que un objeto recorre en cierto tiempo, se conoce su velocidad. Para ser más exactos, la **velocidad** de un objeto es la distancia que el objeto recorre en una unidad de tiempo. La velocidad es un tipo de proporción. Una proporción indica la cantidad de algo que ocurre en una unidad de tiempo.

Para calcular la velocidad de un objeto, divide la distancia que éste recorre entre el tiempo que necesita para cubrir esa distancia. Esta relación puede escribirse así:

$$Velocidad = \frac{Distancia}{Tiempo}$$

Las mediciones de la velocidad consisten en una unidad de distancia dividida entre una unidad de tiempo. Si se mide la distancia en metros y el tiempo en segundos, la velocidad se expresa en metros por segundo (m/s). (La diagonal se lee como "por".) Si se mide la distancia en kilómetros y el tiempo en horas, la velocidad se expresa en kilómetros por hora (km/h).

Si un automóvil recorre 90 kilómetros en una hora, entonces se desplaza con una velocidad de 90 km/h. Una hormiga que avance 2 centímetros en un segundo se mueve con una velocidad de 2 centímetros por segundo, es decir, 2 cm/s. La hormiga es mucho más lenta que el vehículo.

Velocidad constante Un barco que viaja por el mar puede moverse con la misma velocidad durante varias horas; un caballo que atraviesa a medio galope un campo puede mantener un paso constante durante varios minutos. Si es así, el barco y el caballo se mueven con velocidad constante. Si la velocidad de un objeto no cambia, el objeto avanza con velocidad constante. Cuando se desplaza a velocidad constante, su velocidad es la misma en todo momento durante su movimiento.

Figura 4 Este caballo avanza a medio galope, con velocidad constante. *Resolver problemas ¿Qué información se necesita para calcular la velocidad del caballo?*

Si conoces la distancia que un objeto recorre en un tiempo determinado, puedes emplear la fórmula de la velocidad para calcular la velocidad constante de dicho objeto. Supón, por ejemplo, que el caballo de la Figura 4 se mueve con una velocidad constante. Encuentra su velocidad si sabes que recorre, a medio galope, 21 metros en 3 segundos. Divide la distancia recorrida, 21 metros, entre el tiempo, 3 segundos.

$$Velocidad = \frac{21\ m}{3\ s} = 7\ m/s$$

La velocidad del caballo es de 7 metros por segundo, es decir, 7 m/s.

Velocidad promedio Muchos objetos no se mueven con velocidad constante durante mucho tiempo. Los ciclistas de la Figura 5, por ejemplo, cambian de velocidad muchas veces durante la carrera. Podrían avanzar suavemente sobre terreno plano, moverse más lentamente al subir pendientes pronunciadas y bajar las colinas a toda velocidad. De vez en cuando se detienen para reparar una llanta.

A diferencia del movimiento del caballo descrito, no puedes emplear ninguna velocidad para describir el movimiento de los ciclistas en cada momento de la carrera. Puedes, sin embargo, encontrar la velocidad promedio de un ciclista durante toda la prueba. Para encontrar la velocidad promedio, divide la distancia total recorrida entre el tiempo total.

Supón que un ciclista recorre 32 kilómetros durante las dos primeras horas y 13 kilómetros durante la hora siguiente. Su velocidad promedio en el recorrido es igual a la distancia total divida entre el tiempo total.

$$Distancia\ total = 32\ km + 13\ km$$
$$Tiempo\ total = 2\ h + 1\ h$$
$$Velocidad\ promedio = \frac{45\ km}{3\ h} = 15\ km/h$$

La velocidad promedio del ciclista es de 15 kilómetros por hora.

☑ *Punto clave* *¿Cómo se calcula la velocidad promedio?*

Figura 5 Los ciclistas no se desplazan con una velocidad constante durante toda esta carrera a campo traviesa. *Comparar y contrastar ¿Qué diferencia hay entre la velocidad promedio y la velocidad constante?*

Descripción de la velocidad vectorial

Conocer la rapidez con que se desplaza un objeto no basta para saber todo sobre su movimiento. Por ejemplo, si un meteorólogo anunciara que una severa tormenta avanza a 25 km/h, ¿te prepararías para ello? Las tempestades suelen moverse de occidente a oriente. Si vives al oeste de la tormenta y ésta se desplaza hacia el este, no tienes por qué preocuparte. Pero si el temporal avanza hacia el oeste, ponte a salvo.

Es importante conocer no sólo la rapidez de la tormenta, sino también su dirección. **Cuando se sabe tanto la rapidez como la dirección del movimiento de un objeto, se conoce la velocidad vectorial del objeto.**

La velocidad del transporte

La velocidad con que la gente puede viajar de un lugar a otro ha aumentado a través de los años.

1885
Introducción del triciclo de Benz

Este vehículo de aspecto extraño fue el primer automóvil de combustión interna (de gasolina) que se vendió al público. Aunque se trata de un antecesor del automóvil moderno, su velocidad máxima tan sólo era de unos 15 km/h, no mucho más rápido que un carruaje tirado por caballos.

1800

1850

1818
Construcción de la Carretera Nacional

La velocidad del transporte se ha visto limitada en gran parte por la calidad de las carreteras. El gobierno estadounidense pagó la construcción de una autopista llamada Cumberland Road. Iba de Cumberland, Maryland, a Wheeling, en la actual Virginia Occidental. Los viajes en carruaje tirado por caballos alcanzaban una velocidad de 11 km/h.

1869
Ferrocarril Transcontinental

Luego de más de 6.5 años de trabajo, las vías férreas de cada lado del país se encontraron en Utah, al norte del Gran Lago Salado. Los pasajeros podían viajar por Estados Unidos en trenes de vapor. Un recorrido a campo traviesa duraba una semana a una velocidad promedio de 30 km/h.

La rapidez en una determinada dirección se llama **velocidad vectorial.** Si se conoce la velocidad vectorial a la que se mueve un objeto, se saben dos cosas distintas sobre el movimiento del objeto: su rapidez y su dirección. Un meteorólogo puede decir que la rapidez de la tormenta es de 25 km/h, pero no sabemos su velocidad a menos que se nos informe que la tempestad se mueve a 25 km/h hacia el oeste.

Los controladores aéreos deben estar muy al tanto de la velocidad vectorial de todos los aviones bajo su control. Esta velocidad cambia más a menudo que la velocidad de los sistemas de tormenta. Un error al determinar una velocidad, ya sea en cuanto a rapidez o dirección, podría llevar a una colisión.

En tu diario

La distancia entre Wheeling, Virginia Occidental, y Cumberland, Maryland, es de 258 kilómetros. ¿Cuántas horas tardaría cada uno de los vehículos de la línea cronológica en recorrer esta distancia si se movieran a la velocidad mostrada? Registra tus resultados en una gráfica de barras.

1908
Fabricación en serie del Modelo T de Ford

Entre 1908 y 1927 se vendieron más de 15 millones de estos automóviles. El Modelo T alcanzaba una velocidad máxima de 65 km/h.

1956
Inauguración del Sistema de Carreteras Interestatales

La Ley sobre Carreteras de Ayuda Federal estableció el Fondo Fiduciario para Carreteras. Permitió la construcción de las Carreteras Interestatales y de Defensa. Se hizo posible el viaje en auto trascontinental directo. En muchas partes del sistema el límite de velocidad era de más de 100 km/h.

| 1900 | 1950 | 2000 |

1936
Introducción del *Pioneer Zephyr*

El primer tren diesel de pasajeros de Estados Unidos fue el *Pioneer Zephyr*. El *Zephyr* estableció un récord de larga distancia al viajar de Chicago a Denver a una velocidad promedio de 125 km/h durante más de 1,633 km.

1983
TGV en movimiento

Introducido en 1983, este tren francés de alta velocidad ahora alcanza una velocidad máxima de 300 km/h. En su ruta de París a Lyon, llega en promedio a los 152.6 km/h.

EXPLORAR gráficas del movimiento

Las gráficas del movimiento proporcionan la oportunidad de analizar los cambios de distancia y tiempo.

PRIMER DÍA

Empezar con entusiasmo.

La corredora avanza con una velocidad constante de 170 m/min. La gráfica de la velocidad constante es una línea recta inclinada. Fíjate que la velocidad es la misma en cada punto de la gráfica. Puedes emplear la gráfica para analizar el movimiento de la corredora. ¿A qué distancia llega en 10 minutos? (1,700 m) ¿Cuánto tiempo tarda en recorrer 680 metros? (4 min)

El eje vertical, o eje y, muestra la distancia.

Divide la distancia entre el tiempo correspondiente para encontrar la velocidad.

$$\text{Velocidad} = \frac{850\ m}{5\ min} = 170\ m/min$$

El eje horizontal, o eje x, muestra el tiempo.

SEGUNDO DÍA

Tomar un descanso.

De nuevo la corredora avanza a una velocidad constante de 170 m/min, pero descansa después de correr 850 m. La línea horizontal muestra que la distancia no cambió durante el descanso; así que no hay movimiento. ¿Cuál es la velocidad promedio de la corredora? (120 m/min)

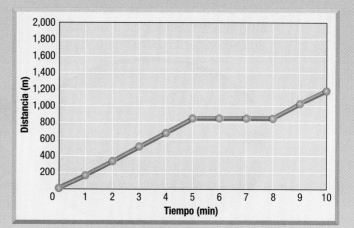

TERCER DÍA

Aminorar el paso.

Como en el primer día, la corredora avanza con velocidad constante, pero a menor velocidad: 100 m/min. Fíjate que la pendiente de la gráfica no es tan elevada como el primer día. Lo elevado de la pendiente está relacionado con la velocidad. A mayor velocidad, más elevada la pendiente. ¿A qué distancia llega la corredora en 10 minutos este día? (1,000 m)

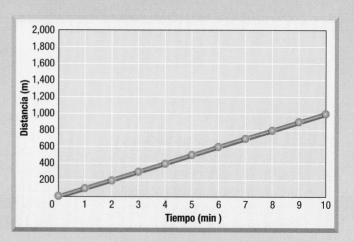

Los pilotos acrobáticos hacen un uso espectacular de su control sobre la velocidad de su aparato. Para evitar chocar con otro avión, deben tener un control preciso tanto de la rapidez como de la dirección. Recurren a este control para permanecer en formación cerrada mientras vuelan y realizan elegantes maniobras.

Gráfica del movimiento

Puedes mostrar el movimiento de un objeto en una gráfica de líneas en la que traces la distancia en comparación con el tiempo. Un punto en la gráfica representa la ubicación de un objeto en un momento particular. Por tradición, el tiempo se muestra en el eje *x* y la distancia, en el eje *y*. Una línea recta (una línea con una inclinación constante, o pendiente) representa el movimiento con una velocidad constante. Lo elevado de la pendiente depende de la rapidez o de la lentitud con que se mueve el objeto. Cuanto más rápido es el movimiento, más inclinada está la pendiente, pues el objeto recorre una mayor distancia en un tiempo determinado. Una línea horizontal representa un objeto que no se mueve en absoluto. Para ver ejemplos de cómo las gráficas representan el movimiento, lee acerca de la corredora en *Explorar gráficas de movimiento*, página 24.

Figura 6 Durante una maniobra complicada la dirección de un avión cambia continuamente, junto con su rapidez.

Repaso de la sección 1

1. ¿Por qué necesitas un punto de referencia para saber si un objeto se mueve?
2. ¿Qué diferencia existe entre la rapidez y la velocidad de un objeto?
3. Una planta de bambú crece 15 cm en 4 horas. ¿Con qué velocidad promedio crece la planta?
4. **Razonamiento crítico Resolver problemas** La tabla muestra la distancia que recorren dos bebés que gatean. Haz una gráfica con los datos y determina cuál bebé se mueve con velocidad constante en todo el recorrido. ¿Cuál es la velocidad de ese bebé? Describe la velocidad del otro bebé.

Tiempo (s)	Bebé Scott Distancia (m)	Bebé Sarah Distancia (m)
1	0.5	1
2	1	2
3	1.5	2.5
4	2	2.5
5	2.5	3.5

PROYECTO DEL CAPÍTULO
1

Comprueba tu aprendizaje

Para medir la velocidad de cada objeto, necesitarás saber a qué distancia llega en cierto tiempo. Crea una tabla de datos para anotar tus mediciones y para mostrar las velocidades que calcules. Asegúrate de escoger las mejores unidades para cada medición de la velocidad. Para medir velocidades altas, tal vez prefieras tomar la distancia en metros y el tiempo en segundos. En cuanto a velocidades más bajas, puedes medir la distancia en centímetros o milímetros, y el tiempo en minutos u horas.

Inclinado para rodar

En este experimento, practicarás las destrezas de medir tiempo y distancia para hallar la velocidad de un objeto en movimiento.

Problema

¿Cómo afecta la inclinación de una rampa la velocidad con que un objeto se mueve por el suelo?

Materiales

patineta
regla métrica
transportador
cinta adhesiva
tabla plana, como de 1.5 m de largo
pedazo pequeño de cartón resistente
objetos para sostener la tabla (libros, cajas)
dos cronómetros

Procedimiento

1. En tu cuaderno, elabora una tabla de datos como la que se muestra. Incluye espacio para cinco ángulos.

2. Coloca la tabla en el piso. Con la cinta adhesiva, marca una línea de partida en medio de la tabla. Señala una línea de llegada en el piso, 1.5 m más allá de un extremo de la tabla. Coloca una barrera después de la meta.

3. Apuntala el otro extremo de la tabla, inclinándola ligeramente. Con un transportador, mide el ángulo que forma la tabla con el suelo. Anota el ángulo en tu tabla de datos.

4. Formen grupos de tres estudiantes y pídanle a uno que sostenga la patineta de modo que sus ruedas delanteras queden al mismo nivel de la línea de partida. Cuando uno de los estudiantes suelte la patineta, los otros dos deben hacer funcionar sus cronómetros.

5. Uno de los estudiantes debe detener su cronómetro cuando las ruedas delanteras de la patineta lleguen al final de la pendiente.

6. El segundo estudiante con cronómetro debe detenerlo cuando las ruedas delanteras alcancen la línea de llegada.

TABLA DE DATOS							
Ángulo (grados)	Número de prueba	Tiempo 1 (hasta el extremo) (s)	Tiempo 2 (hasta la meta) (s)	Tiempo prom. 1 (s)	Tiempo prom. 2 (s)	Tiempo prom. 2 – Tiempo prom. 1 (s)	Velocidad prom. (m/s)
	1						
	2						
	3						
	1						
	2						
	3						
	1						
	2						

7. Repite los pasos 4–6 dos veces más. Si los resultados correspondientes a los tres tiempos no indican una diferencia de 0.2 segundos uno de otro, realiza más pruebas.

8. Anota todos los tiempos en tu tabla de datos, en las columnas que dicen Tiempo 1 y Tiempo 2.

9. Repite los pasos 3–8 cuatro veces más, inclinando la rampa cada vez más.

10. Cada vez que cambies el ángulo de la pendiente, efectúa los siguientes cálculos y anótalos en tu tabla de datos.
   a. Encuentra el tiempo promedio que la patineta necesita para llegar al extremo inferior de la rampa (Tiempo 1).
   b. Encuentra el tiempo promedio que la patineta tarda en alcanzar la línea de llegada (Tiempo 2).
   c. Resta el Tiempo 1 al Tiempo 2.

Analizar y concluir

1. ¿Cómo puedes encontrar la velocidad promedio de la patineta para cada ángulo de la pendiente? Determina la velocidad promedio correspondiente a cada ángulo.

2. En este experimento, ¿cuál es tu variable manipulada y de respuesta? Explica. (Para un análisis de las variables manipuladas y de respuesta, ve el Manual de destrezas.)

3. En una gráfica, traza la velocidad de la patineta (eje *y*) comparado con el ángulo de la rampa (eje *x*). Une los puntos.

4. ¿Qué indica tu gráfica sobre la relación entre la velocidad y el ángulo de la rampa?

5. **Piensa en esto** ¿Crees que el método que empleaste para cronometrar es preciso? ¿Los estudiantes que cronometraron hicieron funcionar y detuvieron sus aparatos exactamente en los momentos apropiados? Explica cualquier cosa que podría haber impedido el cronometraje preciso.

Crear un experimento

Un conductor que transporta autos nuevos necesita bajarlos rodando del vehículo. Le ofreces diseñar una rampa. ¿Qué mediciones útiles podrías hacer? Crea un experimento para probar tus ideas.

SECCIÓN 2 El movimiento lento en la Tierra

¿Qué tan lento fluye?

1. Pon una cucharada de miel sobre un plato.

2. Levanta un lado del plato apenas lo suficiente para que la miel se vea fluir.

3. Reduce un poco el ángulo del plato de modo que la miel se mueva apenas. Fija el plato en este ángulo.

4. Utiliza una regla y coloca un pedazo de cinta a 2 cm de la orilla inferior de la miel.

5. Anota el tiempo que tarda la miel en fluir hasta la cinta. Con esta información, determina la velocidad de la miel.

Reflexiona sobre
Formular definiciones operativas
¿Cómo puedes determinar si un objeto se mueve cuando en un principio no parece moverse? ¿Crees que haya algún movimiento tan lento que no se pueda ver?

GUÍA DE LECTURA

◆ ¿Cómo explica la teoría de la tectónica de placas el movimiento de los continentes terrestres?

Sugerencia de lectura Antes de leer, observa la Figura 8 y describe de qué trata.

¿Te has fijado que las masas continentales terrestres parecen piezas de un gigantesco rompecabezas? Es cierto: compruébalo echando un vistazo a una mapamundi. La costa oriental de América del Sur, por ejemplo, encajaría exactamente con la costa occidental de África. La Península Arábiga, como se muestra abajo, en la foto tomada mediante satélite, encajaría perfectamente en la costa nororiental. Desde el siglo XVII la gente se ha preguntado por qué parece que las masas continentales encajan entre sí. Después de todo, la tierra no puede moverse... ¿o sí?

¿Qué son las placas terrestres?

La rocosa corteza exterior de la Tierra consiste de pedazos rotos que encajan unos con otros como un rompecabezas. La capa superior terrestre consta de más de una docena de grandes piezas llamadas **placas**. Los límites entre las placas son grietas en la corteza. Estas placas se muestran en la Figura 7.

Los científicos usan el concepto de las placas para explicar cómo han cambiado las masas continentales a lo largo del tiempo. **Según su explicación, conocida como la teoría de**

Foto tomada por satélite de África y la Península Arábiga ▼

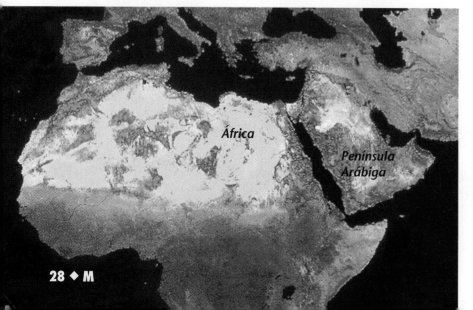

África

Península Arábiga

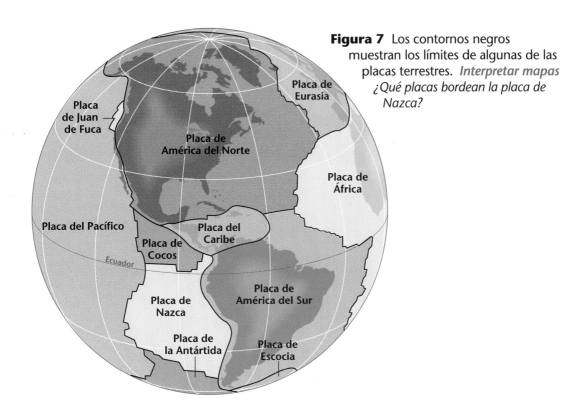

Figura 7 Los contornos negros muestran los límites de algunas de las placas terrestres. *Interpretar mapas* *¿Qué placas bordean la placa de Nazca?*

la tectónica de placas, dichas placas se desplazan muy lentamente en varias direcciones. A veces se separan unas de otras, en ocasiones se empujan entre sí y otras veces se deslizan unas sobre otras.

☑ *Punto clave* *¿Cómo llaman los científicos a las piezas de la capa superior terrestre?*

¿Con qué velocidad se desplazan las placas?

En realidad las placas terrestres se mueven con mucha lentitud. Algunas placas pequeñas se desplazan varios centímetros por año, mientras que otras sólo se mueven una cuantos milímetros en ese mismo lapso.

Saber a qué distancia se mueve una placa en cierto tiempo permite a los científicos calcular la velocidad promedio de dicha placa. Esto, a su vez, posibilita que los hombres de ciencia expliquen cómo ha cambiado la superficie terrestre a lo largo del tiempo. Además les ayuda a predecir cómo se transformará en el futuro. La Figura 8 de las páginas 30–31 muestra una idea aproximada de cómo se han movido los continentes en el pasado y de cómo es probable que se desplacen en el futuro.

Cálculo de la distancia Supón que los científicos estudian una placa en particular durante un año. Descubren que la placa se mueve una distancia de 5 centímetros. Así, la velocidad con la cual la placa se desplaza es de 5 centímetros divididos en un año, es decir, 5 cm/año.

¿Cómo utilizar la velocidad de una placa para predecir la distancia que recorrerá en 1,000 años? Para encontrar la distancia, adapta la fórmula de la velocidad: Distancia = Velocidad × Tiempo. Esta fórmula

Predecir

Los Angeles, **ACTIVIDAD** ciudad que se encuentra sobre la Placa del Pacífico, se desplaza lentamente hacia el noroeste. San Francisco, ubicada sobre la placa de América del Norte, se mueve lentamente hacia el sureste. Estas dos ciudades se acercan una a la otra a unos 5 cm/año. Si se encuentran a 554,000 metros una de otra, ¿cuánto tiempo tardarán en estar juntas?

Hace 250 millones de años   **Hace 135 millones de años**   **Hace 100 millones de años**

Figura 8 La forma y la posición de los continentes terrestres ha cambiado mucho a través del tiempo y continuará cambiando en el futuro. *Interpretar mapas Localiza Australia en el mapa. ¿Cómo ha cambiado su posición con el tiempo?*

te indica multiplicar la velocidad de la placa por el tiempo en que se desplaza con dicha velocidad.

$$Distancia = \frac{5\ cm}{1\ año} \times 1,000\ años = 5,000\ cm$$

La placa se mueve 5,000 centímetros en 1,000 años. Puesto que 5,000 es un número grande, trata de expresar esta distancia en metros. Recuerda que hay 100 centímetros en 1 metro, de modo que puedes dividir entre 100 moviendo el punto decimal dos lugares a la izquierda.

$$5,000.\ cm = 50.00\ m$$

Así que en 1,000 años, tiempo que equivale a mucho más de diez vidas promedio, esta placa recorre sólo 50 metros. Caminando con paso ligero, ¡tal vez tú puedas avanzar la misma distancia en unos 30 segundos!

Conversión de unidades Supón que deseas conocer la velocidad de la placa en centímetros por día en lugar de centímetros por año. Puedes convertir de una unidad de medida en otra utilizando un factor de conversión, una fracción en la que el numerador y el denominador son iguales. En este ejemplo, 1 año es igual a 365 días. Así que tú escoges un factor de conversión entre estas dos posibilidades.

$$\frac{1\ año}{365\ días} = 1 \quad o \quad \frac{365\ días}{1\ año} = 1$$

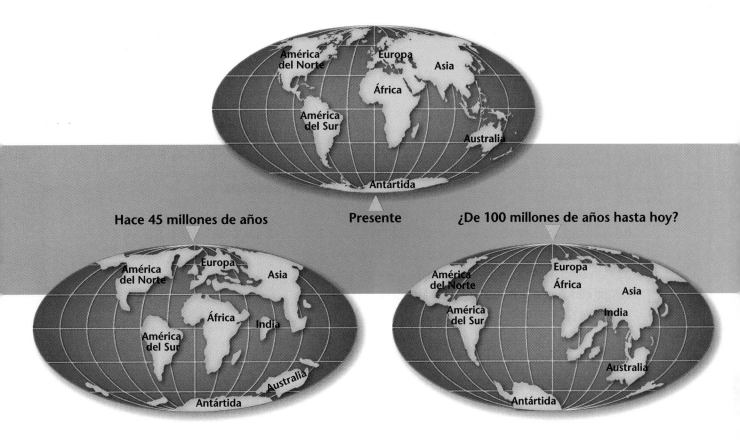

Hace 45 millones de años | Presente | ¿De 100 millones de años hasta hoy?

El factor de conversión que necesitas es el que te permitirá cancelar las unidades en años. Este factor es el que tiene años en el numerador.

$$\frac{5\ cm}{1\ año} \times \frac{1\ año}{365\ d} = 0.0137\ cm/d$$

De modo que puedes expresar la velocidad de esta placa como 5 centímetros por año o como 0.0137 centímetros por día.

Repaso de la sección 2

1. ¿Cuál es la teoría que explica el movimiento lento de los continentes sobre la superficie terrestre?

2. Da dos razones de que no te des cuenta de que la Tierra se mueve bajo tus pies. (*Sugerencia:* Recuerda los puntos de referencia.)

3. Supón que estudias el movimiento de una de las placas de la Tierra. ¿Qué unidades usarías para expresar su velocidad? ¿Por qué?

4. **Razonamiento crítico Resolver problemas** Una placa se mueve 5 mm en 100 días. ¿Cuál es su velocidad en mm/d? ¿Y en mm/año?

Las ciencias en casa

Pide a cada miembro de tu familia que mida la longitud de la parte blanca al final de una uña. Anota los resultados (y cuál dedo se utilizó) y señala en un calendario una fecha dentro de tres semanas exactamente. Ese día, mide la nueva longitud de la parte blanca de la misma uña. Luego calcula la velocidad, en milímetros por día, a la que creció. Analiza con tu familia qué diferencia existe entre tus resultados y la velocidad con la que se mueven los continentes.

Detenerse en una moneda

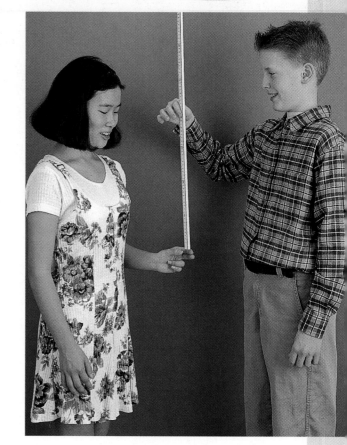

*T*u escuela ha decidido construir una nueva cancha de baloncesto en un espacio pequeño entre dos edificios. Es importante considerar la seguridad en el diseño de la cancha. Tú y tus amigos se ofrecen a investigar experimentalmente qué tan cerca pueden estar las líneas de fuera del campo de los edificios y todavía permitir a los jugadores detenerse sin chocar contra una pared.

Problema

¿Qué distancia es necesaria entre la línea de fuera del campo y una pared para que un jugador pueda detenerse antes de chocar contra ésta?

Enfoque en las destrezas

medir, calcular, inferir

Materiales

regla métrica de madera   cinta métrica
2 cronómetros o relojes con segundero

Procedimiento

Parte I Tiempo de reacción

1. Pídele a tu compañero que sostenga una regla métrica de madera entre tu pulgar y tu índice, como se muestra. Tus dedos deben estar a unos tres centímetros uno del otro.
2. Tu compañero soltará la regla de repente, y tú tratarás de sujetarla con los dos dedos.
3. Anota el nivel en que atrapaste la regla, y busca en la tabla tu tiempo de reacción. Anota dicho tiempo en la tabla de datos de la clase.
4. Invierte papeles con tu compañero y repite los pasos del 1 al 3.

Tiempo de reacción

Distancia (cm)	Tiempo (s)	Distancia (cm)	Tiempo (s)
15	0.175	25	0.226
16	0.181	26	0.230
17	0.186	27	0.235
18	0.192	28	0.239
19	0.197	29	0.243
20	0.202	30	0.247
21	0.207	31	0.252
22	0.212	32	0.256
23	0.217	33	0.260
24	0.221	34	0.263

TABLA DE DATOS DE LA CLASE			
Nombre del estudiante	Tiempo de reacción (s)	Tiempo de carrera (s)	Distancia de detención (m)

Parte II Distancia de detención

5. En el campo de la escuela o en el gimnasio, marca una distancia de 25 m.
6. Pide a tu compañero que calcule cuánto tiempo tardas en recorrer la cancha a toda velocidad. **PRECAUCIÓN:** *Asegúrate de quitar los obstáculos de la cancha.* Después de pasar la marca, detente tan pronto como puedas y quédate parado. No debes aminorar el paso antes de la marca.
7. Pídele a tu compañero que mida la distancia desde la marca hasta tu posición final. Esta es la distancia que necesitas para detenerte por completo. Anota tu tiempo y distancia en la tabla de datos de la clase.
8. Intercambia papeles con tu compañero. Anota estos datos en la tabla de datos de la clase.

Analizar y concluir

1. ¿Cómo puedes calcular la velocidad promedio del estudiante que hizo el recorrido en el menor tiempo? Encuentra esta información.
2. Multiplica la velocidad del estudiante más rápido (que calculaste en la pregunta 1) por el tiempo de reacción más lento anotado en la tabla de datos de la clase. ¿Por qué habría de interesarte este resultado?
3. Suma la distancia calculada en la pregunta 2 a la distancia más larga de detención en la tabla de datos de la clase. ¿Qué representa esta distancia total?

4. ¿Por qué es importante usar en tus cálculos la velocidad más alta, el tiempo de reacción más lento y la distancia más larga de detención?
5. ¿Qué otros factores debes tomar en cuenta para obtener resultados que se aplican a una verdadera cancha de baloncesto?
6. Aplicar Supón que en un campo de juegos o gimnasio la distancia entre la línea de fuera del campo y la pared es demasiado corta para que la cancha sea segura. Sugiere algunas estrategias (aparte de quitar la pared) para hacer más seguro el campo.

Participa

Visita un campo de juegos y examínalo desde el punto de vista de la seguridad. Aplica lo que aprendiste sobre la distancia de detención, pero también identifica otras condiciones inseguras. Escribe una carta al departamento de parques o a las autoridades de tu ciudad informándoles tus descubrimientos.

3 Aceleración

¿Quieres apresurarte?

1. Mide 10 metros en un área en la que puedas caminar libremente. Marca la distancia con un pedazo de cinta adhesiva.

2. Camina los 10 metros cada vez más rápido durante toda la distancia. Pide a un compañero que tome el tiempo.

3. Repite el paso 2, pero trata de caminar los 10 metros en menos tiempo. Hazlo de nuevo, pero esta vez en el doble del tiempo que en la primera ocasión. Recuerda que no debes dejar de acelerar el paso a lo largo de los 10 metros.

Reflexiona sobre

Inferir ¿Cómo se relaciona tu cambio de velocidad con el tiempo durante el cual recorres la distancia de 10 metros?

GUÍA DE LECTURA

◆ ¿Qué ocurre con el movimiento de un objeto cuando acelera?

◆ ¿Cómo se calcula la aceleración?

Sugerencia de lectura A medida que leas, enumera los tres tipos de aceleración. Luego da varios ejemplos de cada uno.

Figura 9 La bateadora acelera la pelota de softbol cuando la saca del parque. *Relacionar causa y efecto* ¿Cómo cambia el movimiento de la pelota?

a lanzadora se prepara. Lanza la pelota. Luego la pelota acelera hasta llegar a la bateadora y, *¡paf!* choca con el bate. La pelota se va, se va, se fue... ¡jonrón!

Antes de caer más allá de la cerca, la pelota de softbol tuvo varios cambios en su movimiento. La lanzadora la puso en actividad, aceleró, se detuvo cuando llegó al bate, cambió de dirección y finalmente aminoró la velocidad. Muchos ejemplos de movimiento implican cambios similares. De hecho, es poco común que cualquier movimiento no se transforme durante mucho tiempo. Puedes describir cambios de movimiento de modo muy parecido a como lo hiciste cuando aprendiste a explicarlo en términos de rapidez y velocidad.

La aceleración en ciencias

Piensa en un automóvil detenido en la luz roja del semáforo. Cuando se enciende la luz verde, el conductor del vehículo pisa suavemente el acelerador. Como resultado, el automóvil acelera. En el lenguaje cotidiano, *acelerar* significa "ir más rápido".

La aceleración tiene una definición más precisa en el ámbito de la ciencia. La **aceleración** es la proporción en que cambia la velocidad. Recuerda que ésta tiene dos componentes (rapidez y dirección). La aceleración implica un cambio en cualquiera de estos componentes. **En ciencias, la aceleración se refiere a un aumento o una disminución de la velocidad, o a un cambio de dirección.**

Aumento de la velocidad Siempre que aumenta la velocidad de un objeto, éste experimenta aceleración. ¿Se te ocurren ejemplos de aceleración? Una pelota de softbol acelera cuando la lanzadora la arroja, y lo hace de nuevo cuando un bate la golpea. Cuando un auto se mueve después de haber estado detenido, o rebasa a otro vehículo, está en aceleración.

También las personas pueden experimentar aceleración. Los corredores de la Figura 10 aumentan de velocidad para recorrer la pista. Un practicante del patinaje artístico acelera antes de saltar. De manera similar, una gimnasta podría acelerar al iniciar una rutina de volteretas. Tú aceleras cuando corres para tomar el autobús que te lleva a la escuela.

Disminución de la velocidad Así como los objetos pueden acelerar, también pueden ir más despacio. El movimiento disminuye la velocidad, en ciencias también se considera aceleración. Este cambio de velocidad a veces se llama desaceleración o aceleración negativa.

¿Se te ocurren ejemplos de desaceleración? Una pelota de softbol desacelera al dejar de rodar y detenerse. Un automóvil desacelera cuando se detiene al llegar a la luz roja del semáforo. Un avión desacelera al aterrizar sobre un portaaviones. El nadador de la Figura 10 desacelera al nadar en la profundidad.

Cambio de dirección Un automóvil que avanza por una carretera tal vez lo hace con velocidad constante. Por consiguiente, quizás te sientas tentado a deducir que no acelera. Recuerda, sin embargo, que la velocidad implica *tanto* rapidez como dirección. Así, un objeto puede acelerar aunque su velocidad sea constante. El automóvil, por ejemplo, acelerará si sigue una curva suave del camino o si cambia de carril. Los patinadores de la Figura 10 aceleran cuando toman las curvas de la pista.

Figura 10 El nadador, los patinadores y los corredores aceleran. *Clasificar ¿Puedes identificar el cambio de movimiento en cada ejemplo?*

Figura 11 Tanto la luna como la rueda de la fortuna aceleran porque cambian de dirección.
Hacer generalizaciones
¿Qué trayectoria sigue la luna?

Muchos objetos cambian continuamente de dirección sin cambiar de velocidad. El ejemplo más sencillo de este tipo de movimiento es el movimiento circular, o movimiento a lo largo de una trayectoria circular. Los asientos de la rueda de la fortuna aceleran porque se mueven en círculo.

INTEGRAR LAS CIENCIAS DEL ESPACIO De manera similar, la luna acelera porque está cambiando continuamente de dirección. Del mismo modo que la Tierra gira alrededor del sol, la luna lo hace alrededor de la Tierra. Otros objetos que no cesan de acelerar son los satélites artificiales que giran alrededor de nuestro planeta.

☑ *Punto clave* *¿Cómo es posible que un automóvil acelere si su velocidad se mantiene constante a 65 km/h?*

Cálculo de la aceleración

La aceleración describe la proporción en que cambia la velocidad. **Para determinar la aceleración de un objeto, debes calcular el cambio de velocidad durante cada unidad de tiempo.** Esto se resume en la fórmula siguiente:

$$Aceleración = \frac{Velocidad\ final - Velocidad\ inicial}{Tiempo}$$

Si la velocidad se mide en metros/segundo y el tiempo en segundos, la unidad de la aceleración es metros por segundo por segundo. Esta unidad se expresa así: m/s^2. Esta unidad puede parecer singular al principio. Pero la aceleración es el cambio de velocidad por unidad de tiempo, y velocidad es el cambio de distancia por unidad de tiempo. Por lo tanto, la aceleración tiene dos unidades de tiempo. Supón que la velocidad se mida en kilómetros/hora y el tiempo, en horas. Entonces la unidad de aceleración se convierte en kilómetros por hora por hora, o km/h^2.

Si la velocidad y dirección del objeto cambian en la misma cantidad durante cada unidad de tiempo, la aceleración en cualquier momento durante su movimiento es la misma. Sin embargo, si la aceleración varía, sólo puedes describir la aceleración promedio.

En cuanto a un objeto que se mueve sin cambiar de dirección, la aceleración de dicho objeto equivale al cambio en su velocidad durante una unidad de tiempo. Piensa, por ejemplo, en un pequeño avión que se desplaza por una pista. Su velocidad al final de cada uno de los primeros 5 segundos de su movimiento se muestra en la Figura 12.

Para calcular la aceleración del avión, resta la velocidad inicial (0 m/s) a la velocidad final (40 m/s). El cambio de velocidad es: 40 m/s. Luego divide el cambio de velocidad entre el tiempo, 5 segundos. La aceleración se obtiene dividiendo 40 m/s entre 5 segundos: 8 m/s^2.

La aceleración te indica cómo la velocidad del aeroplano de la Figura 12 cambia durante cada segundo. Advierte que después de cada intervalo de un segundo, la velocidad del aeroplano es 8 m/s mayor que durante su intervalo previo. Así que después de un segundo, su velocidad es de 8 m/s.

Cambios de velocidad en el tiempo	
Tiempo (s)	Velocidad (m/s)
0	0
1	8
2	16
3	24
4	32
5	40

Figura 12 La velocidad del avión aumenta la misma cantidad cada segundo.

Problema de ejemplo

Un carro de la montaña rusa puede adquirir velocidad rápidamente al bajar una pendiente. Cuando empieza a hacerlo, su velocidad es de 4 m/s. Pero 3 segundos después, al pie de la cuesta, su velocidad es de 22 m/s. ¿Cuál es su aceleración promedio?

Analiza. Conoces la velocidad inicial y la velocidad final del carro, así como el tiempo en el que su velocidad cambió. ¿Cuál fue su aceleración?

Escribe la fórmula.
$$\text{Aceleración} = \frac{\textit{Velocidad final} - \textit{Velocidad inicial}}{\textit{Tiempo}}$$

Sustituye y resuelve.
$$\text{Aceleración} = \frac{22 \text{ m/s} - 4 \text{ m/s}}{3 \text{ s}}$$

$$\text{Aceleración} = \frac{18 \text{ m/s}}{3 \text{ s}}$$

$$\text{Aceleración} = 6 \text{ m/s}^2$$

Piénsalo. La respuesta es razonable. Si la velocidad del carro aumenta 6 m/s cada segundo, su velocidad será de 10 m/s después de un segundo, 16 m/s después de dos segundos y 22 m/s después de tres segundos.

Ejercicios de práctica

1. El anuncio de un automóvil señala que el vehículo puede acelerar a partir del reposo a 90 km/h en 9 segundos. Encuentra la aceleración promedio del automóvil.
2. Un águila acelera de 15 m/s a 22 m/s en 4 segundos. ¿Cuál es la aceleración promedio del ave?

Cambios de velocidad y distancia en el tiempo		
Tiempo (s)	Velocidad (m/s)	Distancia (m)
0	0	0
1	10	5
2	20	20
3	30	45
4	40	80
5	50	125

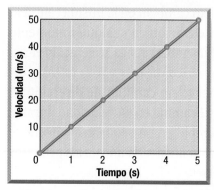
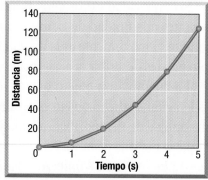

Figura 13 Estas gráficas señalan el movimiento de un objeto en aceleración. *Predecir ¿Cómo cambiaría en la gráfica la pendiente de la velocidad y el tiempo si la aceleración del objeto fuera mayor? ¿Y si fuera menor? ¿Qué aspecto tendría la gráfica de un objeto en desaceleración?*

Después de dos segundos, su velocidad es de 8 m/s + 8 m/s, o 16 m/s, etcétera. Puesto que la aceleración del avión no cambia durante los 5 segundos, puedes emplear esta fórmula en el caso de cualquier intervalo de tiempo durante los 5 segundos. Inténtalo.

Gráfica de la aceleración

Puedes utilizar una gráfica para analizar el movimiento de un objeto que acelera. En la Figura 13 aparecen los datos de un objeto que acelera a 10 m/s². La gráfica que muestra velocidad contra tiempo es una línea recta inclinada. La línea recta indica que la aceleración es constante. Por cada aumento de un segundo, la velocidad se incrementa 10 m/s. Así, la línea representada gráficamente se eleva la misma cantidad cada segundo. Si el objeto acelerara una cantidad diferente cada segundo, la gráfica no sería una línea recta.

La gráfica de distancia contra tiempo es una línea curva. Esto te indica que la distancia recorrida por un objeto en aceleración varía cada segundo. A medida que la velocidad aumenta, la gráfica se curva hacia arriba.

Repaso de la sección 3

1. ¿Cuáles son las tres clases de cambio en el movimiento que se llaman aceleración? Da un ejemplo de cada una.

2. ¿Qué fórmula se emplea para calcular la aceleración?

3. Un caballo trota por una gran pista circular, a una velocidad constante de 5 m/s. ¿Está acelerando el animal? Explícalo.

4. **Razonamiento crítico Resolver problemas** Un auto desciende lentamente por una carretera a 1 m/s. Poco después, su velocidad es de 25 m/s. Esto debió ocurrir porque el vehículo aceleró 3 m/s en 8 segundos. ¿Es ésta la única manera en que pudo aumentar su velocidad? Explícalo.

Comprueba tu aprendizaje

PROYECTO DEL CAPÍTULO
1

Puedes mejorar la precisión de tus cálculos de la velocidad repitiendo mediciones y empleando datos promedio. Efectúa todos tus cálculos paso por paso, de manera organizada. Prepara tarjetas para mostrar cómo calculaste cada velocidad.

SECCIÓN 1 Descripción y medición del movimiento

Ideas clave

◆ El movimiento de un objeto está determinado por su cambio de posición en relación con un punto de referencia.

◆ La velocidad es la distancia que un objeto recorre en una unidad de tiempo. Si un objeto se mueve con velocidad constante, su velocidad puede determinarse dividiendo la distancia que recorre entre el tiempo que transcurrió. Si la velocidad de un objeto varía, entonces dividir la distancia entre el tiempo te da la velocidad promedio.

◆ Cuando señalas tanto la rapidez de un objeto como la dirección en que se desplaza, estás describiendo la velocidad de dicho objeto.

Términos clave

movimiento
punto de referencia
Sistema Internacional de Unidades (SI)

metro
rapidez
velocidad

SECCIÓN 2 El movimiento lento en la Tierra

INTEGRAR LAS CIENCIAS DE LA TIERRA

Idea clave

◆ Las placas que forman la corteza terrestre exterior se mueven muy despacio, sólo centímetros por año, en varias direcciones.

Término clave

placa

SECCIÓN 3 Aceleración

Ideas clave

◆ Aceleración es la proporción en que cambia la velocidad. Implica aumento o disminución de la velocidad, o cambio de dirección.

◆ La aceleración puede calcularse dividiendo el cambio de velocidad entre el tiempo que ese cambio tardó en ocurrir.

Término clave

aceleración

USAR LA INTERNET

ACTIVIDAD

www.science-explorer.phschool.com

Repaso del contenido

 Para repasar los conceptos clave, consulta el Interactive Student Tutorial CD-ROM.

Opción múltiple
Elige la letra de la respuesta correcta.

1. Un cambio de posición con respecto a un punto de referencia es
   a. aceleración.   b. velocidad.
   c. dirección.   d. movimiento.

2. Para encontrar la velocidad promedio de un objeto
   a. se suman sus diferentes rapideces y el total se divide entre el número de rapideces.
   b. se divide la distancia que recorre entre el tiempo transcurrido para cubrir esa distancia.
   c. se divide el tiempo que necesita para recorrer una distancia entre la distancia recorrida.
   d. se multiplica la aceleración por el tiempo.

3. Si sabes que un automóvil recorre 30 km en 20 minutos, puedes encontrar su
   a. aceleración.   b. velocidad promedio.
   c. dirección.   d. gráfica.

4. Un niño en un carrusel acelera porque el niño
   a. se mueve con relación al suelo.
   b. no cambia de velocidad.
   c. se mueve con relación al sol.
   d. siempre cambia de dirección.

5. Si divides el aumento de la velocidad de un objeto entre el tiempo que tarda ese incremento, lo que determinas del objeto es su
   a. aceleración.   b. velocidad constante.
   c. velocidad promedio. d. velocidad.

Falso o verdadero
Si el enunciado es verdadero, escribe verdadero. Si es falso, cambia la palabra o palabras subrayadas para hacer verdadero el enunciado.

6. En un elevador en movimiento, tú no te mueves del punto de referencia del <u>elevador</u>.

7. La gráfica de distancia contra tiempo correspondiente a un objeto que se mueve con velocidad constante es una <u>curva</u>.

8. La capa superior de la Tierra está formada por piezas llamadas <u>puntos de referencia</u>.

9. La aceleración es un cambio de velocidad o de <u>dirección</u>.

10. La distancia que un objeto recorre en una unidad de tiempo se llama <u>aceleración</u>.

Revisar los conceptos

11. Supón que caminas hacia la parte posterior de un tren en movimiento. Describe tu propio desplazamiento como se ve desde un punto de referencia en el tren. Luego descríbelo desde un punto de referencia en el suelo.

12. ¿Cuál ave alcanza una mayor velocidad, un halcón que recorre 600 metros en 60 segundos o una diminuta curruca que viaja 60 metros en 5 segundos? Explícalo.

13. Un insecto está sobre un disco compacto que se coloca en un reproductor de discos. El disco gira y el insecto se agarra de él desesperadamente. ¿El insecto está acelerando? Explica por qué sí o por qué no.

14. Tienes una gráfica de movimiento de un objeto, la cual muestra la distancia y el tiempo. ¿Cómo se relaciona la pendiente de la gráfica con la velocidad del objeto?

15. ¿Cómo puedes saber si un objeto se mueve, si su movimiento es demasiado lento para percibirse?

16. **Escribir para aprender** Supón que un día algunas de las cosas que suelen moverse muy despacio empiezan a hacerlo más rápido, mientras que otras que generalmente se desplazan con rapidez van a paso de tortuga. Escribe una descripción de algunos de los extraños acontecimientos que podrían ocurrir durante este misterioso día. Incluye algunas velocidades reales como parte de tu descripción.

Razonamiento gráfico

17. En una hoja de papel, copia la red de conceptos sobre el movimiento. Después complétala y ponle título. (Para más información acerca de las redes de conceptos, consulta el Manual de destrezas.)

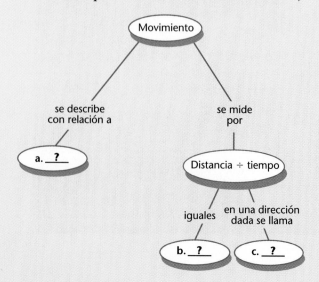

Aplicar las destrezas

Emplea la ilustración del movimiento de una catarina para responder las Preguntas 18–20.

Salida   Meta

18. Medir Mide la distancia que hay de la línea de salida a la línea B, y de la línea B a la línea de meta. Redondea la cifra hasta el décimo de centímetro más próximo.

19. Calcular A partir del reposo, la catarina aceleró hasta llegar a la línea B y luego se desplazó con velocidad constante hasta alcanzar la línea de meta. Si tardó 2.5 segundos en moverse de la línea B a la meta, calcula su velocidad durante ese tiempo.

20. Interpretar datos La velocidad que calculaste en la Pregunta 19 es también la velocidad que la catarina logró en la línea B (al final de su aceleración). Si le llevó 2 segundos acelerar de la línea de salida a la línea B, ¿cuál es su aceleración durante ese tiempo?

Razonamiento crítico

21. Hacer generalizaciones Un amigo y tú hacen dos mediciones. La primera es el tiempo que tarda un automóvil en recorrer una manzana de casas. La segunda es el tiempo que le lleva al vehículo recorrer la siguiente cuadra. A partir de estas mediciones, explica cómo puedes decidir si el automóvil avanza a una velocidad constante o acelera.

22. Resolver problemas Dos conductores parten al mismo tiempo para realizar un viaje de 100 km. El primer conductor tarda 2 horas en terminar el recorrido. El segundo conductor tarda 3 horas, pero se detiene durante una hora a medio camino. ¿Cuál conductor alcanzó una velocidad promedio mayor en todo el viaje? Explícalo.

23. Aplicar los conceptos Una familia realiza un viaje en automóvil. Avanzan durante una hora a 80 km/h y luego durante 2 horas a 40 km/h. Encuentra la velocidad promedio. (*Sugerencia:* Recuerda tener en cuenta la distancia total y el tiempo total.)

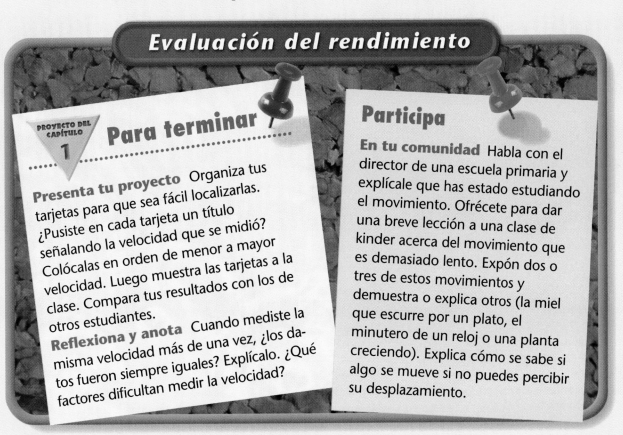

Evaluación del rendimiento

PROYECTO DEL CAPÍTULO 1 **Para terminar**

Presenta tu proyecto Organiza tus tarjetas para que sea fácil localizarlas. ¿Pusiste en cada tarjeta un título señalando la velocidad que se midió? Colócalas en orden de menor a mayor velocidad. Luego muestra las tarjetas a la clase. Compara tus resultados con los de otros estudiantes.

Reflexiona y anota Cuando mediste la misma velocidad más de una vez, ¿los datos fueron siempre iguales? Explícalo. ¿Qué factores dificultan medir la velocidad?

Participa

En tu comunidad Habla con el director de una escuela primaria y explícale que has estado estudiando el movimiento. Ofrécete para dar una breve lección a una clase de kinder acerca del movimiento que es demasiado lento. Expón dos o tres de estos movimientos y demuestra o explica otros (la miel que escurre por un plato, el minutero de un reloj o una planta creciendo). Explica cómo se sabe si algo se mueve si no puedes percibir su desplazamiento.

CAPÍTULO 2 Fuerza

LO QUE ENCONTRARÁS

 SECCIÓN 1 **Naturaleza de las fuerzas**

Descubre **¿Qué modifica al movimiento?**
Inténtalo **Vueltas y vueltas**
Laboratorio de destrezas **Obligados a acelerar**

 SECCIÓN 2 **Fuerza, masa y aceleración**

Descubre **¿Cómo ruedan las rocas?**

 SECCIÓN 3 **Fricción y gravedad**

Descubre **¿Cuál cae primero?**
Inténtalo **Platos giratorios**
Mejora tus destrezas **Calcular**
Laboratorio real **Tenis pegajosos**

PROYECTO 2

Patinetas de Newton

Una fuerte patada envía la pelota hacia la portería. El portero intenta detenerla. Tanto el que patea como el portero ejercen sobre la pelota fuerzas que modifican su movimiento. En este capítulo estudiarás cómo las fuerzas cambian el movimiento. Descubrirás que hay fuerzas que actúan sobre la pelota incluso cuando vuela por el aire.

Aprenderás cómo las tres leyes básicas del movimiento de Newton regulan la relación entre fuerzas y movimiento. Usarás la tercera ley de Newton para construir una patineta, la cual ¡no es necesario patear para que se mueva!

Tu objetivo Diseñar y construir un vehículo que sólo sea impulsado mediante la tercera ley del movimiento de Newton.

Tu vehículo debe:
- desplazarse hacia adelante al empujar algo hacia atrás
- no ser impulsado por ninguna forma de electricidad o utilizar la gravedad para moverse
- recorrer una distancia mínima de 1.5 metros
- seguir los lineamientos de seguridad del Apéndice A

Para empezar Crea posibles diseños de tu vehículo, pero no te conformes con una sola idea. Recuerda que un auto de ruedas es tan solo un tipo de vehículo. Busca la manera de reciclar materiales caseros para construir tu vehículo.

Comprueba tu aprendizaje Trabajarás en este proyecto mientras estudias el capítulo. Para mantener tu proyecto en marcha, revisa los cuadros de Comprueba tu aprendizaje en los puntos siguientes:

Repaso de la Sección 2, página 54: Determina los factores que afectarán la aceleración de tu vehículo.

Repaso de la Sección 3, página 61: Haz un diagrama del diseño que propones.

Repaso de la Sección 4, página 69: Construye tu vehículo e identifica la fuerza que lo impulsa.

Para terminar Al final del capítulo (página 75), demuestra cómo se desplaza tu vehículo.

Tanto el que patea como el portero usan fuerzas para controlar el movimiento de un balón de fútbol.

SECCIÓN 4 Acción y reacción

Descubre ¿Cuánto empuja un popote?
Inténtalo Choque de autos

Integrar las ciencias del espacio

SECCIÓN 5 Satélites en órbita

Descubre ¿Por qué algo se mueve en círculo?

1 Naturaleza de las fuerzas

¿Qué modifica al movimiento?

1. Pon varias arandelas de metal sobre un auto de juguete.

2. Coloca un libro pesado en el suelo, cerca del auto.

3. Predice qué ocurrirá con el auto y las arandelas si haces chocar el juguete contra el libro. Pon a prueba tu predicción.

Reflexiona sobre
Observar ¿Qué le sucedió al auto cuando chocó con el libro? ¿Qué pasó con las arandelas? ¿Cuál podría ser la causa de alguna diferencia entre los movimientos del auto y las arandelas?

GUÍA DE LECTURA

◆ ¿Cómo se relacionan las fuerzas equilibradas y desequilibradas con el movimiento?

◆ ¿Cuál es la primera ley del movimiento de Newton?

Sugerencia de lectura A medida que leas, define con tus propias palabras los términos marcados en negritas.

Una flecha se eleva por los aires en dirección a su lejano objetivo. Un saltador de longitud se detiene súbitamente entre una nube de arena. Pateas una pelota de fútbol a un lado de tu oponente. Hay algún tipo de movimiento implícito en cada una de estas actividades. Pero, ¿por qué cada objeto se mueve así? ¿Qué hace que un objeto empiece a moverse, se detenga o cambie de dirección? Respuesta: una fuerza. En cada una de estas actividades se ejerce, o se aplica, una fuerza a un objeto.

¿Qué es una fuerza?

En ciencias, la palabra *fuerza* tiene un significado sencillo y específico. Una **fuerza** es un impulso o una atracción. Cuando un objeto empuja o jala a otro objeto, se dice que el primer objeto ejerce una fuerza sobre el segundo. Ejerces una fuerza sobre una pluma cuando escribes, sobre un

libro al levantarlo, sobre un cierre cuando tiras de él, y sobre una pelota al lanzarla. Empleas una fuerza sobre un guijarro cuando lo arrojas a un estanque, sobre un carrito al tirar de él, y sobre un clavo cuando lo introduces en un pedazo de madera.

Al igual que la velocidad y la aceleración, las fuerzas se caracterizan no sólo por su intensidad, sino también por la *dirección* en que actúan. Si empujas una puerta, ejerces una fuerza en dirección distinta que cuando tiras de ella.

Fuerzas desequilibradas

Supón que necesitas empujar una caja pesada por el piso. Cuando lo haces, ejerces una fuerza sobre ella. Si un amigo te ayuda, la fuerza total ejercida sobre la caja es la suma de tu fuerza más la de tu amigo. Cuando dos fuerzas actúan en la misma dirección, se suman.

En la Figura 1 se emplearon flechas para mostrar la suma de las fuerzas. La punta de cada flecha indica la dirección de una fuerza. La anchura de cada flecha señala la intensidad de una fuerza. Una flecha más ancha indica una fuerza mayor. (Cuando se muestren fuerzas en este libro, por lo general su intensidad se indicará con la anchura de una flecha).

Cuando las fuerzas actúan en direcciones opuestas, también se suman. Sin embargo, debes prestar atención a la dirección de cada fuerza. Sumar una fuerza que actúa en una dirección con otra que actúa en dirección contraria es lo mismo que sumar un número positivo y uno negativo. Así que cuando dos fuerzas actúan en direcciones opuestas, se combinan mediante sustracción. Si una fuerza es mayor que la otra, la fuerza total se ejerce en la dirección de la fuerza mayor. Puedes ver lo que

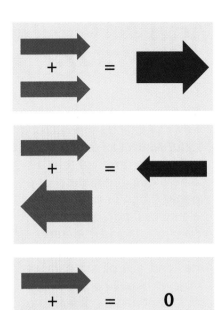

Figura 1 Dos fuerzas pueden combinarse para sumarse (arriba), o restarse una de otra (centro). También anularse entre sí (abajo).

Figura 2 La flecha, el saltador y la pelota de fútbol están en movimiento. *Hacer generalizaciones ¿Qué hace que una flecha vuele por el aire hacia su objetivo; que un saltador de longitud se detenga en seco al caer, y que una pelota de fútbol cambie de dirección?*

Has aprendido que *fuerza neta* significa "fuerza total". ¿Has escuchado el término *utilidad neta*? Aquí el adjetivo *neta* se refiere a la cantidad total de dinero que queda después de pagar todos los gastos. Por ejemplo, supón que vendes palomitas de maíz en una competencia deportiva a fin de conseguir dinero para un viaje escolar. Tu *utilidad neta* es la cantidad de dinero que queda después de restar tus gastos: el costo del grano, la mantequilla, la sal, las bolsas y los carteles.

En tu diario

¿Se te ocurre otro significado de la palabra *neto*? Muchas palabras tienen más de un significado. He aquí sólo unas cuantas: *banco, planta, granada, sierra* y *gato*. Piensa en dos significados de cada palabra. Emplea al menos dos de estos términos en oraciones que muestren sus distintos significados. Agrega más palabras a la lista.

ocurre cuando los estudiantes que se encuentran en el centro de la siguiente página ejercen fuerzas desiguales en direcciones opuestas.

En cualquier situación, la fuerza total ejercida sobre un objeto después de que se suman todas las fuerzas se llama **fuerza neta.** Cuando hay una fuerza neta que actúa sobre un objeto, se dice que dicha fuerza está desequilibrada. Una **fuerza desequilibrada** puede hacer que un objeto empiece a moverse, deje de moverse o cambie de dirección. **Una fuerza desequilibrada que actúe sobre un objeto cambiará el movimiento del objeto.** En otras palabras, una fuerza desequilibrada hará que un objeto se acelere. Por ejemplo, si dos fuerzas desequilibradas que actúan en direcciones opuestas se aplican a una caja, ésta se acelerará en la dirección de la fuerza mayor.

Fuerzas equilibradas

Las fuerzas ejercidas sobre un objeto no siempre modifican el movimiento del objeto. Piensa en las fuerzas que entran en juego cuando los perros de la Figura 3 jalan una media en direcciones opuestas. Aun cuando hay fuerzas que actúan sobre ella, el movimiento de la media no cambia. Mientras un perro ejerce una fuerza sobre la media en una dirección, los otros ejercen una fuerza igual en dirección opuesta.

Las fuerzas iguales que actúan sobre un objeto en direcciones opuestas se llaman **fuerzas equilibradas.** Una fuerza mantiene en equilibrio exacto a la otra fuerza. **Las fuerzas equilibradas que actúan sobre un objeto no modifican el movimiento del objeto.** Cuando se suman fuerzas iguales ejercidas en direcciones opuestas, la fuerza neta es de cero. En el ejemplo de la parte inferior de la siguiente página, también puedes ver cómo las fuerzas equilibradas se anulan. La caja no se mueve en absoluto.

☑ *Punto clave* ¿Qué causa cambios en el movimiento: las fuerzas equilibradas o las fuerzas desequilibradas?

Figura 3 Estos perros están ejerciendo mucha fuerza, pero no se mueven. *Aplicar los conceptos ¿Qué sucedería si uno de los perros jalara con más fuerza? Explica por qué.*

EXPLORAR *la combinación de fuerzas*

¿**Q**ué sucede cuando dos amigos empujan el mismo objeto? Las fuerzas que ejercen se combinan de distintas maneras, según la dirección en la que empujen.

FUERZAS DESEQUILIBRADAS EN LA MISMA DIRECCIÓN

Cuando dos fuerzas actúan en la misma dirección, la fuerza neta es la suma de las dos fuerzas individuales. La caja se mueve a la izquierda.

Fuerzas individuales

Fuerza neta

Fuerzas individuales

Fuerza neta

FUERZAS DESEQUILIBRADAS EN DIRECCIONES OPUESTAS

Cuando las fuerzas actúan en dirección opuesta, la fuerza neta es la diferencia entre las dos fuerzas. La caja se mueve a la derecha.

Fuerzas individuales

Fuerza neta = 0

FUERZAS EQUILIBRADAS EN DIRECCIONES OPUESTAS

Cuando dos fuerzas iguales actúan en direcciones opuestas, se anulan entre sí. La caja no se mueve.

Un objeto que se mueve en círculos posee inercia.

ACTIVIDAD

1. Pega con cinta adhesiva el extremo de un pedazo de hilo (de aproximadamente un metro) a una pelota de tenis de mesa.

2. Mantén la pelota delante de ti y hazla girar en un círculo horizontal. Sosténla unos dos centímetros y medio arriba del suelo.

3. Suelta el hilo y observa la dirección en que rueda la pelota.

4. Repite esto varias veces, soltando el hilo en diferentes puntos.

Inferir ¿En qué punto necesitas soltar el hilo si deseas que la pelota, rodando, se aleje directamente de ti? ¿O se acerque a ti? Haz un diagrama como parte de tu respuesta.

La primera ley del movimiento de Newton

Los antiguos griegos observaron que los objetos tienen lugares naturales de reposo. Los objetos se mueven hacia esos sitios. Una roca cae al suelo. Una bocanada de humo se eleva en el aire. Una vez que un objeto se encuentra en su lugar natural de reposo, no puede moverse por sí solo. Para que permanezca en movimiento, una fuerza tiene que actuar sobre él.

Inercia A principios del siglo XVII, el astrónomo italiano Galileo Galilei puso en duda la idea de que se necesita una fuerza para mantener un objeto en movimiento. Afirmó que una vez que un objeto está en movimiento, no es necesario empujarlo ni tirar de él para mantenerlo así. La fuerza sólo se necesita para cambiar el movimiento de un objeto. Pero ya sea que se encuentren en movimiento o en reposo, todos los objetos oponen resistencia a cualquier modificación en su movimiento. Esta resistencia se llama inercia. La **inercia** es la tendencia de un objeto a resistir cualquier cambio en su movimiento.

Quizás tú mismo hayas observado esto. Un disco que se desplaza sobre un colchón de aire en un partido de hockey se desliza libremente una vez que alguien lo empuja. Del mismo modo, una pelota de tenis vuela por el aire una vez que la golpeamos con una raqueta. En ambos casos, el objeto continúa moviéndose incluso después de que retiramos la fuerza.

Las ideas de Galileo prepararon el camino para el matemático inglés Sir Isaac Newton. Newton descubrió las tres leyes básicas del movimiento a finales del siglo XVII. La primera de las tres leyes del movimiento de Newton replantea la idea de Galileo. **La primera ley del movimiento de Newton establece que un objeto en reposo permanecerá en reposo. Y un objeto que se mueve a velocidad constante continuará moviéndose a velocidad constante a menos que una fuerza desequilibrada actúe sobre él.** La primera ley del movimiento de Newton también se conoce como la ley de la inercia.

Figura 4 Estos maniquíes que se utilizan en pruebas de choque no llevaban puesto el cinturón de seguridad. *Relacionar causa y efecto* ¿Qué los hizo moverse hacia adelante incluso después de que el auto se detuvo?

La inercia explica muchos hechos comunes. Por ejemplo, cuando estás en un auto que se detiene de pronto, la inercia hace que continúes moviéndote hacia adelante. Los maniquíes que se utilizan en las pruebas de choque de la Figura 4 no se detienen cuando el vehículo lo hace. Los pasajeros de un auto en movimiento poseen inercia. Por lo tanto, se requiere de una fuerza para cambiar su movimiento. Esa fuerza la ejerce el cinturón de seguridad. Si no llevamos puesto el cinturón, ¡el parabrisas ejercerá esa fuerza!

Masa   ¿Qué es más difícil de mover: un frasco de monedas o uno de "cacahuates" de plástico expansible? Obviamente, el frasco de monedas es más difícil de mover. ¿Cuál es la diferencia entre el frasco de monedas y el de cacahuates de plástico? Después de todo, en la Figura 5 puedes ver que los dos frascos ocupan la misma cantidad de espacio, y tienen el mismo volumen. La diferencia es la cantidad de masa que tiene cada uno. **Masa** es la cantidad de materia que contiene un objeto. El frasco de monedas posee más masa que el de cacahuates de plástico.

Figura 5 Los dos frascos tienen el mismo volumen, pero masas muy diferentes.

La unidad de masa del SI es el kilogramo (kg). Un auto pequeño podría tener una masa de 1,000 kilogramos. Una bicicleta sin ciclista podría poseer una masa de unos 10 kilogramos, y un estudiante podría tener una masa de 45 kilogramos. La masa de objetos más pequeños se describe en términos de gramos (1 kilogramo = 1,000 gramos). La masa de una moneda de 5 centavos es de unos 5 gramos.

La cantidad de inercia de un objeto depende de su masa. A mayor masa, mayor inercia. Así, la masa también puede definirse como una medida de la inercia de un objeto.

Repaso de la sección 1

1. ¿Qué diferencia existe entre la manera en que las fuerzas equilibradas y las desequilibradas afectan al movimiento?

2. ¿Qué es la inercia? ¿Qué tiene que ver con la primera ley del movimiento de Newton?

3. Dos niños que luchan por un juguete tiran de éste desde extremos opuestos. El resultado es un empate. Explica esto en términos de la fuerza neta.

4. **Razonamiento crítico Aplicar los conceptos** Haz un diagrama en el que dos fuerzas que actúan sobre un objeto son desequilibradas, y otro diagrama en el que dos fuerzas equilibradas actúen sobre un objeto. Indica las fuerzas con flechas.

Las ciencias en casa

Llena de agua un vaso de papel. Cúbrelo con una tarjeta y coloca una moneda o un clip en el centro de la tarjeta. Desafía a tu familia a quitar la moneda de la tarjeta y echarla en el vaso sin tocar la moneda ni sujetarla a la tarjeta. Si no se les ocurre cómo hacerlo, muéstrales cómo. Sostén el vaso y con el dedo da un golpecito en un extremo de la tarjeta. No es necesario un golpe fuerte, pero sí rápido. Explica lo que sucede con la moneda en términos de inercia.

Obligados a acelerar

En este experimento, practicarás la destreza de interpretar datos mientras investigas la relación entre fuerza y aceleración.

Problema

¿Cómo se relaciona la aceleración de una patineta con la fuerza que tira de ella?

Materiales

patineta   regla métrica   báscula de resorte de 5 N
cuerda   cinta adhesiva   cronómetro
varios ladrillos u otros objetos grandes

Procedimiento

1. Ata un pedazo de cuerda a la patineta. Coloca los ladrillos sobre ésta.

2. Con la cinta adhesiva marca una distancia de un metro sobre un piso plano. Marca los extremos como "Salida" y "Meta".

3. Ata una báscula de resorte al lazo. Tira de ella para mantener una fuerza de 2.0 N. Asegúrate de tirar de la báscula directamente de frente. Practica aplicando una fuerza constante a la patineta mientras se mueve.

4. En tu cuaderno haz una tabla de datos como la que aparece abajo.

5. Encuentra la fuerza más pequeña necesaria para tirar de la patineta con una rapidez lenta pero constante. No aceleres la patineta.

6. Añade 0.5 N a la fuerza en el Paso 5. Esto bastará para acelerar la patineta. Anota esta fuerza en la primera línea de la tabla.

7. Pide a uno de tus compañeros que, en la línea de partida, sostenga el borde delantero de la patineta. Luego tira de la báscula de resorte con la fuerza que encontraste en el Paso 6.

8. Cuando tu compañero diga "¡ya!" y suelte la patineta, mantén una fuerza constante hasta que la patineta alcance la línea de meta.

9. Un tercer compañero debe cronometrar cuánto tiempo tarda la patineta en moverse de la línea de salida a la meta. Anota el tiempo en la columna que dice "Prueba 1".

10. Repite los pasos 7, 8 y 9 dos veces más. Anota tus resultados en la columnas que se llaman "Prueba 2" y "Prueba 3".

11. Repite los pasos 7, 8, 9 y 10, empleando una fuerza que sea de 1.0 N mayor que la fuerza que encontraste en el Paso 5.

12. Repite los pasos 7, 8, 9 y 10 dos veces. Aplica fuerzas que sean de 1.5 y 2.0 N mayores que la fuerza que encontraste en el Paso 5. Anota tus resultados.

TABLA DE DATOS

Fuerza (N)	Prueba 1 Tiempo (s)	Prueba 2 Tiempo (s)	Prueba 3 Tiempo (s)	Tiempo promedio (s)	Velocidad promedio (m/s)	Velocidad final (m/s)	Aceleración (m/s^2)

Analizar y concluir

1. Encuentra el promedio de las tres veces que mediste para cada fuerza que empleaste. Anota dicho promedio en tu tabla de datos.

2. Encuentra la velocidad promedio de la patineta correspondiente a cada fuerza. Utiliza esta fórmula:

    Velocidad promedio = 1 m ÷ Tiempo promedio

    Anota el valor correspondiente a cada fuerza.

3. Para obtener la velocidad final de la patineta, multiplica cada velocidad promedio por 2. Anota el resultado en tu tabla de datos.

4. Para obtener la aceleración, divide cada velocidad final que encontraste entre el tiempo promedio. Anota la velocidad en tu tabla de datos.

5. Elabora una gráfica de líneas. Muestra la aceleración en el eje y y la fuerza en la eje x. La escala del eje y debe ir de cero a 1 m/s^2. El eje x debe ir de cero a 3.0 newtons.

6. Si los puntos parecen formar una línea recta, traza una línea a través de ellos.

7. Tu primer punto de datos es la fuerza que se requiere para una aceleración de cero. ¿Cómo conoces la fuerza para una aceleración de cero?

8. De acuerdo con tu gráfica, ¿cómo se relaciona la aceleración de la patineta con la fuerza de atracción?

9. **Piensa en esto** ¿Cuál es la variable manipulada? ¿Cuál es la variable de respuesta?

Crear un experimento

Planea un experimento para probar de qué manera la aceleración de la patineta cargada depende de su masa. Piensa cómo variarías su masa. ¿Qué cantidad necesitarías medir que no mediste en este experimento? ¿Tienes el equipo necesario para realizar esa medición? Si no es así, ¿qué otro equipo requerirías?

Fuerza, masa y aceleración

¿Cómo ruedan las rocas?

1. Coloca varias rocas pequeñas en un carro de volteo de juguete. Engancha una báscula de resorte a la defensa del carro.

2. Practica tirando del carro con la báscula de resorte de modo que la lectura en la báscula permanezca constante.

3. Tira del carro con una fuerza constante y observa su movimiento. Luego quita algunas rocas del carro y tira de él otra vez con la misma fuerza.

4. Quita algunas rocas más y tira del carro otra vez. Finalmente, vacíalo y observa cómo se mueve con la misma fuerza constante.

Reflexiona sobre

Observar ¿Cómo afectó al movimiento el cambio de masa del carro?

◆ ¿Cómo están relacionadas la fuerza y la masa con la aceleración?

Sugerencia de lectura A medida que leas, describe con tus propias palabras la relación que hay entre fuerza, masa y aceleración.

Una tarde de sol, estás cuidando a dos niños a quienes les encanta pasear en carrito. Pronto descubres que disfrutan más del viaje cuando aceleras rápidamente. Exclaman "¡más rápido, más rápido!", y después de algunos minutos, te sientas en el vehículo para recuperar el aliento. Tirando de él, el más pequeño toma una curva, pero descubre que no puede hacer que el carro acelere tan rápido como lo haces tú. ¿Qué relación hay entre la aceleración del carro y la fuerza que tira de él? ¿Cómo se relaciona la aceleración con la masa del carro?

Segunda ley del movimiento de Newton

La segunda ley del movimiento de Newton explica cómo se relacionan la fuerza, la masa y la aceleración. **La fuerza neta sobre un objeto es igual al producto de su aceleración por su masa.** La relación que hay entre

las cantidades fuerza, masa y aceleración puede expresarse con una ecuación.

$$Fuerza = Masa \times Aceleración$$

A menudo a esta ecuación se le conoce como la segunda ley del movimiento de Newton.

Al igual que con cualquier ecuación, debes prestar atención a las unidades de medida. Cuando la aceleración se mide en metros por segundo (m/s^2) y la masa en kilogramos, la fuerza se mide en kilogramos $\times$ metros por segundo por segundo ($kg \cdot m/s^2$). Esta unidad se llama el newton (N), en honor a Isaac Newton. Un **newton** es igual a la fuerza que se requiere para acelerar un kilogramo de masa a 1 metro por segundo por segundo.

$$1 N = 1 kg \times 1 m/s^2$$

Una estudiante podría tener una masa de 40 kilogramos. Supón que está caminando y acelera a 1 m/s^2. Fácilmente puedes encontrar la fuerza que ejerce sustituyendo masa y aceleración en la ecuación. Encuentras que 40 kilogramos $\times$ 1 m/s^2 es igual a 40 newtons.

A veces es necesario escribir de manera distinta la relación que hay entre aceleración, fuerza y masa.

$$Aceleración = \frac{Fuerza}{Masa}$$

Esta forma se encuentra adaptando la ecuación de la segunda ley de Newton.

Problema de ejemplo

Una lancha de motor tira de un esquiadora acuática de 52 kilogramos. La fuerza la hace acelerar a 2 m/s^2. Calcula la fuerza que produce esa aceleración.

Analiza.   Conoces la aceleración y la masa. Deseas encontrar la fuerza.

Escribe la ecuación. $Fuerza = Masa \times Aceleración$

Sustituye y resuelve. $Fuerza = 52\ kg \times 2\ m/s^2$

$Fuerza = 104\ kg \times m/s^2 = 104\ kg \cdot m/s^2$

$Fuerza = 104\ N$

Piénsalo.   La respuesta te indica que se requiere una fuerza de 104 N para acelerar a la esquiadora acuática. No es mucha fuerza, pero nadie supondría que se necesita mucha fuerza para tirar de una esquiadora sobre el agua.

Ejercicios de práctica

1. ¿Cuál es la fuerza sobre un elevador de 1,000 kg que acelera a 2 m/s^2?
2. ¿Cuánta fuerza se necesita para acelerar un carrito de 55 kg a 15 m/s^2?

Cambios en la fuerza y en la masa

¿Cómo puedes aumentar la aceleración del carrito? Mira de nuevo la ecuación de la aceleración: Aceleración = Fuerza ÷ Masa. Una manera de incrementar la aceleración consiste en cambiar la fuerza. De acuerdo con la ecuación, la aceleración y la fuerza cambian de la misma manera. Un aumento en la fuerza causa un aumento en la aceleración. Así que para incrementar la aceleración del vehículo puedes aumentar la fuerza que se emplea para tirar de él. Puedes tirar con más fuerza.

Otra manera de aumentar la aceleración consiste en cambiar la masa. De acuerdo con la ecuación, la aceleración y la masa cambian de manera opuesta. Esto significa que un aumento en la masa causa una disminución en la aceleración. También implica que una disminución en la masa provoca un aumento en la aceleración. Así que para aumentar la aceleración del carrito debes disminuir su masa. En vez de ti, los niños deben subirse al carrito.

Figura 6 La aceleración de un objeto depende de la fuerza que actúa sobre él y de su masa.

Repaso de la sección 2

1. ¿Cuáles son las tres cantidades que están relacionadas en la segunda ley del movimiento de Newton? ¿Cuál es la relación que existe entre ellas?

2. Cuando la fuerza que se ejerce sobre un objeto aumenta, ¿cómo cambia la aceleración del objeto?

3. Supón que conoces la aceleración de un carrito de compras mientras rueda por el pasillo de un supermercado. Deseas encontrar la fuerza con la que era empujado. ¿Qué datos adicionales necesitas para hallar la fuerza?

4. **Razonamiento crítico   Resolver problemas** Supón que aplicaste el doble de la fuerza que actúa sobre un objeto. ¿De qué manera podrías cambiar su masa para mantener sin cambio su aceleración?

Comprueba tu aprendizaje

PROYECTO DEL CAPÍTULO 2

El vehículo para tu proyecto necesitará acelerar desde una posición de reposo. A partir de la segunda ley del movimiento de Newton, sabes que Aceleración = Fuerza ÷ Masa. Esto significa que dispones de dos maneras de aumentar la aceleración: incrementar la fuerza o disminuir la masa. ¿Cómo puedes aumentar la fuerza que actúa sobre tu vehículo o disminuir su masa?

Fricción y gravedad

¿Cuál cae primero?

¿Crees que una moneda de 25 centavos caerá más rápidamente que una de 10 centavos? ¿Más rápido que una de 5 centavos? ¡Anota tus predicciones y descúbrelo!

1. Coloca una moneda de 10 centavos, una de 5 y otra de 25 a lo largo de la orilla de un escritorio.

2. Pon una regla detrás de las monedas, alineada con la orilla del escritorio.

3. Mientras mantienes la regla paralelamente al borde del escritorio, empuja las tres monedas hacia la orilla. Observa cualquier diferencia de tiempo cuando las monedas caigan.

Reflexiona sobre

Predecir ¿Advertiste algún patrón en el tiempo que las monedas tardaron en caer? Emplea tus observaciones sobre las monedas para predecir si una pelota de fútbol caerá más rápidamente que una canica. ¿Caerá más rápido un lápiz que un libro? ¿Cómo puedes poner a prueba tus predicciones?

¿**Q**ué ocurre si empujas un libro lentamente sobre tu pupitre y luego lo sueltas? ¿Seguirá moviéndose? En realidad, sin empujarlo puedes predecir que se detendrá. Ahora imagínate que levantas un libro por encima de tu pupitre y en seguida lo sueltas. De nuevo, sin soltarlo puedes predecir que caerá. En las dos situaciones primero ejerces una fuerza para cambiar el movimiento de un libro, luego retiras esa fuerza.

De acuerdo con la primera ley del movimiento de Newton, el desplazamiento del libro sólo cambia si una fuerza desequilibrada actúa sobre él. No debe necesitarse una fuerza que mantenga al libro moviéndose con velocidad constante. Entonces, ¿por qué deja de deslizarse después de que lo empujas? ¿Y por qué el libro cae al suelo una vez que dejas de ejercer una fuerza para mantenerlo arriba?

Con base en la primera ley del movimiento de Newton, sabemos que en cada caso otra fuerza debe actuar sobre el libro. De hecho, otras dos fuerzas actúan sobre él. Cuando el libro se desliza, la fuerza de la fricción lo hace detenerse poco a poco. Cuando cae, la fuerza de la gravedad lo hace acelerar hacia abajo. En esta sección aprenderás que estas dos fuerzas afectan casi todo el movimiento.

GUÍA DE LECTURA

◆ ¿Qué factores determinan la fuerza de fricción entre dos superficies?

◆ ¿Qué diferencia hay entre masa y peso?

◆ ¿Cuál es la ley de la gravitación universal?

Sugerencia de lectura A medida que leas, compara y contrasta la fricción con la gravedad.

Figura 7 Si observas una superficie de metal pulida con un microscopio especial, descubrirás que en realidad es bastante áspera.
Predecir ¿Qué aspecto tendría una superficie áspera?

Figura 8 Si bien estos renos no pueden volar, pueden dar a los finlandeses un emocionante paseo con esquís.

Fricción

Cuando se empuja un libro sobre una mesa, la superficie del volumen se frota contra la superficie de la mesa. También la piel de las manos de un bombero roza contra el poste de metal pulido cuando se desliza por éste. Aunque las superficies parezcan muy lisas, en realidad tienen muchas irregularidades. Cuando dos superficies se rozan, las irregularidades de una quedan atrapadas en las de la otra. La fuerza que una superficie ejerce sobre otra cuando las dos se frotan se llama **fricción.**

Naturaleza de la fricción La fricción actúa en dirección opuesta a la dirección de movimiento del objeto. Sin fricción, el objeto continuaría moviéndose con velocidad constante para siempre. Sin embargo, la fricción, se opone al movimiento. La fricción hará que finalmente un objeto se detenga.

La intensidad de la fuerza de fricción depende de dos factores: el tipo de superficie de que se trate y la firmeza con que las superficies se empujen entre sí. Las superficies ásperas producen mayor fricción que las superficies lisas. Los esquiadoros de la Figura 8 van rápido porque existe muy poca fricción entre sus esquís y la nieve. El reno no podrá llevarlos por una superficie áspera como la arena. La fuerza de la fricción también aumenta si las superficies ejercen más presión entre sí. Si te frotas las manos con energía, se produce más fricción que si te las frotas ligeramente.

Fuerza de fricción

Fuerza de fricción

Fuerza ejercida sobre los esquiadores

Figura 9 La fricción permite a estos estudiantes adherirse al suelo. La fricción también permite al obrero metalúrgico pulir una superficie metálica. *Inferir ¿Cómo puedes saber que la esmeriladora produce calor?*

¿Es útil la fricción? ¿La fricción es necesariamente algo negativo? No: el hecho de que la fricción sea útil o no depende de la situación. Por ejemplo, podemos caminar porque la fricción actúa entre la suela de los zapatos y el suelo. Sin fricción, los zapatos tan sólo se deslizarían por el piso y nunca avanzaríamos. Los autos se mueven debido a la fricción que hay entre las ruedas y el pavimento. Gracias a la fricción encendemos un cerillo y caminamos por una acera.

La fricción es tan útil que a veces se desea aumentarla. Si bajas a pie por una colina cubierta de nieve, podrías llevar botas de hule o esparcir arena para aumentar la fricción e ir más despacio. Los bailarines de ballet esparcen un polvo pegajoso en las suelas de sus zapatos para no resbalar en la pista de baile.

Control de la fricción Existen distintas clases de fricción. Cuando superficies sólidas se deslizan entre sí, la clase de fricción que se produce se llama **fricción de deslizamiento.** Cuando un objeto rueda por una superficie, el tipo de fricción que resulta es la **fricción de rodamiento.** La fuerza necesaria para vencer la fricción por rodamiento es mucho menor que la que se requiere para superar la fricción por deslizamiento.

Los cojinetes de bola constituyen una manera de reducir la fricción entre dos superficies. Los cojinetes son esferas de acero pequeñas y lisas. Ruedan entre las piezas de metal giratorias. Las ruedas de los patines en línea, las patinetas y las bicicletas tienen cojinetes de bola. Lo mismo ocurre con muchas piezas de auto.

La fricción que se produce cuando un objeto se mueve a través de un fluido se llama **fricción de fluido.** La fuerza necesaria para vencer la fricción de fluido es por lo general menor que la que se requiere para superar la fricción por deslizamiento. El fluido impide que las superficies hagan contacto directo y de esta manera se reduce la fricción. La piezas móviles de las máquinas se cubren con aceite para que puedan deslizarse con menos fricción.

☑ *Punto clave* **Indica dos maneras de reducir la fricción.**

Figura 10 Tan pronto como saltan de su avión, los paracaidistas empiezan a acelerar. *Predecir ¿Un paracaidista con mayor masa acelera más rápidamente que otro con menos masa?*

Gravedad

La fricción explica por qué un libro se detiene al empujarlo. ¿Pero por qué el mismo libro cae al suelo si lo levantas y lo sueltas? Newton se dio cuenta de que actúa una fuerza que atrae a los objetos directamente hacia el centro de la Tierra. A esta fuerza la llamó gravedad. La **gravedad** es la fuerza que atrae los objetos hacia la Tierra.

Caída libre Cuando la única fuerza que actúa sobre un objeto que cae es la de gravedad, se dice que dicho objeto se encuentra en **caída libre.** Un objeto en caída libre acelera a medida que cae. ¿Sabes por qué? En la caída libre la fuerza de gravedad es una fuerza desequilibrada, y las fuerzas desequilibradas hacen que el objeto acelere.

¿Cuánto aceleran los objetos al caer? Cerca de la superficie de la Tierra, la aceleración debida a la fuerza de gravedad es de 9.8 m/s². Esto significa que por cada segundo que un objeto cae, su velocidad aumenta 9.8 m/s. Supón que se deja caer un objeto desde el último piso de un edificio. Su velocidad inicial es de 0 m/s. Al final del primer segundo de caída, es de 9.8 m/s. Después de dos segundos, su velocidad es de 19.6 m/s (9.8 m/s + 9.8 m/s). Luego de 3 segundos es de 29.4 m/s. La velocidad se incre-.menta a medida que el objeto cae.

Aunque parezca difícil de creer, todos los objetos en caída libre aceleran a la misma velocidad, sin importar su masa. Si no crees que las velocidades sean las mismas, observa a las dos esferas de la Figura 11A.

Figura 11 A. Dos esferas con masa diferente se dejan caer al suelo. En el vacío, caerían exactamente a la misma velocidad, independientemente de su masa. B. Se emplea un dispositivo para dejar caer una esfera verticalmente y otra horizontalmente al mismo tiempo.

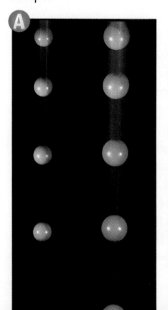

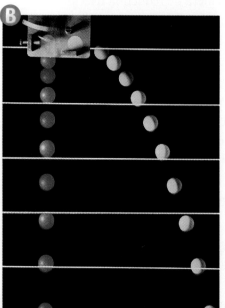

Movimiento de proyectiles En lugar de dejar caer una esfera directamente hacia abajo, ¿qué ocurre si la arrojamos horizontalmente? Un objeto que se arroja se llama **proyectil.** ¿Caerá un proyectil en el suelo al mismo tiempo que un objeto que se deje caer directamente hacia abajo?

Tanto un objeto que sencillamente se deja caer como otro que se lanza horizontalmente están en caída libre. El movimiento horizontal del objeto lanzado

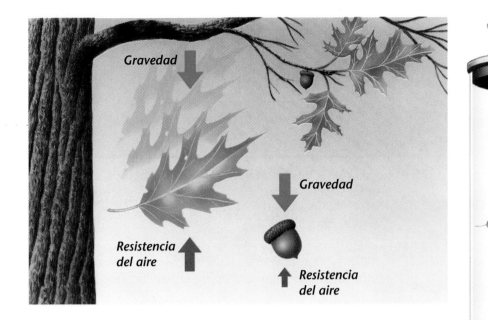

Gravedad

Resistencia
del aire

Gravedad

Resistencia
del aire

Gravedad

Figura 12 Cuando hay aire, la resistencia de éste ejerce una fuerza hacia arriba sobre los objetos. *Inferir La hoja de roble y la bellota caen a la misma velocidad en el tubo de la derecha. ¿Existe resistencia del aire en el tubo?*

no afecta su caída libre. Ambos objetos llegarán al suelo exactamente al mismo tiempo.

Resistencia del aire Si bien se *supone* que todos los objetos caen a la misma velocidad, sabes que no siempre es así. Por ejemplo, una hoja de roble cae revoloteando lentamente al suelo, mientras que una bellota lo hace directamente. Los objetos que al caer atraviesan el aire experimentan un tipo de fricción de fluido que se llama **resistencia del aire.** Recuerda que la fricción se produce en dirección opuesta al movimiento, de modo que la resistencia del aire es una fuerza hacia arriba. La resistencia del aire no es igual para todos los objetos. Cuanto mayor sea la superficie de un objeto, mayor es la resistencia del aire. Esto explica por qué una hoja cae más lentamente que una bellota. En el vacío, donde no hay aire, todos los objetos caen exactamente con la misma aceleración.

La resistencia del aire aumenta con la velocidad. Así que a medida que un objeto acelera al caer, la resistencia del aire contra él se incrementa. Finalmente, la resistencia del aire iguala a la fuerza de gravedad. Recuerda que cuando las fuerzas están en equilibrio no existe aceleración. De modo que aunque el objeto continúa cayendo, su velocidad ya no aumenta. Esta velocidad, la mayor que alcanza el objeto, se llama **velocidad terminal.**

✓ *Punto clave ¿En qué proporción acelera un objeto en caída libre?*

Peso La fuerza de gravedad sobre una persona u objeto en la superficie de un planeta se conoce como **peso.** Cuando subes a una báscula, estás determinando la fuerza con que la Tierra te atrae. ¡No confundas peso con masa! **El peso es una medida de la fuerza de gravedad sobre un objeto, y masa es una medida de la cantidad de materia que tiene ese objeto.**

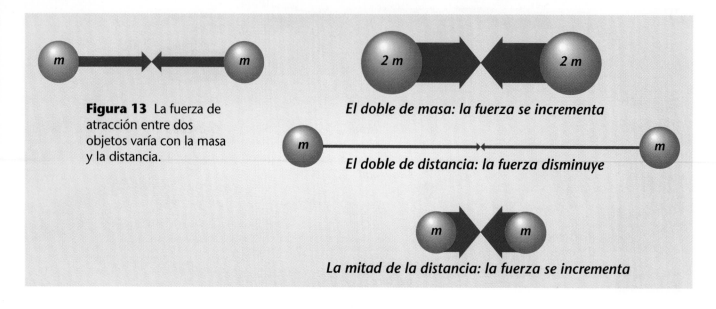

Figura 13 La fuerza de atracción entre dos objetos varía con la masa y la distancia.

El doble de masa: la fuerza se incrementa

El doble de distancia: la fuerza disminuye

La mitad de la distancia: la fuerza se incrementa

Puesto que el peso es una fuerza, puedes volver a escribir la segunda ley del movimiento de Newton, Fuerza = Masa × Aceleración, para encontrar el peso.

Peso = Masa × Aceleración debida a la gravedad

Por lo general el peso se mide en newtons, la masa en kilogramos y la aceleración debida a la gravedad en m/s^2. Así que una persona de 50 kilogramos pesa 50 kg × 9.8 m/s^2 = 490 newtons sobre la superficie de la Tierra.

Gravitación universal

Newton se dio cuenta de que la Tierra no es el único objeto que ejerce una fuerza gravitacional. En realidad, la gravedad actúa en todas partes del universo. La gravedad es la fuerza que hace caer una manzana al suelo. Es la fuerza que mantiene a la luna girando alrededor de la Tierra. Es también la fuerza que mantiene a todos los planetas girando alrededor del Sol.

Lo que descubrió Newton se llama la ley de la gravitación universal. **La ley de la gravitación universal establece que la fuerza de gravedad actúa entre todos los objetos del universo.** Dos objetos en el universo, sin excepción, se atraen entre sí. Esto significa que no sólo la Tierra nos atrae, ¡sino también todos los objetos que nos rodean! También tú atraes a la Tierra y a los objetos que te rodean.

¿Por qué no te das cuenta de que los objetos que te rodean son atraídos hacia ti? Después de todo, este libro ejerce una fuerza gravitacional sobre ti. La razón es que la intensidad de la fuerza depende de la masa de los objetos en juego. La fuerza de gravedad es mucho más grande entre tú y la Tierra que entre tú y tu libro.

INTEGRAR LAS CIENCIAS DEL ESPACIO Aunque tu masa seguiría siendo la misma en otro planeta o luna, tu peso sería distinto. Por ejemplo, la fuerza de gravedad sobre la luna de la Tierra es aproxi-

Mejora tus destrezas

Calcular ACTIVIDAD

Puedes determinar el peso de un objeto si mides su masa.

1. Calcula el peso de cuatro objetos. (*Sugerencia:* Una manzana pesa alrededor de 1 N).

2. Encuentra la masa de cada objeto. Si las mediciones no están en kilogramos, conviértelas a esta unidad.

3. Multiplica cada masa por 9.8 m/s^2 para encontrar el peso en newtons.

¿Qué tan cerca de los valores reales estuvieron tus cálculos?

madamente una sexta parte de la de nuestro planeta. Tu peso en la Luna, entonces, sería más o menos de un sexto del que es en la Tierra. Eso explica por qué el astronauta de la Figura 14 puede saltar con tanta facilidad.

Si la fuerza gravitacional depende de la masa, quizás podrías esperar advertir una fuerza de atracción de un objeto masivo, como la Luna o el Sol. Pero no es así. La razón es que la fuerza gravitacional también depende de la distancia entre los objetos. Cuanto más separados estén los objetos, más débil será la fuerza.

Los astronautas recorren grandes distancias desde la Tierra. A medida que viajan de la Tierra a la Luna, la atracción gravitacional de nuestro planeta se debilita. Al mismo tiempo, la atracción gravitacional de la Luna se fortalece. En la superficie de la Luna un astronauta siente la atracción de la gravedad de la Luna, pero ya no advierte la de la Tierra.

Repaso de la sección 3

1. ¿Qué factores determinan la intensidad de la fuerza de fricción cuando dos superficies se rozan entre sí?
2. ¿Cuál es la diferencia entre peso y masa?
3. Expresa la ley de la gravitación universal con tus propias palabras.
4. **Razonamiento crítico** **Resolver problemas** Una ardilla deja caer una nuez desde un risco. ¿Cuál es la velocidad de la nuez después de 3 segundos? ¿Después de 5 segundos? ¿Después de 10 segundos? (No tomes en cuenta la resistencia del aire. Recuerda que la aceleración debida a la gravedad es de 9.8 m/s^2.)

PROYECTO DEL CAPÍTULO 2

Comprueba tu aprendizaje

Haz un diagrama de tu vehículo. Emplea flechas rotuladas para mostrar cada lugar sobre el cual actúa una fuerza. Asegúrate de incluir las fuerzas de fricción en tu diagrama. Analiza la manera de reducir las fuerzas que disminuyen la velocidad de tu vehículo.

Tenis pegajosos

Los tenis apropiados para una actividad deben tener un tipo de suela para adherirse al suelo. En este experimento medirás la cantidad de fricción entre distintos tipos de tenis y una mesa.

Problema

¿Qué diferencia hay entre la cantidad de fricción entre un tenis y una superficie con respecto a otros tipos de tenis?

Enfoque en las destrezas

formular definiciones operativas, medir, controlar variables

Materiales

tres o más tipos de tenis   cinta adhesiva
juego(s) de pesas   clip grande
báscula de resorte de 20 N y 5 N   balanza

Procedimiento

1. Los tenis se diseñan para resistir varias fuerzas de fricción, como:
   - fricción de salida, que se produce cuando se parte de una posición de reposo
   - fricción de detención hacia adelante, cuando vamos avanzando y nos detenemos.
   - fricción de detención lateral, cuando vamos avanzados y hacia un lado.

2. Haz una tabla de datos para anotar el tipo de fricción de cada tenis.
3. Halla la masa de cada tenis. Luego pon pesas en cada uno de ellos de modo que la masa total sea de 1,000 g. Coloca uniformemente las pesas dentro del tenis.
4. Necesitarás pegar con cinta adhesiva un clip a cada tenis y luego enganchar una báscula de resorte al clip: Para medir
   - la fricción de salida, pega el clip a la parte posterior del tenis
   - la fricción de detención hacia adelante, pega el clip a la parte anterior del zapato
   - la fricción de detención lateral, pega el clip a un lado del zapato.

TABLA DE DATOS			
Tenis	Fricción de salida (N)	Fricción de detención lateral (N)	Fricción de detención hacia adelante (N)
A			
B			

5. Para medir la fricción de salida, tira del tenis hacia atrás hasta que empiece a moverse. Primero utiliza la báscula de resorte de 20 N. Si la lectura es menor de 5 N, usa la de 5 N. La fuerza para que el zapato comience a moverse es igual a la fuerza de fricción. Anota estos datos en tu tabla

6. Para medir cada tipo de fricción de detención, utiliza la báscula de resorte para tirar de cada tenis con rapidez lenta pero constante. Anota estos datos en tu tabla

7. Repite los pasos 3 y 4 con los tenis que faltan.

Analizar y concluir

1. ¿Cuáles son las variables manipuladas y de respuesta en este experimento? Explícalo. (Para un análisis de las variantes experimentales, consulta el Manual de destrezas.)

2. ¿Por qué es la lectura de la báscula de resorte igual a la fuerza de fricción en cada caso?

3. ¿Crees que utilizar un tenis con una pequeña cantidad de masa en su interior es una buena prueba de la fricción de los tenis? (Considera el hecho de que al usarlos, la gente mete los pies en los zapatos.) Explica tu respuesta.

4. Haz un diagrama donde muestres las fuerzas que actúan sobre el tenis en cada tipo de movimiento.

5. ¿Por qué tiraste del tenis con rapidez lenta para probar la fricción de detención? En cuanto a la fricción de salida, ¿por qué tiraste de un tenis que no se movía?

6. ¿Cuál tenis tuvo más fricción de salida? ¿Cuál tuvo más fricción de detención hacia adelante? ¿Cuál tuvo más fricción de detención lateral?

7. ¿Puedes identificar alguna relación entre el tipo de tenis y el tipo de fricción que observaste? ¿Qué adviertes en los tenis que causara que uno tuviera mejor tracción que otro?

8. **Aplicar** Ponte tus propios tenis. Empieza a correr y fíjate cómo presionas contra el suelo con ellos. ¿Cómo crees que esto afecte la fricción entre el tenis y el suelo? ¿Cómo puedes someter a prueba esta variable?

Participa

Ve a una tienda donde se vendan tenis. Si es posible, lleva una báscula de resorte y, con el permiso del empleado, haz una prueba rápida de la fricción de los tenis diseñados para distintas actividades. También fíjate en los materiales de que están hechos, el apoyo que dan a los pies, así como en otras características. Luego decide si es conveniente comprar tenis específicos para distintas actividades.

4 Acción y reacción

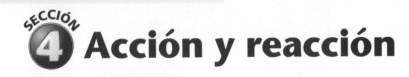

DESCUBRE

¿Cuánto empuja un popote?

1. Coloca una liga alrededor de la mitad de la portada de un libro pequeño o mediano de pasta dura.

2. Pon cuatro canicas formadas en cuadro sobre una mesa. Con cuidado, coloca el libro con la liga sobre las canicas.

3. Mantén firme el libro colocando un dedo índice en el centro de la tapa. Luego, como aparece en la ilustración, con el otro dedo índice empuja un popote contra la liga.

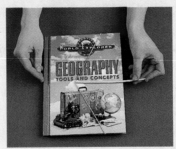

4. Empuja el popote de modo que la liga se estire unos diez centímetros. Luego suelta al mismo tiempo el libro y el popote.

Reflexiona sobre

Desarrollar hipótesis ¿Qué observaste sobre el movimiento del libro y el popote? Escribe una hipótesis para explicar lo que sucedió, en términos de fuerzas, sobre el libro y el popote.

GUÍA DE LECTURA

◆ **¿Cuál es la tercera ley del movimiento de Newton?**

◆ **¿Cuál es la ley de la conservación del momentum?**

Sugerencia de lectura Antes de leer, mira las ilustraciones y predice qué significan *acción* y *reacción*.

Imagina que eres un astronauta que realiza una expedición afuera de su estación espacial. Emocionado por el paseo, pierdes la noción del tiempo y consumes todo el combustible de tu equipaje. ¿Cómo regresas a la estación? Tu equipaje está vacío, pero todavía puede servirte para volver a la estación si lo lanzas lejos. Para entender cómo, necesitas conocer la tercera ley del movimiento de Newton.

Tercera ley del movimiento de Newton

Newton se dio cuenta de que las fuerzas no son "de un solo lado". Siempre que un objeto ejerce una fuerza sobre un segundo objeto, éste también ejerce una fuerza sobre el primero. La fuerza ejercida por el segundo objeto es igual en intensidad y opuesta en dirección a la primera fuerza. Newton llamó a una fuerza la "acción" y a la otra, la "reacción". **La tercera ley del movimiento de Newton establece que si un objeto ejerce una fuerza sobre otro, entonces el segundo objeto ejerce una fuerza igual en dirección opuesta al primer objeto.**

Figura 15 Un martillo ejerce una fuerza sobre un clavo y lo introduce en un pedazo de madera. Al mismo tiempo, el clavo ejerce una fuerza sobre el martillo, haciendo que su movimiento se detenga de repente.

Igual pero en dirección opuesta Tal vez ya conozcas ejemplos de la tercera ley del movimiento de Newton. Quizás hayas visto patinadoras artísticas y cómo una de ellas empuja a la otra. Como resultado, las dos patinadoras se mueven, no sólo la que recibió el empujón. La patinadora que empujó es empujada con una fuerza igual, pero en dirección opuesta.

La velocidad con la que las dos patinadoras se mueven depende de su masa. Si poseen la misma masa, se desplazarán con la misma velocidad. Pero si una de ellas tiene una masa mayor que la otra, se moverá hacia atrás más despacio. Aunque las fuerzas de acción y de reacción sean iguales y opuestas, la misma fuerza que actúa sobre una masa mayor da como resultado una aceleración menor. Recuerda que ésta es la segunda ley del movimiento de Newton.

¿Ahora puedes imaginar cómo regresar de tu expedición espacial? Para recibir un empujón hacia la estación espacial, necesitas empujar algún objeto. Puedes quitarte el equipaje vacío y empujarlo lejos de ti. A cambio de ello, el equipaje ejercerá una fuerza igual sobre ti, enviándote de regreso a la estación.

Acción-reacción en acción La tercera ley del movimiento de Newton está en acción a todo tu alrededor. Cuando caminas, empujas el suelo con los pies. El suelo, a su vez, empuja tus pies con una fuerza igual y opuesta. ¡Avanzas cuando caminas porque el suelo te empuja! Un pájaro vuela al ejercer una fuerza sobre el aire con sus alas. El aire, a su vez, empuja esa alas con una fuerza igual que impulsa al ave hacia adelante.

INTEGRAR LAS CIENCIAS DE LA VIDA Un calamar aplica la tercera ley del movimiento de Newton para desplazarse por el agua. Ejerce una fuerza sobre el agua que expulsa por la cavidad de su cuerpo. Al mismo tiempo, el agua ejerce sobre el calamar una fuerza igual y opuesta, haciéndolo moverse.

Figura 16 Una patinadora empuja suavemente a la otra. El resultado es que la segunda patinadora empuja a la primera con igual fuerza... aunque no sea su intención. *Aplicar los conceptos ¿Cuál de las leyes de Newton describe este fenómeno?*

Figura 17 Cuando un calamar expulsa agua, ésta, a su vez, empuja al molusco y lo obliga a avanzar (a la derecha). La fuerza que el calamar ejerce sobre el agua es la fuerza de acción.

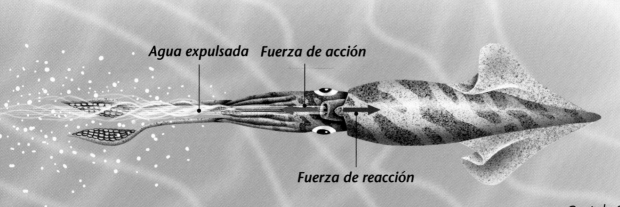

Agua expulsada   Fuerza de acción

Fuerza de reacción

Figura 18 En estas fotografías, las flechas rojas indican las fuerzas de acción, y las flechas azules las fuerzas de reacción. **A.** Las muñecas de la jugadora ejercen la fuerza de acción. **B.** Cuando los dos jugadores saltan por la pelota, ésta ejerce fuerzas de reacción sobre los dos.

¿Se anulan las fuerzas de acción-reacción? En la Sección 1 aprendiste que las fuerzas equilibradas, que son iguales y opuestas, suman cero. En otras palabras, las fuerzas equilibradas se anulan. No producen ningún cambio en el movimiento. ¿Por qué, entonces, las fuerzas de acción y de reacción en la tercera ley del movimiento de Newton no se anulan también? Después de todo, son iguales y opuestas.

Para responder a esta pregunta debes tener en cuenta el objeto sobre el que actúan las fuerzas. Fíjate, por ejemplo, en los dos jugadores de volibol de la Figura 18B. Cuando, desde direcciones opuestas, golpean la pelota, cada una de sus manos ejerce una fuerza sobre ésta. Si las fuerzas son iguales, pero en dirección opuesta, se anulan. La pelota no se mueve ni a la izquierda ni a la derecha.

La tercera ley de Newton, sin embargo, se refiere a fuerzas que actúan sobre dos objetos diferentes. Si sólo un jugador golpea la pelota, como se muestra en la Figura 18A, ejerce una fuerza de acción hacia arriba sobre el objeto. A su vez, la pelota ejerce una fuerza de reacción hacia abajo, igual pero opuesta, sobre las muñecas del deportista. Se emplea una fuerza sobre la pelota y otra sobre el jugador. Las fuerzas de acción y de reacción no pueden sumarse porque actúan sobre objetos diferentes. Sólo se pueden sumar las fuerzas si actúan sobre el mismo objeto.

☑ *Punto clave* *¿Por qué las fuerzas de acción y de reacción no se anulan?*

Momentum

Cuando Newton presentó sus tres leyes del movimiento, empleó dos palabras diferentes para describir a los objetos en movimiento, precisamente. Utilizó la palabra "velocidad", pero también escribió sobre algo que llamó la "cantidad de movimiento". ¿Qué es esta cantidad de movimiento? Hoy en día le llamamos momentum. El **momentum** de un objeto es el producto de su masa por su velocidad.

$$\textit{Momentum} = \textit{Masa} \times \textit{Velocidad}$$

¿Cuál es la unidad de medida para el momentum? Puesto que la masa se mide en kilogramos y la velocidad en metros por segundo, la unidad correspondiente al momentum es kilogramo-metros por segundo (kg·m/s). Al igual que la velocidad y la aceleración, el momemtum se caracteriza tanto por su dirección como por su cantidad. El momentum de un objeto se encuentra en la misma dirección que su velocidad.

Cuanto mayor momentum tiene un objeto, más difícil es detenerlo. Puedes atrapar una pelota de béisbol que se desplace a 20 m/s, por ejemplo, pero no puedes detener un auto que avance con esa misma velocidad. ¿Por qué el vehículo posee más momentum que la pelota? El auto tiene más momentum porque tiene una masa más grande.

También una velocidad alta puede producir un momentum grande, incluso cuando la masa sea pequeña. La bala disparada por un rifle, por ejemplo, posee un gran momentum. Aun cuando tiene una masa pequeña, viaja a alta velocidad.

Problema de ejemplo

¿Qué posee más momentum: un mazo de 3 kg que se deja caer a 1.5 m/s o un mazo de 4 kg que se deja caer a 0.9 m/s?

Analiza. Conoces la masa y la velocidad de dos objetos distintos. Necesitas determinar el momentum de cada uno.

Escribe la fórmula. $\textit{Momentum} = \textit{Masa} \times \textit{Velocidad}$

Sustituye y resuelve. (a) $3 \text{ kg} \times 1.5 \text{ m/s} = 4.5 \text{ kg·m/s}$

(b) $4 \text{ kg} \times 0.9 \text{ m/s} = 3.6 \text{ kg·m/s}$

Piénsalo. El mazo más ligero tiene más momentum que el más pesado, pues se deja caer a mayor velocidad: casi al doble.

Ejercicios de práctica

1. Una pelota de golf se desplaza a 16 m/s, mientras que una pelota de béisbol se mueve a 7 m/s. La masa de la pelota de golf es de 0.045 kg y la masa de la de béisbol es de 0.14 kg. ¿Cuál tiene mayor momentum?
2. ¿Cuál es el momentum de un pájaro con una masa de 0.018 kg y que vuela a 15 m/s?

Figura 19 En ausencia de fricción, el momentum se conserva cuando chocan dos vagones. Esto ocurre independientemente del hecho de que los vagones reboten entre sí o se enganchen durante la colisión. *Interpretar diagramas ¿En qué diagrama se transfiere todo el momentum del vagón X al vagón Y?*

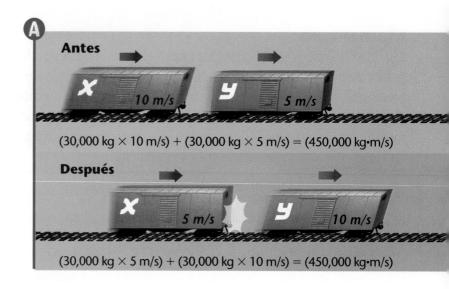

A

Antes

X 10 m/s y 5 m/s

(30,000 kg × 10 m/s) + (30,000 kg × 5 m/s) = (450,000 kg·m/s)

Después

X 5 m/s y 10 m/s

(30,000 kg × 5 m/s) + (30,000 kg × 10 m/s) = (450,000 kg·m/s)

INTÉNTALO

Choque de autos

El momentum siempre se conserva, ¡incluso en los juguetes!

ACTIVIDAD

1. Busca dos autos de juguete casi idénticos que rueden con facilidad.

2. Con cinta adhesiva haz dos rizos (el lado pegajoso hacia afuera). Pon un lazo en la parte delantera de uno de los autos y el otro en la parte posterior del otro juguete.

3. Coloca en el suelo el auto que tiene cinta en la parte posterior. Luego suavemente haz rodar el otro vehículo contra la parte posterior del auto que está inmóvil. ¿Se conservó el momentum? ¿Cómo lo sabes?

Predecir ¿Qué pasará si pones cinta adhesiva en el frente de los dos autos y los haces chocar con igual velocidad? ¿Se conservará el momentum en este caso? Pon a prueba tu predicción.

Conservación del momentum

Sabes que si alguien choca contra ti por atrás, tú ganas momentum hacia adelante. El momentum es útil para entender lo que ocurre cuando un objeto choca con otro. Cuando los dos objetos chocan en ausencia de fricción, el momentum no se pierde. Este hecho se llama ley de la conservación del momentum. La **ley de la conservación del momentum** establece que el momentum total de los objetos que interactúan no se altera. La cantidad de momentum es la misma antes y después de que interactúen. **El momentum total de cualquier grupo de objetos permanece igual a menos que fuerzas externas actúen sobre los objetos.** La fricción es un ejemplo de una fuerza externa.

Antes de conocer los detalles de esta ley, debes saber que la palabra *conservación* tiene un significado distinto en ciencias físicas al de uso cotidiano. Por lo general, la conservación se refiere al ahorro de recursos. Podemos conservar agua o combustibles fósiles, por ejemplo. En ciencias físicas, la palabra conservación se refiere a las condiciones que existen antes y después de algún acontecimiento. Una cantidad que se conserva sigue siendo la misma antes y después de un hecho.

Dos objetos en movimiento Fíjate en los dos vagones de ferrocarril que se desplazan en la misma dirección y por la misma vía, en la Figura 19A. El vagón X viaja a 10 m/s y el vagón Y lo hace a 5 m/s. Finalmente, el vagón X alcanzará al vagón Y y chocará contra él. Durante esta colisión, la velocidad de cada vagón cambia. El vagón X aminora la velocidad a 5 m/s, y el vagón Y acelera a 10 m/s. Se conserva el momentum: el momentum de un vagón disminuye mientras que el del otro aumenta.

Un objeto en movimiento Supón que el vagón X avanza por la vía a 10 m/s y golpea al vagón Y, el cual está inmóvil. La Figura 19B muestra que después de la colisión, el vagón X ya no se mueve, pero el vagón Y, sí. Aun cuando la situación ha cambiado, el momentum se sigue

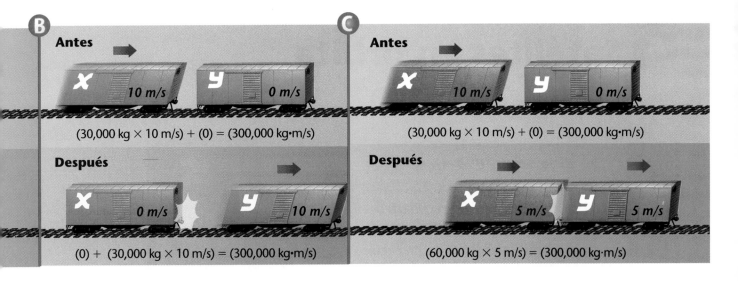

B Antes

x 10 m/s   y 0 m/s

(30,000 kg × 10 m/s) + (0) = (300,000 kg·m/s)

Después

x 0 m/s   y 10 m/s

(0) + (30,000 kg × 10 m/s) = (300,000 kg·m/s)

C Antes

x 10 m/s   y 0 m/s

(30,000 kg × 10 m/s) + (0) = (300,000 kg·m/s)

Después

x 5 m/s   y 5 m/s

(60,000 kg × 5 m/s) = (300,000 kg·m/s)

conservando. El momentum total es el mismo antes y después de la colisión. Esta vez, todo el momentum ha sido transferido del vagón X al vagón Y.

Dos objetos acoplados Ahora supón que, en lugar de rebotar uno contra otro, los dos vagones de ferrocarril se acoplan al chocar. ¿Se conserva el momentum? La respuesta es sí. En la Figura 19C puedes ver que el momentum total antes de la colisión es otra vez de 300,000 kg·m/s. Pero después de la colisión, los vagones unidos forman un solo objeto con una masa total de 60,000 kilogramos (30,000 kilogramos + 30,000 kilogramos). Su velocidad es de 5 m/s: la mitad de la velocidad del vagón X antes del choque. Puesto que la masa es el doble, la velocidad debe dividirse por la mitad a fin de conservar el momentum.

Repaso de la sección 4

1. De acuerdo con la tercera ley del movimiento de Newton, ¿qué relación existe entre las fuerzas de acción y reacción?

2. ¿Cómo se conserva el momentum?

3. Supón que tú y tu amigo, quien posee exactamente el doble de tu masa, andan en patines. Empujas a tu amigo y te apartas de él. ¿Qué diferencia hay entre la fuerza con la que empujas a tu amigo y la fuerza con la que él te empuja a ti? ¿En qué son distintas sus aceleraciones?

4. **Razonamiento crítico Comparar y contrastar** ¿Qué posee más momentum: un delfín de 250 kg que nada a 6 m/s o un manatí de 450 kg que lo hace a 2 m/s?

Comprueba tu aprendizaje

PROYECTO DEL CAPÍTULO
2

Construye tu vehículo. ¿Es impulsado de acuerdo con la tercera ley del movimiento de Newton? Agrégalo en tu diagrama a fin de mostrar la fuerza ejercida por tu vehículo y la fuerza ejercida sobre éste para hacerlo moverse. ¿Qué ejerce la fuerza que hace funcionar tu vehículo? Prepárate para explicar el diagrama a los demás estudiantes.

5 Satélites en órbita

DESCUBRE

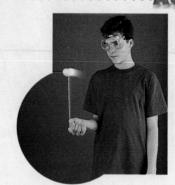

¿Por qué algo se mueve en círculo?

1. Ata una pequeña masa, como un carrete de hilo vacío, al extremo de un pedazo de cuerda (de no más de un metro de largo).

2. Haz girar rápidamente el objeto en un círculo que sea perpendicular al suelo. Asegúrate de que nadie esté cerca, ¡y no sueltes el objeto!

3. Predice lo que sucederá si disminuyes la velocidad del objeto. Prueba tu predicción.

4. Predice cómo afecta la longitud de la cuerda el movimiento del objeto. Prueba tu predicción.

Reflexiona sobre
Formular definiciones operativas
Describe el movimiento del objeto. ¿Cómo sabes que la cuerda ejerce una fuerza?

GUÍA DE LECTURA

◆ ¿Cómo despega un cohete?

◆ ¿Qué mantiene a un satélite en órbita?

Sugerencia de lectura **A medida que leas, haz una lista de las ideas principales y detalles secundarios sobre los cohetes y los satélites.**

¿**C**ómo sería estar en Cabo Cañaveral, en La Florida, para presenciar el lanzamiento de un transbordador espacial? Por un altavoz se difunde la cuenta regresiva. Diez... nueve... ocho... siete... seis... cinco... cuatro. De la base del cohete sale humo blanco. Tres... dos... uno. El cohete se eleva al espacio y empieza a girar ligeramente. El ruido te golpea y el suelo se estremece. Con un ruido sordo asombrosamente fuerte, el cohete se eleva a lo lejos. Todos gritan y aplauden con entusiasmo. Observas el cohete hasta que se aleja y se pierde de vista.

¿Cómo despegan los cohetes?

La formidable proeza de lanzar un cohete al espacio venciendo la fuerza de gravedad puede explicarse mediante la tercera ley del movimiento de Newton. A medida que el cohete quema combustible, expulsa gases de escape. Cuando los gases son obligados a salir del cohete, ejercen una fuerza igual y opuesta sobre el cohete. **Un cohete puede**

Figura 20 La fuerza de acción empuja los gases del tubo de escape del cohete hacia abajo. La fuerza de reacción envía al cohete al espacio.

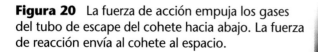

elevarse en el aire porque los gases que expele con una fuerza hacia abajo ejercen una fuerza igual pero opuesta sobre el cohete. Tan pronto como esta fuerza de impulso, llamada fuerza propulsora, es mayor que la atracción gravitatoria hacia abajo, se origina una fuerza neta en dirección ascendente. Como resultado, el cohete acelera hacia el espacio.

☑ *Punto clave* *Cuando se lanza un cohete, ¿cuál es la dirección de la fuerza de reacción?*

¿Qué es un satélite?

A menudo los cohetes se utilizan para llevar satélites al espacio. Un **satélite** es cualquier objeto que se mueve alrededor de otro objeto en el espacio. Un satélite artificial es un dispositivo que se pone en órbita alrededor de la Tierra. Los satélites artificiales se diseñan con muchos propósitos. Se utilizan en la investigación espacial, las comunicaciones, la información militar, el análisis meteorológico y el reconocimiento geográfico.

Movimiento circular Los satélites artificiales se desplazan alrededor de la Tierra en una trayectoria casi circular. Recuerda que un objeto que se mueve en círculo se acelera porque cambia constantemente de dirección. Si un objeto se está acelerando, debe haber una fuerza que actúe sobre él para alterar su movimiento. Cualquier fuerza que haga a un objeto moverse en círculo se llama **fuerza centrípeta.** La palabra *centrípeta* proviene de los vocablos latinos *centrum,* centro, y *petere,* dirigir. En el caso de un satélite, la fuerza centrípeta es la fuerza gravitatoria que lo atrae hacia el centro de la Tierra.

Movimiento de los satélites Si la gravedad atrae los satélites hacia la Tierra, ¿por qué no caen como lo haría una pelota lanzada al aire? La respuesta es que los satélites no se elevan directamente en el aire. En vez de ello, se mueven alrededor de la Tierra. Si arrojas horizontalmente una pelota, por ejemplo, se moverá delante de ti al mismo tiempo que es atraída hacia el suelo. Si lanzas la pelota con mayor velocidad, caerá incluso más lejos delante de ti. Cuanto con mayor velocidad se arroja un proyectil, más lejos se desplaza antes de caer.

Figura 21 A medida que el cohete se eleva, su trayectoria se inclina más y más. Finalmente, su ruta es paralela a la superficie de la Tierra. *Predecir ¿Cómo cambiará la dirección de la fuerza de aceleración?*

Figura 22 Cuanta mayor velocidad alcance un proyectil como esta pelota al lanzarla, más lejos viaja antes de caer en el suelo.

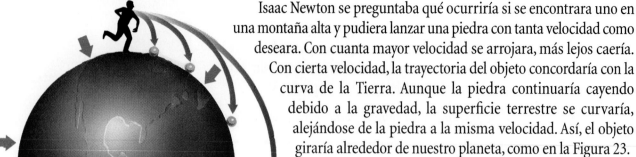

Isaac Newton se preguntaba qué ocurriría si se encontrara uno en una montaña alta y pudiera lanzar una piedra con tanta velocidad como deseara. Con cuanta mayor velocidad se arrojara, más lejos caería. Con cierta velocidad, la trayectoria del objeto concordaría con la curva de la Tierra. Aunque la piedra continuaría cayendo debido a la gravedad, la superficie terrestre se curvaría, alejándose de la piedra a la misma velocidad. Así, el objeto giraría alrededor de nuestro planeta, como en la Figura 23.

Los satélites en órbita alrededor de la Tierra continuamente caen hacia nuestro planeta; pero como la Tierra está curvada, se mueven alrededor de ella. En otras palabras, un satélite es un proyectil que cae alrededor de la Tierra y no contra ella. Un satélite no necesita combustible, pues continúa avanzando debido a su inercia. Al mismo tiempo, la gravedad no cesa de cambiar la dirección del satélite. La velocidad con la que un objeto debe lanzarse a fin de que gire alrededor de la Tierra ¡resulta ser de 7,900 m/s! Esta velocidad es casi 200 veces mayor que la que un lanzador necesita para arrojar una pelota de béisbol.

Figura 23 Un proyectil con velocidad suficiente se moverá en órbita circular alrededor de la Tierra. *Interpretar diagramas La fuerza de gravedad se dirige siempre hacia el centro de la Tierra. ¿Cómo se compara la dirección de la gravedad con la dirección de un proyectil en cualquier punto?*

Ubicación de los satélites Algunos satélites, como los transbordadores espaciales, se ponen en órbitas bajas. El tiempo necesario para realizar un recorrido alrededor de la Tierra en una órbita baja es de alrededor de 90 minutos. Otros satélites se envían a órbitas más altas. A estas distancias, el satélite avanza más lentamente y tarda más en girar alrededor del planeta. Por ejemplo, los satélites de comunicaciones se desplazan a unos 40,000 kilómetros de la superficie. A esta altura, dan una vuelta a la Tierra cada 24 horas. Puesto que ésta rota una vez cada 24 horas, un satélite encima del ecuador siempre se mantiene arriba del mismo punto del planeta mientras gira.

Repaso de la sección 5

1. Con los conceptos de las fuerzas de acción-reacción, explica por qué un cohete puede despegar del suelo.
2. ¿Por qué los satélites en órbita no caen a la Tierra?
3. ¿Es correcto decir que los satélites se mantienen en órbita y no caen a la Tierra porque se encuentran más allá de la atracción de la gravedad? Explícalo.
4. **Razonamiento crítico Aplicar los conceptos** Cuando un cohete se eleva, la resistencia del aire disminuye a medida que éste se vuelve menos denso. La fuerza de gravedad también desciende porque el cohete se encuentra más lejos de Tierra. Además, la masa del cohete disminuye a medida que consume su combustible. Explica cómo se afecta la aceleración.

Las ciencias en casa

Hecha agua en una cubeta de plástico hasta la mitad, y llévala al exterior. Pide a un familiar que gire la cubeta en un círculo vertical. Explícale que el agua no se caerá cuando la cubeta llegue a su posición más alta si ésta se mueve con rapidez. Dile que si la cubeta cae con tanta rapidez como el líquido, éste permanecerá en el recipiente. Relaciona esta actividad con un satélite que también cae debido a la gravedad, pero permanece en órbita.

SECCIÓN 1 Naturaleza de las fuerzas

Ideas clave

◆ La suma de todas las fuerzas que actúan sobre un objeto constituye la fuerza neta.

◆ Las fuerzas desequilibradas alteran el movimiento de un objeto, mientras que las fuerzas equilibradas no lo hacen.

◆ De acuerdo con la primera ley del movimiento de Newton, un objeto en reposo permanecerá en reposo, y un objeto en movimiento continuará en movimiento con velocidad constante a menos que una fuerza desequilibrada actúe sobre el objeto.

Términos clave

fuerza	fuerzas equilibradas
fuerza neta	inercia
fuerzas desequilibradas	masa

 ## SECCIÓN 2 Fuerza, masa y aceleración

Idea clave

◆ La segunda ley del movimiento de Newton establece que la fuerza neta sobre un objeto es el producto de su aceleración por su masa.

Término clave

newton

 ## SECCIÓN 3 Fricción y gravedad

Ideas clave

◆ La fricción es una fuerza que una superficie ejerce sobre otra cuando se frotan entre sí.

◆ El peso es una medida de la fuerza de gravedad sobre un objeto, y la masa es una medida de la cantidad de materia que contiene un objeto.

◆ La fuerza de gravedad actúa entre todos los objetos del universo.

Términos clave

fricción	caída libre
fricción de deslizamiento	proyectil
fricción de rodamiento	resistencia del aire
fricción de fluidos	velocidad terminal
gravedad	peso

SECCIÓN 4 Acción y reacción

Ideas clave

◆ La tercera ley del movimiento de Newton señala que cada vez que existe una fuerza de acción sobre un objeto, éste ejercerá una fuerza de reacción igual y opuesta.

◆ El momentum de un objeto es el producto de su masa por su velocidad.

◆ La ley de la conservación del momentum establece que el momentum total es igual antes y después de un acontecimiento, siempre y cuando no existan fuerzas externas.

Términos clave

momentum
ley de conservación del momentum

SECCIÓN 5 Satélites en órbita

INTEGRAR LAS CIENCIAS DEL ESPACIO

Ideas clave

◆ Un cohete quema combustible y produce gases. El cohete empuja estos gases hacia abajo. Al mismo tiempo, los gases aplican una fuerza igual al cohete, empujándolo hacia arriba.

◆ Aun cuando la gravedad atrae hacia abajo a los satélites, éstos permanecen en órbita porque se mueve con mucha rapidez. La superficie terrestre se aleja, curvándose, del satélite a la misma velocidad que éste cae.

Términos clave

satélite   fuerza centrípeta

ACTIVIDAD

USAR LA INTERNET

www.science-explorer.phschool.com

C A P Í T U L O 2 R E P A S O

Repaso del contenido

Para repasar los conceptos clave, consulta el Interactive Student Turorial CD-ROM.

Opción múltiple
Elige la letra de la respuesta correcta.

1. Cuando dos fuerzas iguales actúan en direcciones opuestas sobre un objeto, se llaman
   a. fuerzas de fricción.
   b. fuerzas equilibradas.
   c. fuerzas centrípetas.
   d. fuerzas gravitacionales.

2. Cuando una fuerza desequilibrada actúa sobre un objeto, la fuerza
   a. cambia el movimiento del objeto.
   b. es anulada por otra fuerza.
   c. no cambia el movimiento del objeto.
   d. es igual al peso del objeto.

3. La resistencia de un objeto a cualquier cambio en su movimiento se llama
   a. inercia.   b. fricción.
   c. gravedad.   d. peso.

4. De acuerdo con la segunda ley del movimiento de Newton, la fuerza es igual a la masa por el/la
   a. inercia.   b. peso.
   c. dirección.   d. aceleración.

5. El producto de la masa de un objeto por su velocidad se llama
   a. fuerza neta.   b. peso.
   c. momentum.   d. gravitación.

Falso o verdadero
Si el enunciado es verdadero, escribe verdadero. Si es falso, cambia la palabra o palabras subrayadas para hacer verdadero el enunciado.

6. De acuerdo con la tercera ley del movimiento de Newton, siempre que ejercemos una fuerza sobre un objeto, el objeto ejerce, a su vez, una fuerza que es <u>mayor que</u> nuestra fuerza.

7. Masa es una medida de la cantidad de <u>fuerza</u> que tiene un objeto.

8. <u>Peso</u> es la medida de la fuerza de gravedad ejercida sobre un objeto.

9. La <u>conservación</u> en ciencias se refiere a la cantidad que es la misma antes y después de un acontecimiento.

10. La fuerza que hace que un satélite gire alrededor de la Tierra es la <u>gravedad</u>.

Revisar los conceptos

11. Explica por qué una hoja de papel extendida que se deja desde una altura de 2 metros no acelerará con la misma velocidad que una hoja de papel apretada.

12. Explica cómo están relacionadas la fuerza, la masa y la aceleración.

13. ¿Por qué fluidos resbalosos como el aceite reducen la fricción de deslizamiento?

14. Un estudiante arroja horizontalmente un borrador de modo que cae en el suelo a 5 metros de distancia. Exactamente al mismo tiempo, otro estudiante deja caer otro borrador. ¿Cuál borrador llega primero al suelo? Explícalo.

15. Compara tu masa y peso sobre la Tierra con tu masa y peso sobre un asteroide, que es mucho más pequeño que nuestro planeta.

16. ¿Por qué a menudo los zapatos de los atletas tienen cuñas?

17. Cuando se deja caer una pelota de golf sobre el pavimento, rebota. ¿Se necesita una fuerza para hacerla rebotar? Sí es así, ¿qué ejerce la fuerza?

18. Haz un diagrama donde muestres el movimiento de un satélite alrededor de la Tierra. ¿Se acelera el satélite?

19. **Escribir para aprender** Eres reportero de una estación local de televisión y quieres darle a tus artículos un giro de ciencia física. Escribe un artículo para las noticias de la tarde en el que describas un hecho en términos de las fuerzas en juego. Ponle un título atractivo.

Razonamiento gráfico

20. **Tabla para comparar y contrastar** En una hoja de papel, copia la tabla para comparar y contrastar. Después complétala para comparar y contrastar la fricción y la gravedad. (Para más información acerca de las tablas para comparar y contrastar, consulta el Manual de destrezas.)

Fuerza	Dirección de la fuerza	La fuerza depende de
Fricción	a. _?_	b. _?_
Gravedad	c. _?_	d. _?_

Aplicar las destrezas

Para responder las Preguntas 21–23, emplea la ilustración que muestra un choque entre dos esferas.

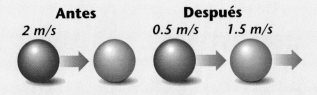

Antes
2 m/s

Después
0.5 m/s   1.5 m/s

21. **Calcular** Emplea la fórmula del momentum para encontrar el momentum de cada esfera antes y después del choque. Supón que la masa de cada esfera es de 0.4 kg.

22. **Inferir** Encuentra el momentum total antes y después del choque. ¿Se satisfizo en este choque la ley de la conservación del momentum? Explícalo.

23. **Crear experimentos** Diseña un experimento con el que puedas mostrar que el momentum no se conserva entre las esferas cuando la fricción es fuerte.

Razonamiento crítico

24. **Comparar y contrastar** Si te pones de pie en un bote de remos y das un paso hacia el muelle, tal vez caigas al agua. Explica qué sucede en esta situación. ¿En qué se parece a lo que ocurre cuando das un paso en tierra? ¿En qué es distinto?

25. **Resolver problemas** Si un tren de juguete tiene una masa de 1.5 kg y acelera a razón de 20 m/s², ¿qué cantidad de fuerza actúa sobre él?

26. **Aplicar los conceptos** Vas velozmente en una patineta cuando de pronto la rueda se atora en una grieta de la banqueta. Emplea el término *inercia* y explica lo que ocurre.

27. **Predecir** Supón que dejas caer una hoja de papel al suelo. Luego aprietas el papel y lo dejas caer de nuevo desde la misma altura. ¿Cuál papel tarda menos tiempo en caer al suelo? Explica por qué.

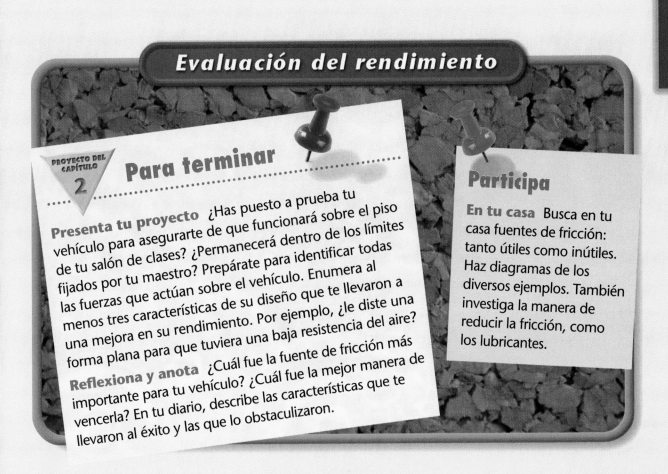

Evaluación del rendimiento

PROYECTO DEL CAPÍTULO 2

Para terminar

Presenta tu proyecto ¿Has puesto a prueba tu vehículo para asegurarte de que funcionará sobre el piso de tu salón de clases? ¿Permanecerá dentro de los límites fijados por tu maestro? Prepárate para identificar todas las fuerzas que actúan sobre el vehículo. Enumera al menos tres características de su diseño que te llevaron a una mejora en su rendimiento. Por ejemplo, ¿le diste una forma plana para que tuviera una baja resistencia del aire?

Reflexiona y anota ¿Cuál fue la fuente de fricción más importante para tu vehículo? ¿Cuál fue la mejor manera de vencerla? En tu diario, describe las características que te llevaron al éxito y las que lo obstaculizaron.

Participa

En tu casa Busca en tu casa fuentes de fricción: tanto útiles como inútiles. Haz diagramas de los diversos ejemplos. También investiga la manera de reducir la fricción, como los lubricantes.

Fuerzas en los fluidos

LO QUE ENCONTRARÁS

Permanecer a flote

Cuando está en tierra, una rana puede saltar varias veces su propia longitud con sus fuertes patas traseras. Esta rana no se esfuerza, sino nada lentamente y deja que el agua soporte su peso. El hecho de que un objeto se hunda o flote depende de algo más que su peso. En este capítulo aprenderás algo sobre las fuerzas que actúan en el agua y en otros fluidos. Descubrirás cómo dichas fuerzas hacen que un objeto se hunda o flote. También aprenderás cómo esas fuerzas hacen que funcionen los aparatos comunes.

Tu objetivo Construir un bote que pueda llevar una carga y flotar en el agua. Comparar distintos materiales y diseños para construir la embarcación de mejor rendimiento que puedas.

Tu bote debe:
- ◆ estar hecho sólo de metal
- ◆ soportar una carga de 50 monedas de un centavo y no permitir que el agua entre en él por lo menos durante 10 segundos
- ◆ construirse según los lineamientos de seguridad del Apéndice A

Para empezar Piensa en la forma que tienen los barcos verdaderos. Luego busca objetos comunes hechos de metal que, al combinarlos, puedas construir un bote. Tal vez desees mirar la Sección 3 y aprender más acerca de lo que hace flotar a un objeto.

Comprueba tu aprendizaje Trabajarás en este proyecto mientras estudias el capítulo. Para mantener tu proyecto en marcha, revisa los cuadros de Comprueba tu aprendizaje en los puntos siguientes:

Repaso de la Sección 2, página 89: Experimenta con materiales y formas.

Repaso de la Sección 3, página 96: Pesa tu bote y modifica tu diseño.

Para terminar Al final de capítulo (página 103), echa tu bote al agua para ver si flota y mostrar que puede llevar su carga de monedas.

Esta rana apenas asoma la cabeza en el agua, mientras espera que aparezca una mosca para desayunar.

SECCIÓN

Integrar la tecnología

4 Aplicación del principio de Bernoulli

Descubre ¿El agua empuja o jala?

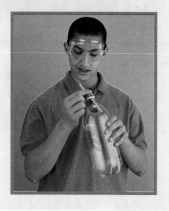

¿Puedes inflar un globo en una botella?

1. Sostén el cuello de una botella vacía y mete un globo dentro. Trata de inflar el globo.

2. Ahora mete un popote en la botella, junto al globo. Deja que un extremo del popote sobresalga del recipiente, como se muestra en la foto. Trata de inflar el globo de nuevo.

Reflexiona sobre
Desarrollar hipótesis ¿Influyó en algo el hecho de sostener el popote junto al globo? Si fue así, desarrolla una hipótesis para explicar por qué.

GUÍA DE LECTURA

◆ ¿Qué causa la presión en los fluidos?

◆ ¿Cómo cambia la presión con la altitud y la profundidad?

Sugerencia de lectura **Antes de leer, anota lo que sabes sobre la presión. Luego verifica cómo cambian tus conocimientos acerca de la presión mientras lees.**

Piensa en la última vez que escuchaste a una amiga decir "¡estoy bajo una gran presión!" Tal vez se refería a presentar dos exámenes el mismo día. Ese tipo de presión termina en un día o dos. Pero todos estamos sometidos a otra clase de presión que nunca cesa. Esta presión, como ya lo verás, ¡se debe al aire que nos rodea!

¿Qué es la presión?

La palabra *presión* está relacionada con el término *apretar*. Se refiere a una fuerza que empuja una superficie. Por ejemplo, cuando te apoyas en una pared, la empujas y entonces ejerces presión sobre ella. Cuando estás de pie sobre el suelo, la fuerza de gravedad te jala hacia abajo, así que las suelas de tus zapatos empujan el suelo y ejercen presión sobre éste.

Figura 1 Las raquetas facilitan caminar sobre una gruesa capa de nieve. A la mujer de la derecha le gustaría tener unas raquetas.

Fuerza y presión Supón que tratas de caminar sobre la nieve acumulada. Lo más probable es que te hundas, como la mujer de la derecha de la Figura 1. Pero si caminas con raquetas, podrás hacerlo sin hundirte. La fuerza que ejerces hacia abajo en la nieve, tu peso, no cambia. Tu peso es el mismo ya sea que lleves botas o raquetas. Entonces, ¿cuál es la diferencia?

La diferencia estriba en el tamaño del área sobre la que está distribuido tu peso. Cuando tu peso se distribuye sobre la superficie, más pequeña, de las suelas de tus botas, te hundes. Cuando tu peso se distribuye sobre el espacio, mucho más grande, de las raquetas, no te hundes. El área mayor da como resultado una presión hacia abajo menor sobre la nieve. De modo que la fuerza y la presión están estrechamente relacionadas, pero no son lo mismo.

Cálculo de la presión La relación entre fuerza, área y presión se resume mediante esta fórmula:

$$\text{Presión} = \frac{\text{Fuerza}}{\text{Área}}$$

La **presión** es igual a la fuerza ejercida sobre una superficie dividida entre el área total sobre la cual se ejerce la fuerza. La fuerza se mide en newtons (N). Cuando el área se mide en metros cuadrados (m^2), la unidad SI de presión es el newton por metro cuadrado (N/m^2). Esta unidad de presión también se llama **pascal** (Pa): $1 \text{ N/m}^2 = 1$ Pa.

Una unidad de medida más pequeña del área a menudo resulta de uso más práctico, como un centímetro cuadrado en lugar de un metro cuadrado. Cuando se utilizan centímetros cuadrados, la unidad de presión es N/cm^2.

Herramientas MATEMÁTICAS

Área

Área es la medida de una superficie. El área de un rectángulo se encuentra multiplicando longitud por anchura. El área del rectángulo de abajo es de 2 cm × 3 cm, es decir, 6 cm^2.

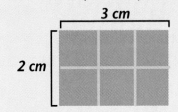

Fíjate que el área se expresa en cm^2. Esto se lee como "centímetro cuadrado".

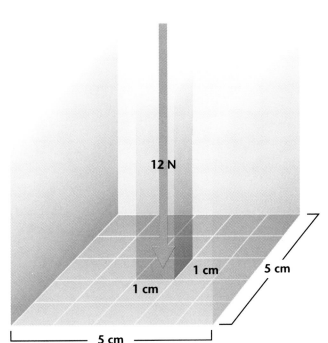

Figura 2 La fuerza que un fluido ejerce sobre cada centímetro cuadrado en la ilustración es de 12 N. Así que la presión resultante es de 12 N/cm^2. *Resolver problemas ¿Cuál es la fuerza total que se ejerce sobre toda la superficie inferior?*

Desarrollar hipótesis

ACTIVIDAD

Si sorbieras con el popote de la izquierda, te beberías la limonada. Pero si lo hicieras con el de la derecha, no podrías calmar tu sed.

¿Cuál es la diferencia entre las dos ilustraciones? ¿Qué deducción puedes hacer en cuanto a beber por medio de un popote? Escribe una hipótesis que explique por qué puedes beber por un popote y por el otro no.

Se puede producir una menor presión aumentando el área sobre la que actúa una fuerza. O se puede hacer lo contrario. Se puede producir una presión mucho mayor disminuyendo el área sobre la que actúa una fuerza. Por ejemplo, las cuchillas de los patines tienen una superficie muy pequeña. Ejercen una presión mucho mayor sobre el suelo que la que aplican los zapatos comunes y corrientes.

Presión de los fluidos

En este capítulo, aprenderás algo sobre la presión que ejercen los fluidos. Un **fluido** es una sustancia cuya forma puede cambiar con facilidad. Como resultado, un fluido puede fluir. Tanto los líquidos como los gases tienen esa propiedad. El aire, el helio, el agua y el aceite son fluidos.

Los fluidos ejercen presión contra las superficies que tocan. Para entender cómo los fluidos ejercen fuerzas sobre las superficies, debes pensar en las partículas que constituyen el fluido. Los fluidos, como toda la materia, están formados por moléculas. Estas moléculas son diminutas partículas demasiado pequeñas para verse a simple vista o incluso con un buen microscopio. Un litro de agua contiene alrededor de ¡33 billones de billones de moléculas (es decir, 33 seguido por 24 ceros)!

En los fluidos, las moléculas se mueven constantemente en todas direcciones. En el aire, por ejemplo, las moléculas se mueven a altas velocidades. No dejan de chocar entre sí y con cualquier superficie que encuentren.

Cuando cada molécula choca con una superficie, ejerce una fuerza sobre dicha superficie. **Todas las fuerzas ejercidas por moléculas individuales en un fluido se suman para integrar la presión ejercida por el fluido.** El número de partículas es tan grande que puedes considerar el fluido como si no estuviera compuesto de partículas individuales. Así, la presión del fluido es la fuerza total ejercida por el fluido dividida entre el área sobre la cual se ejerce la fuerza.

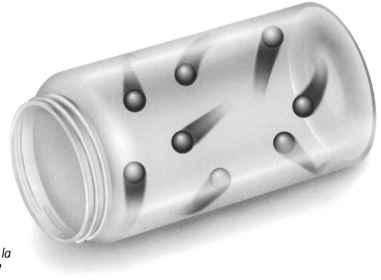

Figura 3 En un gas, las moléculas se mueven con diferente velocidad en todas direcciones. Cuando golpean las superficies, las moléculas aplican fuerzas sobre dichas superficies. La fuerza total dividida entre el área de la superficie da la presión del gas. *Inferir ¿Crees que la presión dentro del frasco sea igual a la presión afuera del mismo? ¿Cómo puedes saberlo?*

Presión de los fluidos a nuestro alrededor

Extiende la mano delante de ti, con la palma hacia arriba. Estás sosteniendo un peso equivalente al de una lavadora. ¿Cómo es posible? Estás rodeado por un fluido que ejerce presión sobre ti todo el tiempo. Este fluido es la mezcla de gases que constituye la atmósfera terrestre. Por lo general, a la presión que ejerce el aire se llama presión del aire o presión atmosférica.

El aire ejerce presión porque tiene masa. Tal vez olvides que el aire tiene masa, pero cada metro cúbico a tu alrededor posee una masa de 1 kilogramo aproximadamente. La fuerza de gravedad sobre esta masa produce presión atmosférica. La presión del peso del aire en la atmósfera es grande porque la atmósfera tiene más de 100 kilómetros de altura.

La presión atmosférica al nivel del mar es de alrededor de 10.13 N/cm^2. Piensa en un cuadro que mida un centímetro por lado sobre la palma de tu mano. El aire presiona ese pequeño cuadro con una fuerza de 10.13 newtons. La superficie total de tu mano tal vez sea de unos 100 centímetros cuadrados. Así que la fuerza total debida a la presión atmosférica sobre tu mano es de 1,000 newtons aproximadamente.

☑ *Punto clave* ¿Por qué la atmósfera ejerce presión sobre nosotros?

Presiones equilibradas

¿Cómo puede tu mano soportar el peso de la atmósfera si tú no sientes nada? En un fluido que no se mueve, la presión en un punto determinado se ejerce equitativamente en todas direcciones. El aire ejerce sobre la palma de tu mano una presión de 10.13 N/cm^2. También ejerce sobre el dorso de tu mano la misma presión de 10.13 N/cm^2. Estas dos presiones se equilibran exactamente entre sí.

INTEGRAR LAS CIENCIAS DE LA VIDA Entonces, ¿por qué no eres aplastado si la presión atmosférica afuera de tu cuerpo es tan grande? De nuevo, el motivo de esto tiene que ver con el equilibrio de las presiones. La presión dentro de tu cuerpo mantiene en equilibrio con la presión que hay fuera de tu cuerpo. Pero, ¿de dónde procede la presión del interior de tu cuerpo? Proviene de los fluidos que se encuentran dentro de éste. Algunas partes del cuerpo, como los pulmones, las cavidades sinuosas y el oído interno contienen aire. Otras partes del cuerpo, como las células y la sangre, contienen líquidos.

Figura 4 La presión dentro de un fluido es la misma a cualquier nivel y se ejerce en todas direcciones. Así que la presión que empuja tu mano hacia abajo es la misma que la que la empuja hacia arriba. Por eso no sientes ninguna presión.

Figura 5 Una bomba de vacío saca el aire de una lata de metal. La bomba produce resultados espectaculares en unos momentos. *Inferir ¿Se te ocurre cómo aplastar la lata sin sacarle el aire? Explica por qué resulta tu idea.*

¿Todavía te cuesta trabajo creer que la presión atmosférica a tu alrededor es muy alta? Echa un vistazo al recipiente de metal de la Figura 5. Cuando la lata se llena de aire, la presión atmosférica que empuja desde dentro de la lata mantiene el equilibrio con la presión atmosférica que empuja sobre la lata. Pero cuando se saca el aire de la lata, ya no hay la misma presión que empuja desde dentro de ésta. La mayor presión atmosférica fuera de la lata la aplasta.

☑ *Punto clave ¿Cuál es el efecto de las presiones equilibradas que actúan sobre un objeto?*

Variaciones en la presión de los fluidos

La presión de un fluido es la misma a cualquier nivel en el fluido. Pero, ¿qué ocurre con la presión cuando ascendemos a mayor altura o descendemos a mayor profundidad dentro de un fluido?

Presión y altura ¿Nunca se te han "destapado" los oídos al subir en un elevador? **La presión atmosférica disminuye a medida que la altura aumenta.** Recuerda que la presión atmosférica en un punto dado resulta del peso del aire que está sobre ese punto. A mayor altura, hay menos aire arriba y por lo tanto menos peso del aire que soportar.

El hecho de que la presión atmosférica disminuya a medida que asciendes explica por qué se destapan los oídos. Cuando la presión atmosférica afuera del cuerpo cambia, la presión atmosférica en el interior también se ajusta, pero más despacio. Por un momento, la presión atmosférica detrás de los tímpanos es mayor que afuera. El cuerpo libera esta presión "destapando" los oídos, así que las presiones se equilibran de nuevo.

Presión y profundidad La presión de los fluidos depende de la profundidad. La presión a un metro bajo la superficie de una alberca es igual que la presión a un metro bajo la superficie de un lago. Pero si, en cualquier caso, te sumerges en el agua, la presión aumenta a medida que desciendes. Cuanto más profundo nades, mayor presión sentirás. **La presión del agua aumenta a medida que aumenta la profundidad.**

Como ocurre con el aire, puedes pensar que la presión del agua se debe a su peso sobre un punto en particular. A mayores profundidades, hay más agua encima y, por lo tanto, más peso que soportar. Además, el aire de la atmósfera presiona sobre el agua. En consecuencia, la presión total en un punto dado bajo el agua resulta del peso de ésta más el peso del aire sobre el líquido. En las regiones más profundas del océano, la presión es más de 1,000 veces la presión atmosférica que experimentamos todos los días.

Figura 6 La fuerza del chorro de agua que sale de los agujeros del garrafón depende de la presión del agua en cada nivel. *Interpretar fotografías ¿En qué agujero es mayor la presión?*

Repaso de la sección 1

1. Explica cómo ejercen presión los fluidos.
2. ¿Cómo cambia la presión atmosférica a medida que nos alejamos de la superficie terrestre? Explica por qué se modifica.
3. ¿Por qué los peces de las profundidades marinas no son aplastados por la tremenda presión del agua que está sobre ellos?
4. **Razonamiento crítico Aplicar los conceptos** ¿Por qué un astronauta debe usar un traje presurizado en el espacio?
5. **Razonamiento crítico Comparar y contrastar** Supón que una mujer que lleva zapatos de tacón alto tiene una masa de 50 kg y un elefante posee una masa de 5,000 kg. Explica cómo la mujer puede ejercer presión sobre el suelo más o menos tres veces la presión que ejerce el elefante.

Las ciencias en casa

Llena de agua hasta el borde un pequeño recipiente de plástico (una botella o una taza). Coloca un pedazo de cartón sobre la abertura del recipiente. Pide a tu familia que haga una predicción sobre lo que sucedería si el recipiente se pusiera al revés. Prueba las predicciones colocando lentamente al revés el recipiente mientras sostienes el cartón en su lugar. Suelta el cartón y observa lo que sucede. Sin tocar el cartón, pon el recipiente de lado. Con base en la presión atmosférica, explica por qué el cartón permanece en su sitio y por qué el agua se mantiene en el recipiente.

Rociadores giratorios

No hay nada como pasar corriendo junto a un rociador giratorio en un día caluroso de verano. En un tipo de rociador se aprovecha la presión del agua que sale para hacerlo girar. Su operación es similar a la de un antiguo dispositivo conocido como máquina de Herón. En este caso se utilizaba la presión del vapor que salía para hacer girar una esfera.

Problema

¿Qué factores afectan la velocidad de rotación de un rociador giratorio?

Enfoque en las destrezas

construir modelos, diseñar experimentos, controlar variables

Materiales

6 latas de refresco vacías con sus pestañas
hilo de pescar, 30 cm
marcador a prueba de agua
frasco de boca ancha o vaso de precipitados
cronómetro o reloj con segundero
clavos pequeño, mediano y grande
Vasija grande para recoger el agua

Procedimiento

1. Echa en el frasco suficiente agua para cubrir por completo una lata. Colócala dentro de la vasija.
2. Dobla hacia arriba la pestaña de una lata y átala con el extremo de un pedazo de hilo de pescar. **PRECAUCIÓN:** *Ten cuidado de no cortarte con el borde de la abertura de la lata.*

3. Pon una marca a la lata para ayudarte a llevar la cuenta las veces que gire la lata.
4. Con el clavo pequeño haz un agujero en un costado de la lata, más o menos a 1 cm arriba del fondo. Mete el clavo derecho. Luego tuércelo hasta que forme ángulo recto con el radio de la lata. Ve el diagrama de abajo. **PRECAUCIÓN:** *Los clavos son puntiagudos y sólo deben usarse para perforar las latas.*

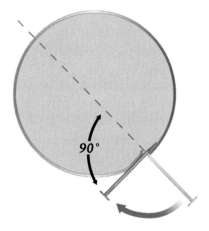

90°

TABLA DE DATOS

Tamaño del clavo	# de agujeros	# de giros en 15 segundos
pequeño	1	
pequeño	2	
mediano	1	
mediano	2	
grande	1	
grande	2	

5. Sumerge la lata en el frasco y llénala con agua hasta el borde.

6. Rápidamente levanta la lata con el hilo de pescar de modo que quede a 1 o 2 cm sobre el nivel del agua del frasco. Cuenta los giros que dé la lata en 15 segundos. Anota el resultado.

7. Planea la manera de investigar cómo el tamaño del agujero afecta el número de giros que da la lata. Propón una hipótesis y examina la relación. Anota tus resultados.

8. Planea la manera de investigar cómo el número de agujeros afecta el número de giros que da la lata. Propón una hipótesis y examina la relación. Anota tus resultados.

Analizar y concluir

1. ¿De qué modo afecta el tamaño del agujero la velocidad con que gira la lata?

2. ¿Cómo afecta el número de agujeros la velocidad con que gira la lata?

3. Explica el movimiento de la lata en términos de la presión del agua.

4. Explica el movimiento de la lata en función de la tercera ley del movimiento de Newton (Capítulo 2).

5. ¿Cómo podrías hacer girar a la lata en dirección opuesta?

6. ¿Qué hará que la lata deje de girar?

7. Hiciste un agujero en la lata como a 1 cm del fondo. Predice lo que ocurriría si hicieras el agujero un poco más arriba. ¿Cómo podrías probar tu predicción?

8. **Aplicar** Según tus observaciones, explica por qué da vueltas un rociador giratorio.

Participa

Muchos sistemas de regadío aprovechan la presión de agua para hacer girar los rociadores. Examina uno de éstos para ver el tamaño, la dirección y el número de agujeros. ¿Qué ocurriría si pusieras un segundo rociador en línea con el primero? Si es posible, haz el intento.

2 Transmisión de la presión en los fluidos

DESCUBRE ·········· ACTIVIDAD·····

¿Cómo cambia la presión?

1. Llena de agua una botella de plástico vacía de dos litros. Luego enrosca bien la trapa. No debe haber burbujas en la botella (o sólo burbujas muy pequeñas).

2. Coloca la botella de lado. Escoge un punto de ésta y empuja con el pulgar izquierdo.

3. Con el pulgar derecho, empuja con fuerza en un punto del otro extremo de la botella, como se muestra en el diagrama. ¿Qué sientes en tu pulgar izquierdo?

4. Escoge otro punto de la botella para tu pulgar izquierdo y repite el Paso 3.

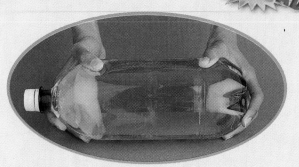

Reflexiona sobre

Observar Cuando empujas con el pulgar derecho, ¿la presión del agua dentro de la botella aumenta, disminuye o permanece igual? ¿Cómo lo sabes?

GUÍA DE LECTURA

◆ ¿Qué dice el principio de Pascal acerca de un incremento en la presión de los fluidos?

◆ ¿Cómo funciona un aparato hidráulico?

Sugerencia de lectura
Mientras lees, haz una lista de artefactos en los que se aplique el principio de Pascal. Escribe una oración con la que describas cada dispositivo.

A gudas sirenas rompen el silencio de la mañana. El humo negro forma espirales en el aire. Las llamas salen de un edificio. Llegan los bomberos. Rápidamente, alguien oprime un botón y una enorme escalera se eleva hacia el segundo piso. Los bomberos suben por la escalera y pronto tienen el incendio bajo control.

Gracias al equipo que lleva el camión de bomberos, esta historia tiene un final feliz. Podrías llevarte una sorpresa si descubrieras que el camión es capaz de utilizar los fluidos para alzar la escalera telescópica y su equipo a gran altura. A medida que leas, sabrás por qué.

Figura 7 Los camiones de bomberos emplean fluidos bajo alta presión tanto para levantar su escalera telescópica como para apagar el fuego.

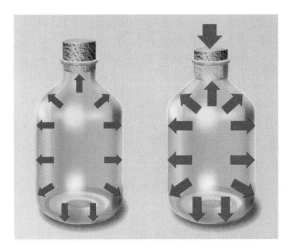

Figura 8 Un líquido que llene por completo una botella ejerce presión en todas direcciones. Cuando se empuja el tapón dentro de la botella, la presión aumenta. *Predecir Supón que hiciste un agujero en un lado de la botella. ¿Qué sucedería si empujaras el tapón dentro de ésta? Explica por qué.*

El principio de Pascal

Como aprendiste en la última sección, un fluido ejerce presión sobre cualquier superficie en contacto con él. Por ejemplo, el agua de cada botella de la Figura 8 ejerce presión sobre toda la superficie de la botella: hacia arriba, hacia abajo y hacia los lados.

¿Qué ocurre si metes más el tapón? El agua no tiene adonde ir, de modo que presiona con más fuerza la superficie del interior de la botella. La presión en el agua aumenta por todas partes dentro del recipiente. Esto se indica con las flechas gruesas a la derecha de la Figura 8.

La presión aumenta en la misma cantidad en todo un fluido encerrado o confinado. Este hecho fue descubierto en el siglo XVII por un matemático francés llamado Blaise Pascal. (El apellido Pascal se emplea como unidad de presión.) **Cuando la fuerza se aplica a un fluido confinado, el aumento en la presión se transmite de manera equivalente a todas las partes del fluido.** Esta relación se conoce como **principio de Pascal.**

Bombas impelentes

¿Qué sucedería si aumentaras la presión en un extremo de un fluido dentro de un recipiente con un agujero en el otro extremo? Si has utilizado una botella o un tubo de pasta de dientes, ya sabes qué ocurre. Como no está confinado por el envase, el fluido sale por la abertura. Este ejemplo sencillo te muestra cómo funciona una bomba impelente. Al incrementar la presión en un fluido, una bomba impelente hace que éste se mueva de un lugar a otro.

El corazón se compone de dos bombas impelentes. Una de ellas impulsa la sangre hacia los pulmones, donde puede tomar oxígeno del aire que respiras. Esta sangre, que ahora transporta oxígeno, regresa al corazón. Entonces es impulsada al resto del cuerpo por la segunda bomba.

☑ *Punto clave ¿Cuál es el efecto sobre la presión de un fluido si aprietas el tapón de una botella llena de agua?*

Estudios sociales
CONEXIÓN

El matemático y filósofo francés Blaise Pascal vivió de 1623 a 1662. Primero se volvió famoso gracias a una calculadora mecánica que inventó cuando tenía 21 años. Más tarde exploró el comportamiento de los fluidos y fue un pionero en las matemáticas de probabilidades. Cerca del final de su vida, escribió sobre temas filosóficos y religiosos.

En tu diario

Crea una línea cronológica donde muestres cuándo vivieron y trabajaron las siguientes personas: Galileo, Arquímedes, Newton, Pascal y Bernoulli. Incluye una breve descripción escrita de la obra de cada uno.

Figura 9 A. En un aparato hidráulico, una fuerza aplicada a un pistón aumenta la presión en el fluido.

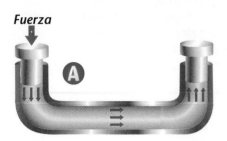

Fuerza

A

B. La presión del pequeño pistón actúa sobre un área más grande para producir una fuerza mayor. En un ascensor hidráulico, esta gran fuerza se emplea para levantar un automóvil.

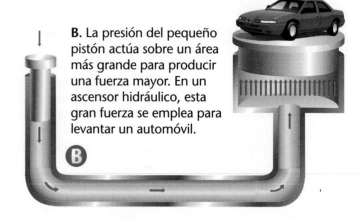

B

Aplicación del principio de Pascal

Supón que llenas de agua el pequeño tubo en forma de U que se muestra en la Figura 9A y empujas hacia abajo el pistón del lado izquierdo. (Un pistón es como un tapón que puede deslizarse hacia arriba y hacia abajo dentro del tubo.) El aumento en la presión se transmitirá al pistón de la derecha.

¿Qué puedes determinar acerca de la fuerza que se ejerce sobre el pistón derecho? De acuerdo con el principio de Pascal, los dos émbolos experimentarán la misma presión del fluido. Si los dos pistones tienen la misma superficie, entonces experimentarán la misma fuerza.

Supón ahora que el pistón derecho tiene una superficie mayor que el pistón izquierdo. Por ejemplo, el pequeño émbolo en el tubo en forma de U en la Figura 9B tiene un área de 1 metro cuadrado. El émbolo grande tiene un área de 20 metros cuadrados. Si aprietas el pistón izquierdo con una fuerza de 500 newtons, el incremento de la presión sobre el fluido es de 500 N/m2. Un aumento de la presión de 500 N/m2 significa que la fuerza sobre cada metro cuadrado de la superficie del pistón se incrementa en 500 newtons. Puesto que la superficie del émbolo derecho es de 20 metros cuadrados, el aumento total de la fuerza sobre el pistón derecho es de 10,000 newtons. ¡El empujón ejercido sobre el pistón izquierdo se multiplica veinte veces sobre el pistón derecho! Según el tamaño de los pistones, se puede multiplicar la fuerza por cualquier cantidad.

Figura 10 El sistema de frenos hidráulicos de un automóvil multiplica la fuerza que se ejerce sobre el pedal del freno.

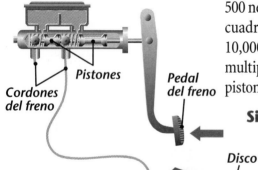

Pistones

Cordones del freno

Pedal del freno

Disco

Fluido del freno

Pistones

Cojín del freno

Sistemas hidráulicos Los **sistemas hidráulicos** se planean para aprovechar el principio de Pascal. **Un sistema hidráulico multiplica una fuerza aplicando dicha fuerza a una pequeña superficie. El aumento de presión se transmite entonces a otra parte de un fluido confinado, el cual presiona sobre una superficie más grande.** De este modo, la fuerza se multiplica. Se emplea un sistema hidráulico común para levantar la pesada escalera telescópica de un carro de bomberos.

También dependes del principio de Pascal cada vez que viajas en automóvil. El sistema de frenos hidráulicos de un auto es un sistema hidráulico. En la Figura 10 se muestra de manera simplificada un sistema de frenos de disco. Cuando un

conductor pisa el pedal de frenos, aprieta un pistón. Éste ejerce presión sobre el líquido de frenos. La presión incrementada se transmite a través de la manguera de líquidos para frenos a los pistones dentro de las ruedas del automóvil. Cada uno de estos pistones empuja un cojín de freno. Éstos rozan contra el disco de frenos, de modo que el movimiento de la rueda aminora la velocidad debido a la fuerza de fricción. Como el sistema de frenos multiplica la fuerza, una persona puede detener un automóvil muy grande con sólo una leve presión en el pedal del freno.

El principio de Pascal en la naturaleza

INTEGRAR LAS CIENCIAS DE LA VIDA Para desplazarse, las estrellas de mar que aparecen en la Figura 11 emplean un sistema hidráulico natural llamado sistema acuovascular. Las estrellas de mar tienen hileras de pequeñas ventosas en el extremo de sus patas huecas tubulares. Cada una de las patas está llena de fluido y tiene una válvula. Cuando ésta se cierra, la pata se convierte en recipiente hidráulico. Al contraer diferentes músculos, la estrella de mar cambia la presión en el fluido. El cambio de presión hace que la pata tubular empuje o tire de la ventosa. Mediante la acción coordinada de todas sus patas, la estrella de mar puede moverse... ¡incluso puede trepar superficies rocosas!

Fluido

Patas tubulares

Figura 11 Las estrellas de mar ejercen presión sobre los fluidos de sus cavidades a fin de desplazarse. *Clasificar ¿Por qué se consideran las patas tubulares parte de un dispositivo hidráulico?*

Repaso de la sección 2

1. Explica el principio de Pascal con tus propias palabras.
2. ¿Cómo multiplica la fuerza un aparato eléctrico?
3. ¿Qué fluido impulsa tu corazón?
4. **Razonamiento crítico Aplicar los conceptos** ¿Cómo puedes incrementar la fuerza que un dispositivo hidráulico produce sin aumentar la magnitud de la fuerza que apliques al pequeño pistón?
5. **Razonamiento crítico Comparar y contrastar** ¿En qué se parece el sistema de frenos de un automóvil al sistema acuovascular de una estrella de mar?

PROYECTO DEL CAPÍTULO 3

Comprueba tu aprendizaje

En tu casa experimenta con varios objetos de metal para ver si funcionan como botes. Ten presente que tus proyectos no tienen por qué parecer verdaderos botes. Experimenta con varias formas. Determina cómo el material y la forma tienen que ver con el hecho de que el bote flote o se hunda. ¿Qué funciona mejor: un bote ancho pero poco profundo o un bote estrecho pero profundo? Lleva un registro que describa el material, la forma y tus resultados.

3 Flotación y hundimiento

¿Qué puedes medir con un popote?

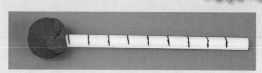

1. Corta 10 cm de un popote de plástico.

2. Con un marcador a prueba de agua, haz marcas de 1 cm en el popote.

3. Haz una bola de plastilina de 1.5 cm de diámetro. Mete un extremo del popote en la plastilina. Has construido un hidrómetro.

4. Coloca el hidrómetro en un vaso con agua. Si se hunde, quita un poco de plastilina. Más o menos la mitad del popote debe permanecer debajo del agua. Asegúrate de que el líquido no penetre en el popote.

5. Disuelve 10 cucharaditas de azúcar en un vaso con agua. Pon a prueba tu hidrómetro en este líquido.

Reflexiona sobre
Predecir Compara tus observaciones en los Pasos 4 y 5. Luego predice lo que sucederá si empleas 20 cucharaditas de azúcar en un vaso con agua. Pon a prueba tu predicción.

GUÍA DE LECTURA

◆ **¿Qué efecto tiene la fuerza de flotación?**

◆ **¿Cuál es el principio de Arquímedes?**

◆ **¿Por qué la densidad de un objeto determina si flota o se hunde?**

Sugerencia de lectura A medida que leas, escribe un párrafo que explique cómo se relacionan la flotación y el principio de Arquímedes.

Figura 12 Esta pintura muestra la proa del *Titanic* en el fondo del océano.

En abril de 1912, el *Titanic* partió de Inglaterra en su primer y único viaje. Era tan largo como tres campos de fútbol y tan alto como un edificio de doce pisos. Era el barco más grande que se había construido hasta ese momento y su mobiliario, el más fino y lujoso. El *Titanic* era también la embarcación tecnológicamente más avanzada del mundo. Su casco se dividía en compartimentos estancos. Se pensaba que no se podía hundir.

Sin embargo, unos días después de iniciada la travesía, el *Titanic* chocó con un iceberg. Dos horas y cuarenta minutos después, la proa de la colosal nave se hundía bajo el agua. Mientras la popa se elevaba muy alto, el barco se partía por la mitad. Las dos partes se fueron al fondo del océano Atlántico. Murieron más de mil personas.

¿Cómo es posible que, en ciertas condiciones, un enorme barco pueda flotar fácilmente en el agua? Sin embargo, en unas cuantas horas la misma nave puede irse a pique. ¿Y por qué la mayor parte de un iceberg permanece oculta debajo de la superficie del agua? Para contestar estas preguntas, necesitas investigar qué hace flotar a un objeto y qué lo hace hundirse.

Flotabilidad

Si has levantado un objeto bajo el agua, sabes que parece más ligero dentro del líquido que en el aire. El agua ejerce una fuerza llamada **fuerza de flotación,** la cual actúa sobre un objeto sumergido. **La fuerza de flotación actúa hacia arriba, contra la fuerza de gravedad, de modo que hace que un objeto se sienta más ligero.**

Como puedes ver en la Figura 13, un fluido ejerce presión sobre todas las superficies de un objeto sumergido. Puesto que la presión en un fluido aumenta con la profundidad, la presión hacia arriba sobre la parte inferior del objeto es mayor que la presión hacia abajo sobre la parte superior. El resultado es una fuerza neta que actúa hacia arriba sobre el objeto sumergido. Esta es la fuerza de flotación.

Un objeto sumergido desplaza, o toma el lugar de, un volumen de fluido igual a su propio volumen. Puedes apreciar esto en a la Figura 14. Un objeto que flota sobre la superficie de un fluido, sin embargo, desplaza un volumen más pequeño. Desplaza un volumen de fluido equivalente a la porción sumergida del objeto.

El **principio de Arquímedes** relaciona la cantidad de fluido que un objeto sumergido desplaza con la fuerza de flotación sobre dicho objeto. Esta relación lleva el nombre de quien la descubrió: Arquímedes, un matemático griego de la antigüedad. **El principio de Arquímedes establece que la fuerza de flotación sobre un objeto es igual al peso del fluido que el objeto desplaza.**

✓ *Punto clave* *Compara la dirección de la fuerza de flotación con la dirección de la fuerza de gravedad.*

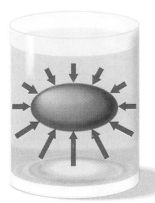

Figura 13 La presión en la superficie inferior de un objeto sumergido es mayor que la presión en la superficie superior. El resultado es una fuerza neta hacia arriba. *Aplicar los conceptos ¿Cómo se llama esta fuerza hacia arriba?*

Mejora tus **destrezas**

Figura 14 El volumen de agua que desplaza un objeto es igual al volumen del objeto. Si el objeto flota, el volumen de líquido desplazado equivale al volumen de la porción del objeto que está bajo el agua.

Nivel del agua

Hundir y derramar

En este experimento, utilizarás datos sobre objetos que flotan y se hunden a fin de ejercitar la destreza de sacar conclusiones.

Problema

¿Qué relación existe entre la fuerza de flotación sobre un objeto que flota y el peso del agua que desplaza?

Materiales

toallas de papel
vaso de precipitados de 250 mL
balanza de tres astiles
vaso de precipitados de 600 mL
sal de mesa
frasco con tapa hermética, de 30 mL
   aproximadamente

Procedimiento

1. Revisa el procedimiento y copia la tabla de datos en tu cuaderno.
2. Obtén la masa, en gramos, de una toalla de papel seca y el vaso de precipitados de 250 mL juntos. Multiplica la masa por 0.01. Esto te da el peso en newtons. Anótalo en tu tabla de datos.
3. Con cuidado, llena de agua hasta el borde el vaso de precipitados de 600 mL. Pon el vaso de precipitados de 250 mL, con la toalla de papel seca debajo de él, junto al pico del vaso de 600 mL.
4. Pon una pequeña cantidad de sal en el frasco. (El frasco con sal debe flotar en el agua.) Luego obtén la masa del frasco seco (con la tapa puesta) en gramos. Multiplica la masa por 0.01. Anota este peso en la tabla de datos.
5. Mete poco a poco el frasco en el vaso de precipitados de 600 mL. (Si el frasco se hunde, sácalo y quítale un poco de sal. Repite los pasos 3 y 4.) Calcula la fracción del frasco que queda bajo el agua y anótala.
6. Una vez que se haya derramado toda el agua desplazada, obtén la masa total de la toalla de papel y el vaso de precipitados que contiene el líquido. Multiplica la masa por 0.01 y anota el resultado en tu tabla de datos.
7. Vacía el vaso de 250 mL. Seca el vaso de precipitados y el frasco.
8. Repite los pasos del 3 al 7 varias veces más. En cada ocasión, llena el frasco con una cantidad diferente de sal, pero asegúrate de que el frasco flote.

TABLA DE DATOS

Frasco	Peso del vaso de precipitados de 250 mL y la toalla de papel seca (N)	Peso del frasco, la sal y la tapa (N)	Peso del vaso de precipitados de 250 mL con el agua desplazada y la toalla de papel (N)	Fracción del frasco sumergido en agua	Fuerza de flotación (N)	Peso del agua desplazada (N)
1						
2						
3						

9. Calcula la fuerza de flotación correspondiente a cada prueba y anótala en tu tabla de datos. (*Sugerencia:* Cuando un objeto flota, la fuerza de flotación es igual al peso del objeto.)

10. Calcula el peso del agua desplazada en cada caso. Anótalo en tu tabla de datos.

Analizar y concluir

1. En cada prueba, el frasco tenía un peso distinto. ¿Cómo afectó esto la manera en que flotó?

2. El frasco tenía el mismo volumen en cada prueba. ¿Por qué varió el volumen del agua desplazada?

3. ¿Qué puedes deducir acerca de la relación existente entre la fuerza de flotación y el peso del agua desplazada?

4. ¿Puedes indicar los lugares donde quizás hayan ocurrido errores?

5. **Piensa en esto** Si pones demasiada sal en el frasco, éste se hundirá. ¿Qué puedes deducir acerca de la fuerza de flotación en este caso? ¿Cómo puedes determinar la fuerza de flotación de un objeto que se hunde?

Crear un experimento

¿Cómo crees que cambiarían tus resultados si usaras un líquido distinto que fuera más denso o menos denso que el agua? Crea un experimento para probar tu hipótesis. ¿Qué líquido o líquidos utilizarás? ¿Necesitarás más equipo aparte del que has empleado para este experimento? Si es así, ¿qué necesitarás? Si realizas tu nuevo experimento, asegúrate de pedirle a tu maestro que revise tu proyecto antes de empezar.

Figura 15 La ilustración muestra las fuerzas que se ejercen sobre tres cubos distintos. Los tres cubos tienen el mismo volumen. *Comparar y contrastar ¿Por qué no flotan los tres cubos?*

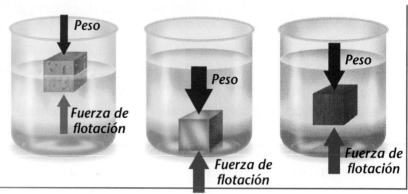

Flotar y hundirse

Recuerda que siempre existe una fuerza hacia abajo sobre un objeto sumergido. Esa fuerza es el peso del objeto. Si el peso de éste es mayor que la fuerza de flotación, la fuerza neta sobre un objeto sumergido irá hacia abajo. El objeto se hundirá. Si el peso del objeto es menor que la fuerza de flotación, el objeto empezará a hundirse. Sólo se hundirá lo suficiente para desplazar un volumen de fluido con un peso igual al suyo. Al llegar a ese nivel, dejará de hundirse; entonces flotará. Si el peso del objeto es exactamente igual a la fuerza de flotación, las dos fuerzas están equilibradas.

Densidad

¿Por qué algunos objetos flotan y otros se hunden? Al comparar la densidad de un objeto con la densidad de un fluido, puedes determinar si flotará. Pero, ¿qué es la densidad?

La **densidad** de una sustancia es su masa por unidad de volumen.

$$Densidad = \frac{Masa}{Volumen}$$

Por ejemplo, un centímetro cúbico (cm^3) de plomo tiene una masa de 11.3 gramos, así que su densidad es de 11.3 g/cm^3.

$$Densidad\ del\ plomo = \frac{11.3\ g}{1\ cm^3} = 11.3\ g/cm^3$$

En contraste, un centímetro cúbico de corcho tiene una masa de tan sólo alrededor de 0.25 gramos. Así que su densidad es de 0.25 $g/cm3$ aproximadamente. Se podría decir que el plomo es más denso que el corcho. La densidad del agua es de 1.0 $g/cm3$, así que es menos densa que el plomo pero más densa que el corcho.

Si comparas las densidades, podrás explicar el comportamiento de los objetos que se muestran en la Figura 15. **Un objeto que sea más denso que el fluido en el que está inmerso, se hunde. Un objeto que sea menos denso que el fluido en el que está inmerso, flota y sale a la superficie.** Y si la densidad de un objeto es igual a la densidad del fluido en el que está inmerso, el objeto no se eleva ni se hunde en el fluido. En vez de ello, flota en un nivel constante.

Ahora ya sabes por qué el plomo se hunde: porque es varias veces más denso que el agua. El corcho, que es menos denso que el agua, flota. Un cubo de hielo flota en el agua porque la densidad del hielo es menor que la densidad del agua. ¡Pero es apenas un poco menor! Así que la mayor parte de un cubo de hielo que flota se encuentra bajo la superficie. Puesto que un iceberg es en realidad un cubo de hielo muy grande, la parte que vemos por encima del agua es sólo una pequeña fracción del témpano entero. Por esa razón los témpanos de hielo son muy peligrosos para los barcos.

☑ *Punto clave* *Para calcular la densidad de una sustancia, ¿cuáles son dos de sus propiedades que necesitas conocer?*

Densidad de sustancias La Figura 16 muestra varias sustancias y su densidad. Fíjate que los líquidos pueden flotar encima de otros líquidos. (Tal vez hayas visto cómo flota el aceite para ensalada encima del vinagre). Observa también que las sustancias con las mayores densidades están cerca de la parte inferior del cilindro.

No olvides que el aire es también un fluido. Los objetos flotan en el aire si su densidad es menor que la densidad del aire. Un globo de helio se eleva porque el helio es menos denso que el aire. Sin embargo, un globo común que llenes con el aire que exhalas es más denso que el aire. Así que el globo cae al suelo cuando lo sueltas.

Al cambiar la densidad de un objeto es posible hacerlo flotar o hundirse en un fluido determinado. La densidad de un submarino, por ejemplo, disminuye cuando se bombea agua de sus tanques de flotación. La masa total del submarino desciende. Como su volumen permanece igual, su densidad disminuye cuando su masa disminuye. Así que el submarino saldrá a la superficie. Para sumergirse, aspira agua. Así aumenta su masa (y por lo tanto su densidad) y se hunde.

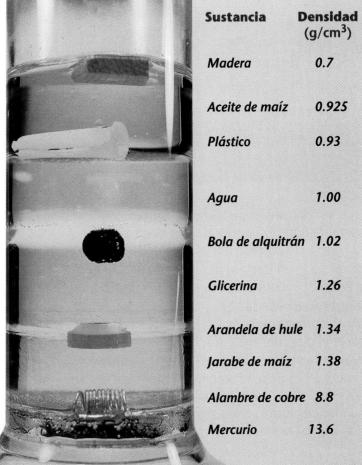

Figura 16 Puedes emplear la densidad para predecir si un objeto se hundirá o flotará al colocarse en un líquido. *Interpretar datos ¿Una arandela de hule se hundirá o flotará en aceite de maíz?*

Sustancia	Densidad (g/cm^3)
Madera	0.7
Aceite de maíz	0.925
Plástico	0.93
Agua	1.00
Bola de alquitrán	1.02
Glicerina	1.26
Arandela de hule	1.34
Jarabe de maíz	1.38
Alambre de cobre	8.8
Mercurio	13.6

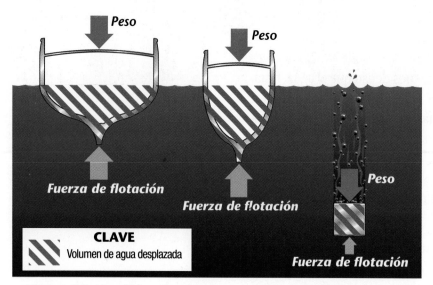

Peso

Peso

Peso

Fuerza de flotación

Fuerza de flotación

Fuerza de flotación

CLAVE
Volumen de agua desplazada

Figura 17 Un sólido cubo de acero se hunde cuando se coloca en agua. Un barco de acero con el mismo peso flota.

Flotación y densidad Otra manera de cambiar la densidad consiste en cambiar el volumen. En la Figura 17, la cantidad de acero presente en los objetos es la misma. Sin embargo, dos de las figuras flotan y una se hunde. El acero sólido se hunde rápidamente en el agua, y lo mismo ocurre con el casco de un barco que está lleno de agua. Por lo general, sin embargo, el casco de un barco contiene un gran volumen de aire. Éste reduce la densidad total de la embarcación, lo cual le permite flotar.

No sólo en función de la densidad, sino también mediante la fuerza de flotación, puedes explicar por qué un barco flota. Puesto que la fuerza de flotación es igual al peso del líquido desplazado, la fuerza de flotación aumentará si se desplaza más líquido. La cantidad de líquido desplazado depende del volumen de un objeto sumergido. Un objeto grande desplaza más fluido que un objeto pequeño. Por lo tanto, el objeto con mayor volumen tiene una fuerza de flotación mayor que actúa sobre él... incluso si los objetos poseen el mismo peso.

La forma de un barco hace que se desplace un mayor volumen de agua que un pedazo de acero sólido de la misma masa. A mayor volumen del agua desplazada, mayor fuerza de flotación. Un barco permanecerá a flote mientras la fuerza de flotación sea mayor que su peso.

Repaso de la sección 3

1. Cómo afecta la fuerza de flotación a un objeto sumergido?
2. ¿Cómo se relaciona el principio de Arquímedes con la fuerza de flotación que actúa sobre un objeto con el fluido desplazado por el objeto?
3. ¿Cómo puede utilizarse la densidad de un objeto para predecir si flotará o se hundirá en el agua?
4. Un objeto que pesa 340 N está flotando en un lago. ¿Cuál es la fuerza de flotación que actúa sobre él? ¿Cuál es el peso del agua desplazada?
5. **Razonamiento crítico Aplicar los conceptos** Algunas canoas tienen compartimentos vacíos y a prueba de agua en cada extremo. Estas canoas no se hunden, incluso cuando zozobran dando la vuelta. Explica por qué.

PROYECTO DEL CAPÍTULO 3

Comprueba tu aprendizaje
No te conformes con el primer proyecto que flote. Inténtalo con varios más, considerando las características que hacen útil tu bote. ¿De cuánto espacio dispone para carga? ¿Cómo afecta el peso de tu bote la cantidad de carga que puede transportar? (*Sugerencia:* Para medir el peso de cada bote, observa cuántas monedas de un centavo lo equilibran en una balanza de doble platillo.) Selecciona tu mejor bote y determina el número de monedas que puede llevar mientras flota.

4 Aplicación del principio de Bernoulli

DESCUBRE ···································· ACTIVIDAD ·····

¿El agua empuja o jala?

1. Sostén, sin apretarlas, las orillas del mango de una cuchara de plástico, de modo que ésta se balancee entre tus dedos.

2. Abre una llave para obtener un chorro continuo de agua. Predice qué ocurrirá si pones en contacto el dorso curvo de la cuchara con el chorro de agua.

3. Prueba tu predicción. Repite la prueba varias veces.

4. Predice cómo cambiarían tus observaciones si utilizaras un tenedor de plástico.

5. Prueba tu predicción.

Reflexiona sobre

Inferir ¿En qué lado de la cuchara es menor la presión? ¿Cómo lo sabes? ¿Se comporta el tenedor de manera distinta de la cuchara? Si es así, desarrolla una hipótesis para explicar por qué.

En diciembre de 1903, Wilbur y Orville Wright llevaron un vehículo de aspecto extraño a una playa desierta de Kitty Hawk, Carolina del Norte. La gente había volado en globo durante más de cien años, pero el propósito de los hermanos Wright era algo que nadie había intentado antes. ¡Hicieron volar un avión que era más pesado (más denso) que el aire! Habían pasado años experimentando con distintas formas y superficies de alas. Además habían estudiado cuidadosamente el vuelo de las aves. Su primer vuelo en Kitty Hawk duró sólo 12 segundos. El avión voló 36 metros e hizo historia.

¿Qué sabían los hermanos Wright sobre el vuelo que les permitió construir el primer aeroplano? ¿Y de qué manera los principios en que se basaron explican que un jumbo cruce un país? La respuesta tiene que ver con la presión de los fluidos y con lo que sucede cuando un fluido se mueve.

Principio de Bernoulli

En lo que va de este capítulo has aprendido algo acerca de los fluidos que no están en movimiento. Pero, ¿qué pasa cuando un fluido, como el aire o el agua, se desplazan. Piensa en lo que ocurre si sostienes una cuchara de plástico dentro de un chorro de agua. Podrías predecir que la cuchara sería alejada por el agua. Pero no es así. Resulta sorprendente, pero la cuchara es empujada hacia el chorro de agua.

GUÍA DE LECTURA

◆¿Cómo se relaciona la presión de los fluidos con el movimiento de un fluido?

Sugerencia de lectura Antes de leer, ve *Explorar las alas* y predice cómo se explica el vuelo en términos de la presión de los fluidos.

Figura 18 El 17 de diciembre de 1903, Wilbur Wright vio a su hermano Orville despegar en *Flyer I*, el primer aeroplano exitoso.

El comportamiento de la cuchara demuestra el **principio de Bernoulli.** El científico suizo Daniel Bernoulli descubrió que cuanto más rápido se desplaza un fluido, menos presión ejerce. **El principio de Bernoulli establece que la presión que ejerce una corriente de fluido es menor que la presión del fluido que la rodea.** El agua que corre por la cuchara se mueve pero el aire del otro lado de la cuchara, no. El agua que fluye ejerce menos presión que el aire quieto. El resultado es que la presión mayor del aire quieto en un lado de la cuchara empuja ésta hacia el chorro de agua.

De igual manera, si soplas por encima de una hoja de papel de seda, éste se levantará. El aire en movimiento que soplas por encima de la hoja de papel ejerce menos presión que el aire quieto que se encuentra debajo de la hoja. La presión mayor debajo del papel lo empuja hacia arriba.

☑ *Punto clave* *¿Cómo se relaciona la presión ejercida por un fluido con la velocidad con que el fluido se mueve?*

Objetos en vuelo

El principio de Bernoulli explica el vuelo, desde el que realiza un pequeño papalote hasta el que efectúa un enorme avión. Se pueden diseñar los objetos para que su forma haga que el aire se desplace con velocidad distinta por encima y por debajo de ellos. Si el aire se mueve más rápido por encima del objeto, la presión empuja al objeto hacia arriba. Pero si el aire se mueve más rápido por debajo del objeto, la presión lo empuja hacia abajo. La forma de la vela de un barco es parecida a la del ala de un avión. La diferencia de presión en los dos lados de la vela hace avanzar al buque. Echa un vistazo a *Explorar las alas* para que entiendas cómo el principio de Bernoulli se puede aplicar a los aviones, las aves y las carreras de autos.

El principio de Bernoulli en casa

El principio de Bernoulli puede ayudarte a comprender muchos hechos comunes. Por ejemplo, puedes sentarte junto a un chimenea y disfrutar de un agradable fuego gracias al principio de Bernoulli. El humo se eleva por la chimenea en parte porque el aire caliente asciende y en parte porque es empujado. El viento que sopla por encima de la parte superior de una chimenea hace descender allí la presión. Entonces, la presión mayor en la parte inferior hace subir el aire y el humo por la chimenea.

Figura 19 Gracias al principio de Bernoulli, puedes disfrutar una noche junto a una cálida chimenea sin tener que llenar la habitación de humo. *Hacer generalizaciones ¿Por qué el humo se eleva por la chimenea?*

EXPLORAR *las alas*

El principio de Bernoulli explica cómo el aire que se mueve alrededor de un ala produce una fuerza.

Alas de avión

La parte superior de un ala de avión es curva. El aire que se desplaza por encima de la superficie superior del ala debe viajar más que el aire que se mueve a lo largo de la superficie inferior del ala. Como resultado, el aire que circula por arriba lo hace más rápido y ejerce menos presión que el que se desplaza por debajo. Esta diferencia de presión crea una fuerza hacia arriba sobre el ala, llamada fuerza de ascensión.

Trayectoria del aire

Ala

Dirección del movimiento

Alas de ave

Al igual que el ala de un avión, la de las aves es curva en su superficie superior. El ala del ave es flexible, puesto que la impulsa y también produce la fuerza de ascensión.

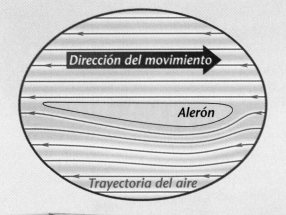

Dirección del movimiento

Alerón

Trayectoria del aire

Alerones

El alerón de la parte posterior de un auto de carreras es curvo en la superficie inferior, lo cual lo convierte en un ala al revés. La presión mayor que empuja hacia abajo el alerón proporciona al auto una mejor tracción de sus ruedas traseras.

Figura 20 La rociada de perfume que sale de un atomizador es una aplicación del principio de Bernoulli. *Aplicar los conceptos ¿Por qué el perfume se impulsa hacia arriba y hacia afuera del frasco?*

¿Nunca se te ha pegado en las piernas la cortina de la ducha mientras te bañas? El "ataque" de la cortina puede explicarse mediante el principio de Bernoulli. El chorro de agua en movimiento dentro de la cortina atrae el aire. El movimiento crea un espacio de aire de baja presión. La presión atmosférica afuera de la cortina, la cual es entonces mayor, impulsa ésta hacia adentro.

El principio de Bernoulli puede ayudarte a entender el funcionamiento de otros dispositivos conocidos. En el atomizador que se muestra en la Figura 20, se aprieta una perilla de hule. Al apretarse la perilla se hace que el aire se desplace rápidamente por la parte superior del tubo. La parte inferior de éste se encuentra dentro del líquido del frasco. El aire en movimiento disminuye la presión en la parte superior del tubo. La presión mayor en el frasco impulsa al líquido hacia el interior del tubo. Cuando el líquido llega a la corriente de aire, la acción de ésta lo fragmenta en diminutas gotas. El líquido sale como neblina fina.

Repaso de la sección 4

Las ciencias en casa

1. ¿Qué dice el principio de Bernoulli acerca de la presión que ejerce un fluido en movimiento?
2. ¿Por qué la presión atmosférica por arriba del ala de un avión es distinta de la presión debajo de ella? ¿Qué significa esta diferencia de presión durante el vuelo?
3. **Razonamiento crítico** **Relacionar causa y efecto** Una fuerte ventisca arranca el techo de un edificio. Explica esto en términos del principio de Bernoulli.
4. **Razonamiento crítico** **Aplicar los conceptos** Viajas en auto por una carretera cuando un camión grande acelera junto a ti. Explica por qué tu auto es atraído hacia el camión.

Puedes hacer tu propio atomizador con un popote. Corta una sección horizontal de un popote. Sostén un extremo del popote dentro de un vaso con agua y dobla la otra mitad en ángulo recto en el corte, como se muestra. Sopla con fuerza en el popote, ¡asegurándote de que nadie esté enfrente! Muestra tu dispositivo a tu familia. Fíjate si saben de qué se trata y por qué funciona. Explícales en qué consiste el aparato en función del principio de Bernoulli.

SECCIÓN 1 Presión

Ideas clave
◆ La presión es la fuerza por unidad de área sobre una superficie.
◆ La presión de un fluido resulta del movimiento de los átomos o moléculas que componen el fluido.
◆ La presión en un nivel determinado en un fluido es igual en todas direcciones. La presión disminuye con la altura y aumenta con la profundidad.

Términos clave
presión
pascal
fluido

SECCIÓN 2 Transmisión de la presión en los fluidos

Ideas clave
◆ De acuerdo con el principio de Pascal, un incremento de la presión sobre un fluido confinado se transmite por igual a todas las partes del fluido.
◆ Un dispositivo hidráulico funciona transmitiendo un aumento de la presión de una parte de un fluido confinado a la otra. Una pequeña fuerza ejercida sobre una pequeña área en un lugar da como resultado una fuerza grande ejercida por una superficie grande en otro lugar.

Términos clave
principio de Pascal
sistema hidráulico

SECCIÓN 3 Flotación y hundimiento

Ideas clave
◆ La fuerza hacia arriba sobre un objeto sumergido en un fluido se llama fuerza de flotación.
◆ La fuerza de flotación sobre un objeto es igual al peso del fluido desplazado por el objeto. Este es el principio de Arquímedes.
◆ Un objeto se hundirá, saldrá a la superficie o permanecerá donde se encuentre en un fluido según su densidad sea menor, mayor o igual a la densidad del fluido.

Términos clave
fuerza de flotación
densidad
principio de Arquímedes

SECCIÓN 4 Aplicación del principio de Bernoulli

INTEGRAR LA TECNOLOGÍA

Idea clave
◆ La presión en un fluido disminuye a medida que la velocidad del fluido aumenta. Este es el principio de Bernoulli.

Término clave
principio de Bernoulli

USAR LA INTERNET

ACTIVIDAD

www.science-explorer.phschool.com

Repaso del contenido

 Para repasar los conceptos clave, consulta el Interactive Student Tutorial CD-ROM.

Opción múltiple

Elige la letra que complete mejor cada enunciado.

1. La presión se puede medir en unidades de
   a. N.
   b. N/cm^2.
   c. N/cm.
   d. N/cm^3.

2. El funcionamiento de un dispositivo hidráulico puede explicarse en términos
   a. del principio de Pascal.
   b. del principio de Bernoulli.
   c. del principio de Arquímedes.
   d. de la tercera ley de Newton.

3. Si la fuerza de flotación sobre un objeto en el agua es mayor que el peso del objeto, el objeto
   a. se hundirá.
   b. flotará suspendido debajo de la superficie del agua.
   c. saldrá a la superficie y flotará.
   d. será aplastado por la presión del agua.

4. Una piedra se hunde en el agua porque
   a. es muy pesada.
   b. su densidad es menor que la del agua.
   c. se aplica sobre ella una pequeña fuerza de flotación.
   d. su densidad es mayor que la del agua.

5. Gran parte de la fuerza de ascensión que permite a un avión volar puede explicarse mediante
   a. el principio de Pascal.
   b. el principio de Bernoulli.
   c. el principio de Arquímedes.
   d. la tercera ley de Newton.

Falso o verdadero

Si el enunciado es verdadero, escribe verdadero. Si es falso, cambia la palabra o palabras subrayadas para hacer verdadero el enunciado.

6. La presión es una fuerza por unidad de <u>masa</u>.

7. A medida que ascendemos en la atmósfera, la presión atmosférica <u>aumenta</u>.

8. El sistema de frenos de un automóvil es un ejemplo de <u>dispositivo hidráulico</u>.

9. Puedes determinar la fuerza de ascensión sobre un objeto si conoces el peso del <u>objeto</u>.

10. La presión ejercida por una corriente de fluido <u>es menor que</u> la presión ejercida por el mismo fluido cuando está inmóvil.

Revisar los conceptos

11. ¿Qué diferencia hay entre la cantidad de presión que ejerces sobre el suelo cuando estás tendido y la cantidad de presión que ejerces cuando estás de pie?

12. Tienes una botella cerrada de soda. La fuerza del tapón de la botella debido a la carbonatación de la soda es de 14 N. Si la superficie del tapón es de 7 cm^2, ¿cuál es la presión sobre el tapón?

13. Menciona dos dispositivos hidráulicos que conozca un mecánico de automóviles.

14. Explica cómo, según el principio de Bernoulli, un ave puede mantenerse en el aire.

15. ¿Por qué parece que pesas más en el aire que en el agua?

16. **Escribir para aprender** Tu trabajo consiste en dar la bienvenida a los vacacionistas que están aprendiendo buceo. Prepara un folleto donde les expliques los cambios de presión que pueden experimentar mientras buceen. Asegúrate de describir las razones de los cambios.

Razonamiento gráfico

17. **Diagrama de flujo** Crea un diagrama de flujo donde muestres cómo un dispositivo hidráulico multiplica la fuerza. (Para más información acerca de los diagramas de flujo, consulta el Manual de destrezas.)

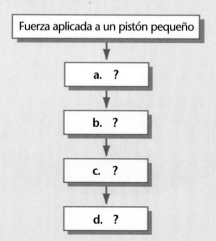

Aplicar las destrezas

Emplea la ilustración para responder las Preguntas 18–21. Se muestra un objeto al que sostiene una báscula de resorte dentro y fuera del agua.

9.8 N

7.8 N

18. **Aplicar los conceptos** ¿Por qué existe diferencia entre el peso del objeto en el aire y su peso en el agua?

19. **Calcular** ¿Cuál es la fuerza de flotación sobre el objeto?

20. **Sacar conclusiones** ¿Qué conclusión puedes sacar acerca del volumen de agua por encima de la línea de puntos?

21. **Predecir** Si quitáramos la báscula de resorte, ¿el objeto flotaría o se hundiría? ¿Cómo lo sabes?

Razonamiento crítico

22. **Desarrollar hipótesis** Se pone una esfera de acero en el agua y, aunque parezca sorprendente, flota. Desarrolla una hipótesis que explique esta observación.

23. **Aplicar los conceptos** Un método para hacer salir a la superficie un barco hundido es inflar grandes bolsas o globos dentro de su casco. Explica por qué podría resultar este procedimiento.

24. **Crear experimentos** Tienes dos fluidos cuya densidad desconoces. Sin mezclar los dos fluidos, propón un experimento para determinar cuál es más denso.

25. **Relacionar causa y efecto** Es un día de viento, y cuando corres de prisa, tu papalote se eleva en el aire. ¿Es la presión atmosférica mayor por encima o por debajo del juguete? Explica tu respuesta.

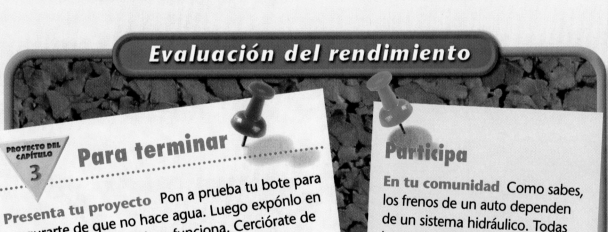

Evaluación del rendimiento

PROYECTO DEL CAPÍTULO 3

Para terminar

Presenta tu proyecto Pon a prueba tu bote para asegurarte de que no hace agua. Luego expónlo en la clase y demuestra cómo funciona. Cerciórate de incluir los diagramas que hiciste de los distintos proyectos que elaboraste. Expón las observaciones y datos que anotaste con respecto a cada diseño. Señala a tus compañeros de clase las características que incorporaste en tu proyecto final.

Reflexiona y anota Supón que no tienes limitaciones en cuanto a qué materiales utilizar para tu bote. También supón que puedes darle la forma que desees al material. En tu diario, esboza y describe la embarcación que podrías diseñar.

Participa

En tu comunidad Como sabes, los frenos de un auto dependen de un sistema hidráulico. Todas las piezas del sistema de frenos necesitan estar en buenas condiciones. Habla con un mecánico para que sepas qué partes del sistema de frenos de un auto pueden gastarse o romperse. Luego prepara una exposición para la biblioteca local. Debes explicar cómo funciona el sistema de frenos y qué puede pasarle si no se le da servicio adecuado.

CAPÍTULO

4 Trabajo y máquinas

LO QUE ENCONTRARÁS

1 ¿Qué es el trabajo?

Descubre ¿Qué ocurre cuando jalas en ángulo?
Mejora tus destrezas Inferir

2 Ventaja mecánica y eficiencia

Descubre ¿Es una máquina?
Inténtalo Hacia arriba
Laboratorio de destrezas Ciencia del balancín

3 Máquinas simples

Descubre ¿Cómo puedes aumentar tu fuerza?
Inténtalo Modela un tornillo
Mejora tus destrezas Clasificar
Laboratorio real Invitación a entrar

La ingeniosa máquina elevadora

Durante miles de años, las máquinas han ayudado a la gente a trabajar. Ya sea que alguien esté utilizando una grúa diesel para descargar un carro maderero o una pala para cavar en el jardín, cualquier tarea resulta más fácil si se emplean máquinas. Incluso máquinas complejas como los automóviles cumplen una tarea determinada al combinar la acción de muchas máquinas simples.

En este capítulo aprenderás sobre los distintos tipos de máquinas y cómo utilizarlas en tu vida diaria. A medida que estudies este capítulo construirás tu propia máquina elevadora, que presentarás en funcionamiento.

Tu objetivo Usar una combinación de al menos dos máquinas simples para construir una máquina que pueda levantar 5 centímetros una lata de sopa de 600 gramos.

Tu máquina debe:
- componerse al menos de dos máquinas simples que funcionen en conjunción
- usar otra lata de sopa que se llene poco a poco de arena como fuerza inicial
- construirse según los lineamientos de seguridad del Apéndice A

Esta máquina hace el trabajo que alguna vez hicieron bueyes y caballos.

Para empezar Junto con tus compañeros de clase analiza ideas para diferentes proyectos de máquinas. Examinen posibles materiales que podrían ser útiles para construir cada máquina.

Comprueba tu aprendizaje Trabajarás en este proyecto mientras estudias el capítulo. Para mantener tu proyecto en marcha, revisa los cuadros de Comprueba tu aprendizaje en los puntos siguientes:

Repaso de la Sección 1, página 109: Determina la cantidad de trabajo que tu máquina debe realizar.

Repaso de la Sección 3, página 128: Analiza los factores que afecten la eficiencia y la ventaja mecánica, y construye tu máquina.

Para terminar Al final del capítulo (página 137) haz la demostración de tu máquina.

SECCIÓN
4
Integrar las ciencias de la vida
Máquinas en el cuerpo humano
Descubre ¿Eres una máquina devoradora?

① ¿Qué es el trabajo?

DESCUBRE

¿Qué ocurre cuando jalas en ángulo?

1. Vierte agua en una taza hasta la mitad.

2. Corta una liga de modo que tengas un pedazo de elástico de peso mediano. Pasa la liga por el asa de la taza. Puedes jalar la liga para mover la taza con velocidad constante a través de una mesa.

3. Sostén los extremos de la liga paralelamente y en ángulo como se muestra. ¿Cuál será el método más eficaz para mover la taza?

4. Jala la liga de las dos maneras. Observa las diferencias.

Reflexiona sobre
Desarrollar hipótesis ¿Cuál de las dos maneras resultó más eficaz para mover la taza? ¿Por qué? ¿Qué pasaría si aumentaras el ángulo?

GUÍA DE LECTURA

◆ **¿Cuándo se realiza trabajo sobre un objeto?**

◆ **¿Cómo se calcula el trabajo realizado sobre un objeto?**

Sugerencia de lectura **Antes de leer, repasa los encabezados y exprésalos como preguntas. A medida que leas, escribe respuestas breves a las preguntas.**

Después de una fuerte tormenta, el auto de un vecino se atasca en un montón de nieve. Con la pala, apartas del vehículo un poco de nieve y tratas de empujarlo hacia atrás. Las ruedas giran y zumban mientras el conductor intenta mover el auto. Pese a tu esfuerzo, el auto no se mueve. Después de 10 minutos de un trabajo intenso, terminas agotado. Por desgracia, el auto sigue atascado en la nieve. Fue un trabajo arduo, ¿verdad? Aplicaste mucha fuerza. Te afanaste quitando la nieve con la pala. Pero tal vez te sorprenda saber que, en términos científicos, ¡no realizaste ningún trabajo sobre el auto!

El significado de trabajo

En ciencias, se realiza **trabajo** cuando se ejerce una fuerza sobre un objeto, que hace que recorra cierta distancia. Por ejemplo, si empujas a un niño que está en un columpio, realizas trabajo sobre el niño. Si sacas tus libros de la mochila, efectúas trabajo sobre los

Fuerza *Movimiento*

Fuerza
Movimiento

Figura 1 Levantar un cajón lleno de periódicos es trabajo, pero transportarlo no lo es.
Interpretar fotografías ¿Por qué la joven no realiza ningún trabajo cuando transporta el cajón?

libros. Si sacas una bolsa de comestibles de un carrito de compras, realizas trabajo sobre la bolsa de comestibles.

Sin movimiento no hay trabajo Entonces, ¿por qué no realizas ningún trabajo cuando tratas de sacar el auto de la nieve? Porque el auto no se movió. **Para que se realice trabajo sobre un objeto, éste debe recorrer cierta distancia como resultado de la fuerza que se le aplique.** Si el objeto no se desplaza, no se realiza ningún trabajo y no importa cuánta fuerza se haya ejercido.

Hay muchas situaciones en las que se ejerce una fuerza, pero no se realiza ningún trabajo. Supón, por ejemplo, que ayudas en un proyecto de construcción y se te pide que sostengas un pedazo de madera. Definitivamente ejerces una fuerza para detener la madera, de modo que podría parecer que realizas trabajo. Pero como la fuerza que ejerces no hace que la madera se mueva, no efectúas ningún trabajo sobre ella.

Sólo las fuerzas en la misma dirección ¿Cuánto trabajo realizas cuando llevas tus pesados libros a la escuela? Tal vez pienses que haces mucho trabajo, pero en realidad no es así. **Para realizar trabajo sobre un objeto, la fuerza que ejerzas debe ser en la misma dirección que el movimiento del objeto.** Cuando transportas un objeto a velocidad constante, ejerces una fuerza hacia arriba a fin de sostener el objeto para que no caiga al suelo. El movimiento del objeto, sin embargo, es en dirección horizontal. Puesto que la fuerza es vertical y el movimiento horizontal, no efectúas ningún trabajo sobre el objeto al transportarlo.

¿Cuánto trabajo realizas cuando jalas un trineo? Al jalar un trineo, tiras de la cuerda en ángulo respecto al suelo. Por lo tanto tu fuerza tiene una parte horizontal (hacia la derecha) y una vertical (hacia arriba). Cuando tiras de este modo, sólo parte de tu fuerza realiza trabajo: la parte que va en la misma dirección que el movimiento del trineo. El resto de tu fuerza no ayuda a jalar el trineo.

Figura 2 Tal vez realices un gran esfuerzo, pero si el auto no se mueve, no realizas ningún trabajo.

Figura 3 Cuando jalas un trineo con una cuerda, no toda tu fuerza realiza trabajo para moverlo.

Parte de la fuerza total no realiza trabajo

Fuerza total

Parte de la fuerza total jala el trineo

Mejora tus destrezas

Inferir

ACTIVIDAD

Realizas trabajo cuando arrastras los cubos de basura hacia el borde de la acera. Ejerces una fuerza y los cubos se mueven. ¿Significa esto que siempre se hace trabajo sobre un objeto si éste se mueve? Recuerda cómo giran los satélites alrededor de la Tierra. ¿Se realiza trabajo en los satélites mientras están en órbita? Haz un diagrama para apoyar tu respuesta.

Si realizaste la actividad Descubre, sabes que tu esfuerzo será más eficaz cuando reduzcas el ángulo en que empujes o jales un objeto. Es decir, ejerce tanta fuerza como sea posible en dirección al movimiento del objeto. Recuerda esto la próxima vez que barras un montón de hojas o limpies el piso con una aspiradora.

☑ *Punto clave* ¿Cómo puedes determinar si se realiza trabajo sobre un objeto?

Cálculo del trabajo

¿Qué implica más trabajo: levantar una maceta de 100 newtons a un metro del suelo o levantar una de 200 newtons a la misma altura? ¿Requiere más trabajo levantar una maceta del suelo y ponerla en una carretilla o llevarla de la planta baja al último piso de un edificio? Quizá tu sentido común te indique que levantar un objeto más pesado, que exige mayor fuerza, requiere más trabajo que levantar un objeto más ligero. Y que mover un objeto una mayor distancia requiere más trabajo que moverlo una distancia más corta. Las dos ideas son correctas.

La cantidad de trabajo que realices depende tanto de la cantidad de fuerza que ejerzas como de la distancia que se desplace el objeto:

$$\text{Trabajo} = \text{Fuerza} \times \text{Distancia}$$

La cantidad de trabajo realizado sobre un objeto se puede determinar multiplicando fuerza por distancia.

Problema de ejemplo

Para acomodar los muebles de tu salón de clases, ejerces una fuerza de 20 N al empujar un escritorio de 10 m. ¿Cuánto trabajo realizas?

Analiza. Conoces la fuerza ejercida sobre el escritorio y la distancia que recorrió. Deseas hallar la cantidad de trabajo efectuado. Para ayudarte, haz un diagrama similar al que se muestra.

Escribe la fórmula. Trabajo = Fuerza × Distancia

Sustituye y resuelve. Trabajo = 20 N × 10 m

Trabajo = 200 N·m, que equivale a 200 J

Fuerza = 20 N

Distancia = 10 m

Piénsalo. La respuesta te indica que el trabajo que realizaste con el escritorio es de 200 J.

Ejercicios de práctica

1. Un montacargas hidráulico levanta 2 metros un auto de 12,000 N. ¿Cuánto trabajo se realiza sobre el auto?
2. Ejerces una fuerza de 0.2 N para levantar un lápiz del suelo. ¿Cuánto trabajo realizas si lo levantas a 1.5 m?

Cuando la fuerza se mide en newtons y la distancia en metros, la unidad de trabajo del SI es el newton × metro (N·m). Esta unidad se llama también joule, en honor a James Prescott Joule, un físico que estudió el trabajo a mediados del siglo XX. Un **joule** (J) es la cantidad de trabajo que se realiza cuando se ejerce una fuerza de 1 newton para mover un objeto una distancia de 1 metro.

Con la fórmula del trabajo, puedes comparar la cantidad de trabajo que efectúas para levantar las macetas. Cuando levantas un objeto con velocidad constante, la fuerza que ejerces hacia arriba debe ser igual al peso del objeto. Para levantar la primera maceta, tendrías que ejercer una fuerza de 100 newtons. Si la levantaras 1 metro, harías 100 newtons × 1 metro, o 100 joules de trabajo. Para levantar la maceta más pesada, tendrías que ejercer una fuerza de 200 newtons. Así realizarías un trabajo de 200 newtons × 1 metro o 200 joules. Por tanto, realizas más trabajo para mover el objeto más pesado.

Ahora piensa en levantar la maceta más alto. Hiciste 100 joules de trabajo al levantarla 1 metro. Supón que un elevador llevó la misma maceta al último piso de un edificio de 40 metros de altura. El elevador ejercería la misma fuerza sobre la maceta para una distancia mayor. El trabajo sería de 100 newtons × 40 metros, es decir, de 4,000 joules. El elevador haría 40 veces más trabajo que tú.

Figura 4 Estos estudiantes están realizando trabajo al transplantar un árbol. *Inferir ¿Cuánto trabajo harían si el árbol pesara el doble? ¿Y si tuvieran que levantarlo una distancia cuatro veces mayor?*

Repaso de la sección 1

1. Si ejerces una fuerza, ¿siempre realizas trabajo? Explica tu respuesta.
2. ¿Cuál es la fórmula para calcular el trabajo?
3. Compara la cantidad de trabajo que se realiza cuando una fuerza de 2 N mueve un objeto 3 metros con el que se realiza cuando una fuerza de 3 N mueve un objeto 2 metros.
4. **Razonamiento crítico Aplicar los conceptos** Necesitas llevar cinco latas de pintura de un galón del sótano al primer piso de una casa. ¿Realizarías más trabajo con las latas de pintura si las subes todas (si es posible) o si las subes una por una? Explícalo.

PROYECTO DEL CAPÍTULO 4

Comprueba tu aprendizaje
Determina la cantidad de trabajo que tu máquina debe realizar para levantar 5 cm una lata de sopa de 600 g. Haz un diagrama donde muestres las fuerzas que actúan y la dirección de dichas fuerzas. Anota algunas sugerencias para llevar a cabo este trabajo. Examina con tus compañeros qué materiales podrían utilizar para construir tu máquina.

SECCIÓN 2 Ventaja mecánica y eficiencia

DESCUBRE

ACTIVIDAD

¿Es una máquina?

1. Tu maestro te dará varios objetos. Examínalos detenidamente.

2. Clasifica los objetos según creas que son máquinas o que no lo son.

3. Determina cómo funciona cada objeto que hayas identificado como máquina. Explica cada objeto a otro estudiante.

Reflexiona sobre
Formular definiciones operativas ¿Por qué decidiste que ciertos objetos son máquinas mientras que otros objetos no lo son?

GUÍA DE LECTURA

◆ ¿Cómo facilitan el trabajo las máquinas?

◆ ¿Cuál es la diferencia entre la ventaja mecánica real y la ideal?

◆ ¿Cómo se puede calcular la eficiencia de una máquina?

Sugerencia de lectura A medida que leas, utiliza los encabezados para elaborar un esquema donde muestres lo que hacen las máquinas.

Acaba de llegar un carro con mantillo para tu jardín. El único problema es que el montón de mantillo fue descargado a 10 metros de donde debía dejarse. ¿Qué puedes hacer? Podrías mover el mantillo a puñados, pero eso llevaría mucho tiempo. Podrías utilizar una pala y un carretilla, lo cual facilitaría mucho la tarea. O podrías hacer que un tractor nivelador lo moviera. Eso facilitaría aún más el trabajo.

¿Qué es una máquina?

Las palas y los tractores son ejemplos de máquinas. Una **máquina** es un aparato con el que puedes trabajar de una manera que resulta más fácil o más eficaz. Quizás estés acostumbrado a imaginarte las máquinas como complejos artefactos que funcionan con electricidad. Sin embargo, una máquina puede ser tan sencilla como una pala o incluso como una rampa.

Tal vez pienses que una máquina reduce la cantidad de trabajo que se realiza, pero no es así. Mover el montón de mantillo, por ejemplo, implicará la misma cantidad de trabajo, no importa cómo lo hagas. De igual manera, tienes que hacer la misma cantidad de trabajo para levantar un piano, ya sea que utilices las manos o lo subas por una rampa.

Trabajo inicial

Trabajo final

Fuerza inicial   Distancia

Máquina

Fuerza final   Distancia

o

Fuerza final   Distancia

o

Fuerza final   Distancia

Figura 5 Una máquina puede facilitar una tarea de una de tres maneras. *Interpretar diagramas* ¿*Qué diferencia existe entre la fuerza final y la fuerza inicial en cada tipo de máquina?*

Lo que la pala y la rampa hacen es cambiar la manera en que llevas a cabo el trabajo. **Las máquinas facilitan el trabajo al cambiar la cantidad de fuerza que ejerces, la distancia a lo largo de la cual ejerces esa fuerza o la dirección en que la ejerces.** Podrías decir que la máquina facilita el trabajo multiplicando ya sea la fuerza o la distancia, o cambiando la dirección.

Cuando ejecutas trabajo con una máquina, ejerces una fuerza a lo largo de cierta distancia. Por ejemplo, ejerces una fuerza sobre el mango cuando utilizas una pala para levantar el mantillo. La fuerza que ejerces sobre la máquina se llama **fuerza inicial,** o a veces fuerza efectiva. Entonces, la máquina trabaja al ejercer una fuerza a lo largo de cierta distancia. La pala, en este caso, ejerce una fuerza para levantar el mantillo. La fuerza que aplica la máquina se llama **fuerza final.** A veces en lugar de éste se emplea el término fuerza de resistencia, pues la máquina debe vencer cierta resistencia.

Multiplicación de fuerzas En algunas máquinas, la fuerza final es mayor que la fuerza inicial. ¿Cómo puedes ejercer una fuerza más pequeña que sea necesaria para una tarea si la cantidad de trabajo es la misma? Recuerda la fórmula del trabajo: Trabajo = Fuerza × Distancia. Si la cantidad de trabajo sigue siendo la misma, una disminución de la fuerza debe significar un aumento en la distancia. Así que si una máquina te permite emplear menos fuerza para realizar algo de trabajo, debes aplicar la fuerza inicial a lo largo de una distancia más grande. Al fin y al cabo, efectúas tanto trabajo con la máquina como lo harías sin ella, pero mediante la máquina resulta más fácil.

¿Qué clase de dispositivo podría permitirte ejercer una fuerza menor en una distancia mayor. Piensa en una rampa. Supón que tienes que subir un piano al estrado del auditorio de tu escuela. Podrías tratar de levantarlo verticalmente, o empujarlo por una rampa. Si utilizas la rampa, la distancia en la que debes ejercer tu fuerza es mayor que si

Figura 6 La fuerza inicial que se ejerce sobre la pala es mayor que la fuerza final que ejerce la pala.

levantaras el piano directamente. Esto es así porque la longitud de la rampa es mayor que la altura del estrado. La ventaja de la rampa, entonces, consiste en que te permite ejercer menor fuerza para empujar el piano que para levantarlo.

Multiplicación de la distancia   En algunas máquinas, la fuerza final es menor que la fuerza inicial. ¿Para qué utilizarías una máquina así? La ventaja de ese tipo de máquina es que permite ejercer una fuerza inicial en una distancia más corta de la que sería sin la máquina. Para aplicar una fuerza en una distancia más corta, se necesita que esa fuerza sea mayor.

¿Cuándo empleas este tipo de máquina? Piensa en el momento en que golpeas con un palo de hockey. Mueves las manos una distancia corta, pero el otro extremo del palo se desplaza una distancia mayor para golpear el disco. El disco de hockey se mueve mucho más rápido que tus manos. ¿Qué pasa cuando doblas una hoja de papel y la agitas de un lado a otro para abanicarte? Mueves la mano una distancia corta, pero el otro extremo del papel se desplaza una distancia mayor para refrescarte en un día caluroso. Y cuando paseas en bicicleta a alta velocidad, aplicas una fuerza considerable a los pedales en una distancia corta. La bicicleta, mientras tanto, recorre una distancia mucho más larga.

Cambio de dirección   Algunas máquinas no multiplican la fuerza ni la distancia. ¿Cuál podría ser la ventaja de estas máquinas? Bueno, piensa en la práctica de alzar velas, como aparece en la Figura 7. Podrías hacerlo trepando al mástil de la embarcación y tirando de la vela hacia arriba con una cuerda. Pero es mucho más fácil quedarse en cubierta y tirar hacia abajo. Haciendo pasar una cuerda por la parte superior del mástil, como se muestra, puedes levantar la vela al tirar de la cuerda hacia abajo. Este sistema de cuerdas es una máquina que facilita tu trabajo al cambiar la dirección en que ejerces tu fuerza.

☑ *Punto clave* ¿Cuáles son las tres maneras en que una máquina puede facilitar el trabajo?

Figura 7 Uno, dos, tres, ¡tira! Allá va la vela. Este marinero tira de la cuerda hacia abajo para alzar la vela. *Aplicar los conceptos* ¿Por qué el sistema de cuerdas se considera una máquina?

Figura 8 Chop, chop, chop. Un cuchillo es una máquina que te facilita el trabajo cuando preparas una rica comida.

Ventaja mecánica

Si comparas la fuerza inicial con la fuerza final, puedes determinar la ventaja de utilizar una máquina. **La ventaja mecánica de una máquina es el número de veces que una fuerza ejercida sobre dicha máquina es multiplicada por ésta.** Encontrar la relación de fuerza final a fuerza inicial te permite conocer la **ventaja mecánica** de una máquina.

$$\text{Ventaja mecánica} = \frac{\text{Fuerza final}}{\text{Fuerza inicial}}$$

Ventaja mecánica de la multiplicación de fuerzas Para una máquina que multiplica fuerzas, la ventaja mecánica es mayor de 1. Esto ocurre porque la fuerza final es mayor que la fuerza inicial. Por ejemplo, piensa en un abrelatas manual. Si ejerces una fuerza de 20 newtons sobre el abrelatas, y éste ejerce una fuerza de 60 newtons sobre una lata, la ventaja mecánica del abrelatas es de 60 newtons ÷ 20 newtons, es decir, 30. ¡El abrelatas triplicó tu fuerza! O bien, supón que tendrías que ejercer 3,200 newtons para levantar un piano. Si utilizas una rampa, sólo necesitarías aplicar 1,600 newtons. La ventaja mecánica de la rampa es de 3,200 newtons ÷ 1,600 newtons, es decir, 2. Entonces, la rampa duplica la fuerza que ejerces.

Ventaja mecánica de la multiplicación de la distancia Para una máquina que multiplica la distancia, la fuerza final es menor que la fuerza inicial. Por lo tanto, en este caso la ventaja mecánica es menor de 1. Si, por ejemplo, ejerces una fuerza inicial de 20 newtons y la máquina produce un fuerza final de 10 newtons, la ventaja mecánica es de 10 newtons ÷ 20 newtons, o sea, 0.5. Así, la fuerza final de la má–quina es la mitad de tu fuerza final, pero la máquina ejerce esa fuerza a lo largo de una distancia mayor.

Ventaja mecánica del cambio de dirección ¿Qué puedes predecir acerca la ventaja mecánica de una máquina que cambia la dirección de la fuerza? Si sólo la dirección cambia, la fuerza inicial será igual que la fuerza final. La ventaja mecánica será de 1.

Eficiencia de las máquinas

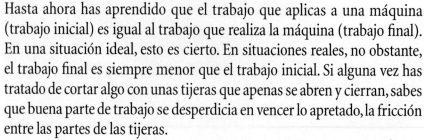

Hasta ahora has aprendido que el trabajo que aplicas a una máquina (trabajo inicial) es igual al trabajo que realiza la máquina (trabajo final). En una situación ideal, esto es cierto. En situaciones reales, no obstante, el trabajo final es siempre menor que el trabajo inicial. Si alguna vez has tratado de cortar algo con unas tijeras que apenas se abren y cierran, sabes que buena parte de trabajo se desperdicia en vencer lo apretado, la fricción entre las partes de las tijeras.

En cualquier máquina, parte del trabajo se pierde al vencer la fricción. Cuanto menos fricción existe, más se aproxima el trabajo final al trabajo inicial. La **eficiencia** de una máquina se obtiene comparando el trabajo final con el trabajo inicial. La eficiencia se expresa como porcentaje. Cuanto más alto es el porcentaje, más eficiente es la máquina.

Si las tijeras apretadas descritas antes tienen una eficiencia de 60%, un poco más de la mitad del trabajo que hace se va en cortar el papel, y el resto se pierde en vencer la fricción. Una máquina que tiene una eficiencia de 95% pierde muy poco trabajo. Una máquina ideal tendría una eficiencia de 100%.

Problema de ejemplo

Podas el césped con una podadora manual. Realizas 250,000 J de trabajo para mover la podadora. Si el trabajo realizado por la podadora es de 200,000 J, ¿cuál es la eficiencia de la máquina?

Analiza. Te proporcionan el trabajo inicial y el trabajo final. Se te pide encontrar la eficiencia.

Escribe la fórmula. $Eficiencia = \dfrac{Trabajo\ final}{Trabajo\ inicial} \times 100\%$

Sustituye y resuelve. $Eficiencia = \dfrac{200,000}{250,000} \times 100\%$

$Eficiencia = 0.8 \times 100\% = 80\%$

Piénsalo. Una eficiencia de 80% significa que 80 de cada 100 joules de trabajo se dedican a podar el césped. Este resultado tiene sentido, pues la mayor parte del trabajo inicial se convierte en trabajo final.

Ejercicios de práctica

1. Haces 1,500 J de trabajo al utilizar un martillo. Éste hace 825 J de trabajo sobre un clavo. ¿Cuál es la eficiencia del martillo?
2. Supón que dejaste tu podadora de césped a la intemperie todo el invierno. Ahora está oxidada. De tus 250,000 joules de trabajo, sólo 100,000 se dedican a podar el césped. ¿Cuál es ahora la eficiencia de la máquina?

Cálculo de la eficiencia Si conoces el trabajo inicial y el trabajo final de una máquina, puedes calcular su eficiencia. **Para calcular la eficiencia de una máquina, divide el trabajo final entre el trabajo inicial y luego multiplica el resultado por 100 por ciento.** Esto se resume mediante la fórmula siguiente.

 INTEGRAR LAS MATEMÁTICAS

$$Eficiencia = \frac{Trabajo\ final}{Trabajo\ inicial} \times 100\%$$

Ventaja mecánica real e ideal La ventaja mecánica que una máquina proporciona en una situación real se llama la ventaja mecánica real. Sólo puedes determinar la ventaja mecánica real midiendo las verdaderas fuerzas de entrada y de salida. No puede establecerse por adelantado porque los valores reales dependen de la eficiencia de la máquina.

No se puede predecir la ventaja mecánica real de un máquina. Pero se puede predecir una cantidad relacionada con la ventaja mecánica real si no tomas en cuenta las pérdidas debidas a la fricción. En otras palabras, puedes considerar a la máquina en condiciones ideales. **La ventaja mecánica de una máquina sin fricción se llama ventaja mecánica ideal de la máquina.** Cuanto más eficiente es una máquina, más cerca se encuentra la ventaja mecánica real de la **ventaja mecánica ideal.** Manteniendo una máquina limpia y bien lubricada, se puede lograr que su funcionamiento se aproxime al ideal. De esta manera se puede aumentar la eficiencia de la máquina y facilitar nuestro propio trabajo.

Herramientas MATEMÁTICAS

Porcentajes

Cuando se compara un número con el 100, se busca un porcentaje. Por ejemplo, 25 de cada 100 puede escribirse como $25 \div 100$ o 25%.

Cualquier relación puede escribirse como un porcentaje multiplicando la fracción por $100 \div 1$ y expresando el resultado con un símbolo de porcentaje. Por ejemplo,

$$\frac{11}{20} \times \frac{100}{1} = 55\%$$

$$\frac{3}{4} \times \frac{100}{1} = 75\%$$

La eficiencia de un máquina se compara con una máquina ideal, que sería 100% eficiente.

Repaso de la sección 2

1. Explica cómo las máquinas facilitan el trabajo si no disminuyen la cantidad de trabajo que necesitas hacer.
2. ¿Por qué es la ventaja mecánica real de una máquina distinta de su ventaja mecánica ideal?
3. ¿Qué se necesita saber para calcular la eficiencia de una máquina?
4. ¿Puede una máquina incrementar tanto la fuerza como la distancia? Explica por qué.
5. **Razonamiento crítico Comparar y contrastar** Haz una tabla para comparar dos máquinas: una que aumenta la fuerza y otra que aumenta la distancia. Compara las fuerzas inicial y final, la distancia inicial y final, y el trabajo inicial y final correspondientes a cada máquina.

Las ciencias en casa

Pide a un miembro de tu familia que examine los aparatos manuales que hay en tu casa. Podrían escoger una pala, un martillo o un destornillador, o utensilios de cocina como un cuchillo o una batidora. Explícale la idea de las fuerzas iniciales y las fuerzas finales. Pídele a tu familiar que identifique las fuerzas iniciales y las finales del aparato que escogieron.

Ciencia del balancín

En este experimento, aplicarás tu destreza para controlar variables mientras investigas las propiedades de los subibajas.

Problema

¿Qué relación hay entre la distancia y el peso en un subibaja equilibrado?

Materiales

metro
cinta adhesiva
28 monedas de un centavo, posteriores a 1982
objeto pequeño de 50 g de masa, aproximadamente
palo u otro objeto cilíndrico que sirva de pivote
de 10 cm de largo y 3 cm de diámetro

Procedimiento

1. Empieza por utilizar el palo y el metro para construir un balancín. Pega firmemente con cinta el palo a la mesa para que no ruede.

2. Escoge las siguientes marcas del metro que se apoyarán en el palo: 55 cm, 60 cm, 65 cm, 70 cm o 75 cm. Anota tu selección. Coloca el metro de modo que quede sobre tu pivote elegido con la marca de 100 cm a tu derecha.

3. Desliza el objeto de 50 gramos por el extremo más corto del metro hasta que éste quede equilibrado, con los dos lados en el aire. (Esto se llama "poner en cero" tu metro.)

4. Copia la tabla de datos en tu cuaderno.

5. Coloca un montón de 8 monedas de un centavo exactamente sobre la marca de 80 cm. Determina la distancia, en centímetros, del pivote a las monedas. Anota esta distancia en la columna "Distancia al pivote" correspondiente al lado izquierdo del balancín.

6. Predice dónde debes colocar un montón de 5 monedas para equilibrar el metro. Prueba tu predicción y anota la posición real en la columna "Posición de las monedas" correspondiente al lado derecho del balancín.

TABLA DE DATOS

Posición del punto de giro de tu grupo: _____ cm

Prueba #	Lado del balancín	# de monedas o peso de monedas (pc)	Posición de las monedas (cm)	Distancia del pivote (cm)	# de monedas × distancia
1	derecho				
	izquierdo				
2	derecho				
	izquierdo				
3	derecho				

7. Determina la distancia, en centímetros, del pivote al montón izquierdo de monedas. Anota esta distancia en la columna "Distancia al pivote" correspondiente al lado derecho del balancín.

8. Si empleas una unidad imaginaria de peso, la pesocentavo (pc), entonces una moneda de un centavo pesa 1 pc. Multiplica el peso de cada montón de monedas por la distancia al pivote. Anota el resultado en la última columna de la tabla de datos.

9. Predice cómo cambiaría la posición de las monedas en el Paso 6 si usaras 7, 12, 16 y 20 monedas en lugar de 5. Prueba tus predicciones.

Analizar y concluir

1. En este experimento, ¿cuál es la variable manipulada? ¿Y la variable de respuesta? ¿Cómo sabes cuál es cuál?

2. A medida que aumentas el número de monedas a la derecha, ¿qué pasa con la distancia a la que debes colocar el montón a fin de equilibrar el metro?

3. ¿Qué conclusión puedes sacar sobre la relación entre distancias y pesos que se necesitan para equilibrar un balancín?

4. ¿Por qué era importante poner en cero el metro con el objeto de 50 g?

5. Compara tus resultados con los de otros grupos. ¿Cómo afectan los resultados las distintas posiciones del pivote?

6. **Piensa en esto** Indica otras dos variables que podrían manipularse en este experimento.

Crear un experimento

Supón que tienes un balancín con un pivote móvil. Deseas utilizarlo con un amigo que pesa la mitad de lo que tú pesas. Tu amigo y tú quieren sentarse en los dos extremos del balancín. Formula una hipótesis sobre dónde deberías colocar el pivote. Explica cómo podrías modificar el experimento de las monedas para ver si tienes razón.

3 Máquinas simples

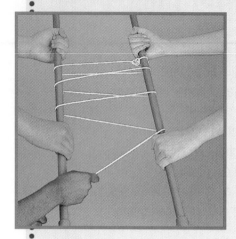

¿Cómo puedes aumentar tu fuerza?

1. Junto con dos compañeros, enrollen una cuerda alrededor de dos palos de escoba, como se muestra.

2. Tus dos compañeros deben tratar de mantener separadas las dos escobas con la misma cantidad de fuerza durante toda la actividad. Para más seguridad, deben hacerlo con firmeza, pero no con todas sus fuerzas.

3. Trata de juntar a los dos estudiantes tirando de los palos de escoba. ¿Puedes hacerlo?

4. ¿Puedes juntarlos tirando de la cuerda?

Reflexiona sobre
Predecir ¿Cuál crees que sea el efecto de enrollar la cuerda alrededor de los palos de escoba varias veces más?

GUÍA DE LECTURA

◆ ¿Cuáles son las seis clases de máquinas simples?

◆ ¿Puedes calcular la ventaja mecánica de las máquinas simples?

Sugerencia de lectura A medida que leas, haz una lista de las seis clases de máquinas simples. Describe cada una con tus propias palabras.

Mira los objetos que se muestran en estas páginas. ¿A cuáles llamarías máquinas? ¿Te sorprendería saber que son ejemplos de una máquina simple? Como aprendiste en la última sección, una máquina te ayuda a realizar trabajo cambiando la cantidad o dirección de la fuerza que necesitas aplicar.

Hay seis clases básicas de máquinas simples: **el plano inclinado, la cuña, el tornillo, la palanca, el eje y rueda, y la polea.** En esta sección aprenderás cómo te ayudan los diferentes tipos de máquinas simples.

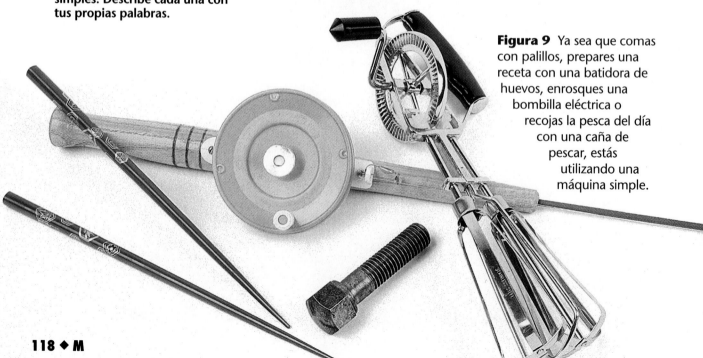

Figura 9 Ya sea que comas con palillos, prepares una receta con una batidora de huevos, enrosques una bombilla eléctrica o recojas la pesca del día con una caña de pescar, estás utilizando una máquina simple.

Plano inclinado

Te has visto en la tarea de llevar algo de un nivel más bajo a uno más alto? Tal vez sepas que el trabajo resulta más fácil si dispones de una rampa. Por ejemplo, con una rampa es más fácil subir un carrito lleno de comestibles a una banqueta o meter una carretilla en un camión. Una rampa es un ejemplo de una máquina simple llamada **plano inclinado.** Un plano inclinado es una superficie plana y empinada.

Un plano inclinado permite ejercer la fuerza inicial a lo largo de una distancia mayor. La fuerza inicial necesaria será entonces menor que la fuerza final. La fuerza inicial que aplicas en un plano inclinado es la fuerza con que empujas un objeto o tiras de él. La fuerza final es la fuerza que necesitarías para levantar el objeto sin el plano inclinado. Esta fuerza es igual al peso del objeto.

Figura 10 Aunque la cantidad de trabajo es la misma ya sea que levantes la carretilla cargada o la empujes por la rampa hacia el camión, necesitas menos fuerza cuando utilizas un plano inclinado. *Relacionar causa y efecto ¿Qué ocurre con la distancia a lo largo de la cual ejerces tu fuerza?*

Ventaja de un plano inclinado Puedes determinar la ventaja mecánica ideal de un plano inclinado dividiendo la longitud de la pendiente entre su altura.

$$\text{Ventaja mecánica ideal} = \frac{\text{Longitud de la pendiente}}{\text{Altura de la pendiente}}$$

Supón que estás cargando un camión que tiene un metro de alto, y pones una rampa de 3.0 metros de largo, como se muestra en la Figura 11. La ventaja mecánica ideal de este plano inclinado es de 3.0 metros ÷ 1 metro, es decir, 3.0. Este plano inclinado multiplica por tres tu fuerza inicial.

¿A qué conclusión puedes llegar acerca de cómo la longitud del plano inclinado afecta la ventaja mecánica ideal? Si la altura de la pendiente no cambia, aumentar la longitud de ésta hace que la ventaja mecánica ideal aumente. Así que cuanto más larga sea la pendiente (menos empinada), menos fuerza inicial necesitas para empujar un objeto o tirar de él.

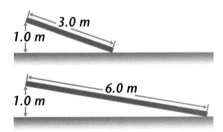

Figura 11 Si duplicas la longitud de una rampa y no modificas su altura, duplicas la ventaja mecánica.

Eficiencia de un plano inclinado Aun cuando un plano inclinado no tiene partes que se muevan, se pierde trabajo debido a la fricción, tal como sucede con cualquier otra máquina. En este caso, la fricción ocurre entre el objeto y el plano inclinado. Por ejemplo, si tiras de un cajón de embalaje por una pendiente, la fricción actúa entre la

Figura 12 Se requiere una gran fuerza para partir un tronco en dos. Pero por medio de una cuña, una fuerza pequeña se multiplica para realizar la tarea.

superficie inferior del cajón y la superficie de la pendiente. Puedes aumentar la eficiencia de un plano inclinado disminuyendo esta fricción. Habría menos fricción, por ejemplo, si pusieras el cajón sobre una plataforma con ruedas y la hicieras rodar por el plano inclinado hacia arriba en lugar de deslizar el cajón.

Cuña

Si has cortado una manzana en rodajas con un cuchillo o visto a alguien cortar madera con un hacha, estás familiarizado con otra máquina simple conocida como cuña. Una **cuña** es una herramienta gruesa en un extremo y que termina en un filo delgado en el otro extremo. Tal vez sería útil imaginarse que una cuña es un plano inclinado (o dos planos inclinados unidos por la parte posterior) que puede moverse. Como en el caso del plano inclinado, cuanto más larga y más delgada es una cuña, menor fuerza inicial se requiere para realizar el mismo trabajo.

Con la cuña, en lugar de que un objeto se desplace por un plano inclinado, el plano inclinado mismo se mueve. Por ejemplo, cuando alguien parte madera con un hacha, aplica una fuerza inicial al mango del hacha. Éste ejerce una fuerza sobre el extremo más grueso de la cuña. Esa fuerza empuja la cuña dentro de la madera. La cuña, a su vez, ejerce una fuerza final que se abre paso en la madera, partiéndola en dos.

Un cierre es otro dispositivo que depende de la cuña. ¿Alguna vez has tratado de engranar los dos lados de un cierre con las manos? Es casi imposible generar con los dedos la fuerza suficiente para unir las dos hileras de dientes. Pero cuando lo cierras, la parte de la que tiras contiene pequeñas cuñas que multiplican tu fuerza inicial. El resultado es una intensa fuerza final que cierra o separa los dos lados del cierre.

Figura 13 Quizás nunca te hayas puesto a pensar en los cierres que tiene tu ropa. Pero en ellos se utilizan cuñas para unir los dos lados del dispositivo.

Figura 14 Estos tornillos multiplican la fuerza al aumentar la distancia a lo largo de la cual ejerces una fuerza. Cuanto más pequeña es la distancia entre los filetes, mayor es la distancia que recorre el tornillo y menor la fuerza que tienes que ejercer. *Relacionar causa y efecto* ¿Qué efecto tiene la distancia entre los filetes sobre la ventaja mecánica?

Tornillos

Igual que la cuña, el tornillo es una máquina simple relacionada con el plano inclinado. Se puede considerar a un **tornillo** como un plano inclinado que envuelve un cilindro. Este plano inclinado en espiral forma la rosca del tornillo.

Cuando utilizas un destornillador para meter un tornillo en una pieza de madera, ejerces una fuerza inicial sobre el tornillo. A medida que la rosca del tornillo gira, ejerce una fuerza final sobre la madera. Si los filetes del tornillo están muy juntos, necesitas hacerlo girar muchas veces para meterlo. En otras palabras, aplicas tu fuerza inicial en una distancia larga. Como ocurre con todas las máquinas, el aumento de distancia da como resultado un aumento de la fuerza inicial. Cuanto más juntos estén los filetes, mayor será la ventaja mecánica.

Existen muchos otros dispositivos, además de los tornillos comunes, que aprovechan este principio. Por ejemplo, los pernos, las llaves y las tapas de los frascos. Piensa un momento en una tapa de frasco. Ejerces una fuerza inicial relativamente pequeña cuando haces girar la tapa, pero dicha fuerza se incrementa en gran medida enormemente gracias a la rosca de la tapa (la cual encaja en la rosca del frasco). El resultado es que se tira de la tapa contra la parte superior del frasco con una fuerza final lo suficientemente potente para que el recipiente quede sellado.

☑ *Punto clave* ¿Qué relación existe entre cuñas y tornillos?

Palancas

¿Te has subido a un balancín o has abierto una lata de pintura con un abridor? Si es así, ya conoces otra máquina simple llamada palanca. Una **palanca** es una barra rígida libre de girar, o rotar, alrededor de un punto fijo. El punto fijo alrededor del cual gira la palanca se llama **fulcro**.

INTÉNTALO

Modela un tornillo

He aquí cómo hacer un modelo de papel de un tornillo.

ACTIVIDAD

1. Recorta un triángulo de un pedazo de papel.
2. Pega con cinta adhesiva el extremo ancho del triángulo a un lápiz. Luego envuelve el lápiz con el papel.

Hacer modelos ¿Representa este modelo a un verdadero tornillo? ¿Se te ocurre cómo calcular la ventaja mecánica ideal de tu tornillo modelo?

Figura 15 Este móvil de Calder titulado "Trampa para langostas y cola de pez", se exhibe en el Museo de Arte Moderno de Nueva York.

Para entender cómo funcionan las palancas, piensa cómo se utiliza un abridor de latas de pintura. El abridor actúa como una palanca. Se apoya en el borde de la lata, que actúa como el fulcro. La punta del abridor queda debajo de la tapa de la lata. Cuando empujas hacia abajo, ejerces una fuerza inicial sobre el mango, de modo que el abridor gira alrededor del fulcro. Como resultado, la punta del abridor empuja hacia arriba, ejerciendo una fuerza final sobre la tapa.

La palanca te ayuda de dos maneras. Primero, aumenta el efecto de tu fuerza inicial. Segundo, la palanca cambia la dirección de tu fuerza inicial. Empujas hacia abajo y la tapa se levanta.

Diferentes clases de palancas

Cuando se utiliza un abridor de latas de pintura como palanca, el fulcro se localiza entre las fuerzas de entrada y de salida. Pero no siempre es así. Hay tres clases distintas de palancas, que se clasifican de acuerdo con la ubicación del fulcro en relación con las fuerzas de entrada y de salida. En *Explorar las tres clases de palancas* se describen algunos ejemplos.

Ventaja de una palanca

Cuando utilizaste el abridor de latas de pintura, tuviste que empujar el mango una distancia larga a fin de mover la tapa una distancia corta. Sin embargo, pudiste aplicar una fuerza más pequeña que la que habrías ejercido sin el abridor.

Puedes calcular la ventaja mecánica ideal de una palanca utilizando las distancias entre las fuerzas y el fulcro.

$$\text{Ventaja mecánica ideal} = \frac{\text{Distancia del fulcro a la fuerza inicial}}{\text{Distancia del fulcro a la fuerza final}}$$

Recuerda el caso del abridor de la lata de pintura. La distancia del fulcro a la fuerza inicial fue mayor que la distancia del fulcro a la fuerza final. Esto significa que la ventaja mecánica ideal fue mayor que 1. Una típica ventaja mecánica ideal para un abridor de latas de pintura es de 16 centímetros ÷ 0.8 centímetros = 20. ¡Una gran ventaja!

☑ *Punto clave* ¿Qué punto de una palanca no se mueve?

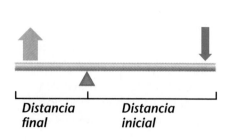

Figura 16 La ventaja mecánica de esta palanca es mayor que 1.

EXPLORAR *las tres clases de palancas*

Las tres clases de palancas se diferencian en cuanto a la posición del fulcro, la fuerza inicial y la fuerza final. Fíjate en la ubicación de los letreros en cada ejemplo.

PALANCAS DE PRIMER GRADO

Si la distancia del fulcro a la fuerza inicial es mayor que la distancia del fulcro a la fuerza final, estas palancas multiplican la fuerza. De lo contrario, multiplican la distancia. Observa que este tipo de palanca también cambia la dirección de la fuerza inicial. Entre otros ejemplos, tenemos las tijeras, las pinzas y los balancines.

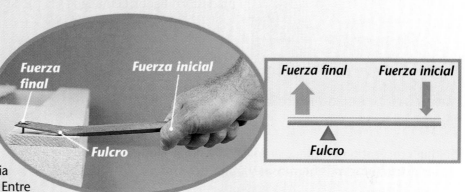

PALANCAS DE SEGUNDO GRADO

Estas palancas siempre multiplican la fuerza. Sin embargo, no cambian la dirección de la fuerza inicial. Como ejemplos, tenemos las puertas, los cascanueces y los destapadores de botellas.

PALANCAS DE TERCER GRADO

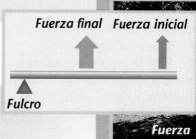

Estas palancas multiplican la distancia, pero no cambian la dirección de la fuerza inicial. Ejemplos: cañas de pescar, palas y bates de béisbol.

Eje y rueda

¿Podrías meter un tornillo en un pedazo de madera utilizando sólo tus dedos? Te resultaría casi imposible. Pero con un destornillador, puedes hacer girar el tornillo con facilidad.

Un destornillador utiliza una máquina simple conocida como eje y rueda. Un **eje y rueda** es una máquina simple que consta de dos objetos circulares o cilíndricos fijos uno al otro y que giran alrededor de un eje común. El objeto más grande se llama rueda, y el más pequeño, eje. En un destornillador, el mango es la rueda y el vástago, el eje.

Maravillas de la ingeniería

Se han empleado máquinas simples para crear algunas de las estructuras más hermosas y útiles del mundo.

2550 A.C. Gran Pirámide, Gizeh, Egipto

Los trabajadores utilizaron cuñas de madera para cortar 2.3 millones de piedra y construir la pirámide. En la cantera, las cuñas se clavaban en las grietas de la roca. Ésta se partía en pedazos. Los trabajadores arrastraban las enormes rocas por planos inclinados hasta la parte superior de las paredes de la pirámide.

2000 A.C.	1000 A.C.	1 D.C.

500 A.C.
Teatro de Epidauro, Grecia

En lugar de rampas, los griegos dependieron de una grúa impulsada por poleas para levantar los bloques de piedra y construir este teatro. La grúa también se empleó para bajar actores al escenario durante las representaciones.

Cada vez que haces girar la perilla de la puerta, estás utilizando un eje y rueda. La rueda hidráulica de un molino, el volante de un automóvil y el mango de un batidor de huevos son ejemplos de eje y rueda.

Ventaja del eje y rueda ¿Cómo facilita el trabajo un eje y rueda? Aplicas una fuerza inicial para hacer girar la rueda, la cual es más grande que el eje. Como resultado, el eje rota y ejerce una fuerza final para hacer girar algo, como un tornillo. El eje y rueda multiplica tu fuerza, pero debes ejercerla a lo largo de una distancia mayor, en este caso, una distancia circular.

En tu diario

Imagina que tú eres la persona a quien se le ocurrió primero utilizar una máquina simple en una de las obras en la línea cronológica. Formula por escrito tu propuesta. Necesitarás investigar el tiempo y el lugar. Explica a la gente encargada por qué la máquina simple que propones dará a los trabajadores una ventaja mecánica.

1056 D.C.

Pagoda de Yingxian, China

Vigas de madera inclinadas llamadas *ang* sirven como palancas de primer grado para sostener el techo de esta pagoda. El peso del centro del techo presiona en un extremo de la viga. El otro extremo de ésta cuelga hacia arriba para apoyar el borde exterior del techo.

1000 D.C.   **2000 D.C.**

1000 D.C.

Templo de Brihadeshrava, India

La torre del templo, en Thanjavur, se eleva a más de 60 m. Los trabajadores arrastraron la albardilla, en forma de cúpula, una mole de 70,000 kg, hasta la parte superior de la estructura y por un plano inclinado de varios kilómetros.

1994 D.C.

El Eurotúnel, del Reino Unido a Francia

Se fabricó un equipo especial de perforación para construir un túnel debajo del Canal de la Mancha. Inaugurado en mayo de 1994, el túnel tiene 50 km de largo. Es de tráfico ligero.

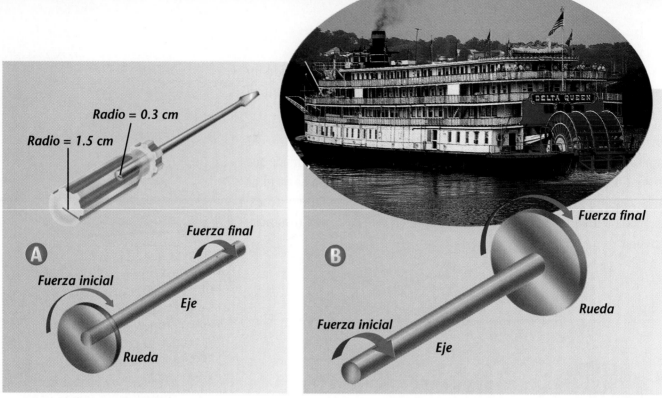

Figura 17 **A.** En algunos dispositivos, por ejemplo un destornillador, la rueda hace girar un eje. **B.** En el caso de la rueda de paletas del transbordador, el eje hace girar a la rueda.
Interpretar fotografías ¿Cómo facilita el trabajo el eje y rueda del transbordador?

Puedes calcular la ventaja mecánica ideal de un eje y rueda por medio del radio de la rueda y el radio del eje. (Cada radio es la distancia del exterior al centro común de la rueda y el eje.)

$$\text{Ventaja mecánica ideal} = \frac{\text{Radio de la rueda}}{\text{Radio del eje}}$$

En el caso de un destornillador, una ventaja mecánica ideal típica sería de 1.5 centímetros ÷ 0.3 centímetros, es decir, 5.

Una variación del eje y rueda ¿Qué pasaría si la fuerza inicial se aplicara al eje y no a la rueda? En cuanto al transbordador de la Figura 17, la fuerza del motor se aplica al eje de la rueda de paletas grande. Ésta, a su vez, ejerce presión contra el agua. En este caso, la fuerza inicial se ejerce a lo largo de una distancia corta, mientras que la fuerza final se ejerce a lo largo de una distancia mayor. Así, cuando la fuerza inicial se aplica al eje, el eje y rueda multiplica la distancia. Esto significa que la ventaja mecánica ideal de la rueda de paletas es menor que 1.

☑ *Punto clave ¿Cómo funciona la perilla de una puerta?*

Polea

Cuando se iza o se arría una bandera en su asta, o se abren y se cierran persianas, se utiliza una máquina simple conocida como polea. Una **polea** es una rueda acanalada con una cuerda (o una cadena, o incluso un cable de acero) que la envuelve. Como resultado, puedes cambiar la cantidad y la dirección de la fuerza inicial.

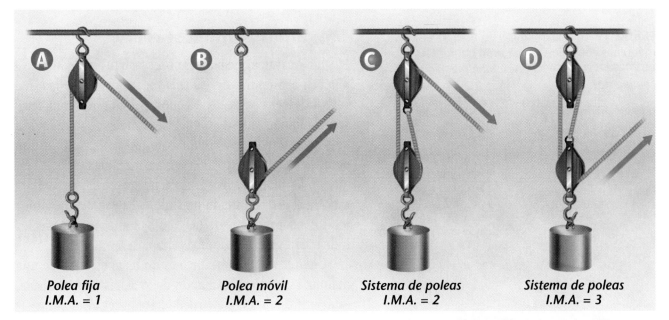

A Polea fija
I.M.A. = 1

B Polea móvil
I.M.A. = 2

C Sistema de poleas
I.M.A. = 2

D Sistema de poleas
I.M.A. = 3

Poleas fijas Una polea que se sujeta a una estructura se llama polea fija. Una polea fija única, como se muestra en la Figura 18A, no cambia la cantidad de fuerza que aplicas. En lugar de ello, cambia la dirección de la fuerza inicial. La ventaja mecánica ideal de una polea fija única es 1. Una polea fija única se puede utilizar para izar una vela, como leíste en la sección anterior.

Poleas móviles Si sujetas una polea al objeto que deseas mover, entonces estás utilizando una polea móvil. Como se ve en la Figura 18B, el objeto es apoyado de cada lado de la cuerda que se enrolla alrededor de la polea. Como resultado, la ventaja mecánica ideal de una polea móvil es 2. La fuerza final sobre el objeto es el doble de la fuerza inicial que ejerces sobre la cuerda. También puedes ver que tienes que ejercer tu fuerza a lo largo de una distancia más grande. Por cada metro que levantas el objeto con una polea móvil, necesitas tirar de la cuerda dos metros.

Observa que con la polea móvil, la fuerza inicial va en la misma dirección que la fuerza final. Una polea móvil resulta especialmente útil cuando se levanta un objeto desde arriba. En las obras en construcción, por ejemplo, a menudo las grandes grúas funcionan con una polea móvil. Un gancho sujeto a la polea transporta los materiales de construcción.

Sistemas de poleas Si se combinan poleas fijas y móviles, puede hacerse un sistema de poleas. Dicho sistema de poleas también se llama "aparejo de poleas". El sistema de poleas que aparece en la Figura 18C tiene una ventaja mecánica ideal de 2. El sistema de poleas de la Figura 18D posee una ventaja mecánica de 3. **La ventaja mecánica ideal de un sistema de poleas es igual al número de secciones de la cuerda que soportan al objeto.** (No incluyas la cuerda de la cual tiras hacia abajo, pues no soporta al objeto.)

Figura 18 **A.** Las poleas fijas cambian la dirección de la fuerza. **B.** Las poleas móviles multiplican la fuerza. **C, D.** Puedes combinar poleas fijas y móviles para aumentar la ventaja mecánica.

Clasificar **ACTIVIDAD**

Aun cuando las palancas y las poleas puedan parecer muy distintas, las poleas pueden clasificarse como palancas.

Cuando jalas hacia abajo de una polea fija, el objeto se eleva. En otras palabras, la polea cambia la dirección de la fuerza inicial. Esto ocurre con una palanca de primer grado. En lugar de una barra, aplicas tu fuerza a una cuerda. El centro de la polea actúa como el fulcro de la palanca.

Haz un diagrama donde muestres cómo una polea fija se parece a una palanca de primer grado. ¿Por qué la ventaja mecánica es 1?

Figura 19 Un sacapuntas y un reloj son máquinas compuestas que usan engranajes. *Aplicar los conceptos* ¿Qué es una máquina compuesta?

Máquinas compuestas

Muchos aparatos que puedes observar a tu alrededor no se parecen a ninguna de las seis máquinas sobre las que acabas de leer. Esto se debe a que máquinas más complejas son combinaciones de máquinas simples. Una máquina que utiliza dos o más máquinas simples se llama **máquina compuesta**. Para calcular la ventaja mecánica ideal de una máquina compuesta se necesita conocer la ventaja mecánica de cada máquina simple. La ventaja mecánica total es el producto de las ventajas mecánicas ideales individuales de las máquinas simples.

Un sacapuntas mecánico es un buen ejemplo de una máquina compuesta. Cuando das vueltas a la manivela, estás utilizando un eje y rueda para hacer girar el mecanismo dentro del sacapuntas. Las dos moletas cortantes del interior son tornillos que cercenan poco a poco el extremo del lápiz hasta que le sacan punta.

Dentro del sacapuntas de la Figura 19 hay un eje que hacer girar **engranajes.** Luego los engranajes hacen girar las moletas cortantes. Un sistema de engranajes es un dispositivo con ruedas dentadas que encajan entre sí. Al hacer girar una rueda, logramos que otra gire. Los engranajes forman una máquina compuesta con un eje y rueda unido a otro eje y rueda. A veces esta unión es directa, como en los engranajes que se muestran en la Figura 19. En otros dispositivos, como una bicicleta, esta unión se da a través de una cadena.

Repaso de la sección 3

1. Enumera y da un ejemplo de cada una de las seis clases de máquinas simples.
2. Explica cómo encontrar la ventaja mecánica ideal de cuatro tipos de máquinas simples.
3. ¿Qué clase de palanca es el abridor abatible de una lata de refresco? Explica tu respuesta con la ayuda de un diagrama.
4. **Razonamiento crítico Hacer generalizaciones** Algunas máquinas dan una ventaja mecánica menor que 1. Explica por qué podrías utilizar una máquina así.

Comprueba tu aprendizaje

PROYECTO DEL CAPÍTULO 4

Piensa si cada máquina de tu diseño multiplica la fuerza o la distancia. Considera cómo afectará la ventaja mecánica alargar las palancas, añadir poleas o cambiar el ángulo de tus planos inclinados. ¿Qué mediciones necesitarás conocer para calcular la ventaja mecánica ideal de tu máquina elevadora? Finaliza tu diseño y construye tu máquina. Mientras lo haces, considera cómo puedes utilizar la lubricación o el pulimento para mejorar su eficiencia.

CIENCIAS Y SOCIEDAD

Automatización del trabajo: ¿Puestos perdidos o nuevos?

Hace 150 años, los trabajadores pasaban largos días cosiendo ropa a mano. En una moderna fábrica estadounidense, el trabajador confecciona una camisa en una máquina de coser con mucho menos esfuerzo. Desde la antigüedad, se han inventado máquinas para que ayuden con el trabajo. Hoy día, las fábricas pueden utilizar máquinas automatizadas para realizar trabajos que son difíciles, peligrosos o incluso aburridos.

Pero si una máquina trabaja en lugar de una persona, alguien pierde el puesto. ¿Cómo puede la sociedad emplear máquinas para facilitar el trabajo y hacerlo más productivo sin que se pierda la oportunidad de laborar?

Temas de debate

¿Cuáles son los efectos de la automatización?
Las nuevas máquinas reemplazan algunos puestos, pero también pueden crearlos. Supón que una fábrica de automóviles empieza a utilizar máquinas en lugar de personas para pintar los vehículos. Al principio, algunos trabajadores quizás pierdan el empleo. Pero tal vez la fábrica pueda producir más autos. Entonces necesitaría contratar más trabajadores para realizar las antiguas y las nuevas tareas, creando nuevos puestos.

Sin embargo, algunos trabajadores cuya destreza ya no es necesaria, pierden el empleo o trabajan en algo distinto por menos dinero. El desafío es proporcionar a los desempleados oportunidades para obtener buenos puestos nuevos.

¿Qué se puede hacer?
Mediante programas educativos se puede capacitar a jóvenes para que realicen nuevos trabajos y enseñar a los mayores nuevas destrezas. Quienes aprenden a utilizar las computadoras y otras máquinas nuevas pueden ocupar nuevos puestos. Aprender a vender o diseñar un producto también puede preparar a los trabajadores para otras tareas. Quienes han perdido el empleo pueden capacitarse para realizar tipos muy distintos de trabajo, aquél que no pueden llevar a cabo las máquinas. Una máquina, por ejemplo, no puede sustituir la habilidad humana en el cuidado de los niños pequeños o la atención médica.

¿Quién debe pagar?
Enseñar a los jóvenes a trabajar en nuevos tipos de empleos cuesta dinero. Así ocurre con los programas de capacitación para trabajadores mayores de edad que han perdido el empleo. ¿Cuál es la manera más justa de pagar esos costos? Las empresas podrían compartir algunos de ellos. Algunas compañías pagan a los trabajadores hasta que se les vuelve a capacitar o encuentran un empleo nuevo. El gobierno podría ofrecer una paga por desempleo o capacitación para los desempleados. Así todos los contribuyentes compartirían los costos.

Tú decide

1. Identifica el problema
Describe con tus propias palabras los beneficios y desventajas de la automatización del lugar de trabajo.

2. Analiza las opciones
Enumera las maneras en que la sociedad podría lidiar con los efectos de la automatización. Señala los beneficios e inconvenientes de cada plan y di cómo se pagaría.

3. Encuentra una solución
El dueño de la pizzería de tu barrio ha comprado un sistema automatizado para la elaboración de pizzas. Prepara un plan para que ese negocio utilice el sistema sin tener que despedir a los trabajadores.

INVITACIÓN A ENTRAR

Tus amigos y tú se han ofrecido a ayudar a construir una rampa para que tengan acceso a la biblioteca pública local las personas que utilizan silla de ruedas. Todavía no se ha decidido el diseño de la rampa, así que necesitas construir un plano inclinado modelo. El modelo te ayudará a determinar qué tan empinada debe ser la rampa.

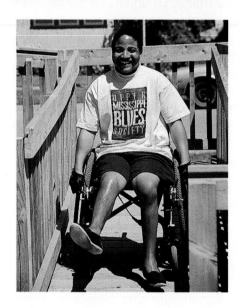

Problema

¿Cómo afecta lo empinado de la rampa su utilidad para el acceso de las sillas de ruedas?

Enfoque en las destrezas

construir modelos, medir, calcular

Materiales

tabla, de menos de 10 cm de ancho por 50 cm de largo
bloque de madera con gancho cerrado
báscula de resorte, de 0.5 N   regla métrica
4 libros, de 2 cm de grueso   marcador

Procedimiento

1. Revisa los siguientes pasos que describen cómo puedes construir y utilizar una rampa, luego copia la tabla de datos en tu cuaderno.

2. La fuerza final con un plano inclinado es igual al peso del objeto. Levanta el bloque con la báscula de resorte para medir su peso. Anota este valor en la tabla de datos.

3. Haz una marca en el borde de la tabla, a unos 3 cm de un extremo. Mide la longitud del otro extremo de la tabla a la marca y anótalo en la tabla de datos.

4. Coloca un extremo de la tabla encima de un libro. La marca que hiciste en la tabla debe quedar al nivel del borde del libro.

TABLA DE DATOS

Número de libros	Fuerza final (N)	Longitud de la pendiente (cm)	Altura de la pendiente (cm)	Fuerza inicial (N)	Ventaja mecánica ideal	Ventaja mecánica real
1						
2						
3						
4						

5. Mide la distancia vertical en centímetros de la parte superior de la tabla al sitio donde el lado de abajo de la pendiente toca el libro. Anota este valor en la tabla de datos como "Altura de la pendiente".
6. Coloca el bloque sobre su lado más grande y utiliza la báscula de resorte para tirar del bloque directamente hacia arriba de la pendiente, despacio, con velocidad constante. Asegúrate de sostener la báscula de resorte paralelamente a la pendiente, como se muestra en la fotografía. Mide la fuerza necesaria y anótala en la tabla de datos.
7. Predice cómo cambiarán tus resultados si repites la investigación usando dos, tres y cuatro libros. Prueba tus predicciones.
8. Calcula la ventaja mecánica ideal y la ventaja mecánica real correspondientes a cada prueba. Anota los cálculos en tu tabla de datos.

Analizar y concluir

1. ¿Qué diferencia hubo entre la ventaja mecánica ideal y la ventaja mecánica real cada vez que repetiste el experimento? Explica tu respuesta.
2. ¿Por qué no expresas las ventajas mecánicas ideal y real en unidades?

3. ¿Qué pasa con la ventaja mecánica cuando el plano inclinado se empina más? Sólo con base en este hecho, ¿cuál de los cuatro planos inclinados representa el mejor declive de una rampa para el acceso de sillas de ruedas?
4. ¿Qué otros factores, además de la ventaja mecánica, debes considerar al decidir sobre lo empinado de la rampa?
5. **Aplicar** Supón que la puerta de la biblioteca pública local está 2 m por encima del suelo y la distancia entre la puerta y el estacionamiento es de 15 m. ¿Cómo esas condiciones afectarían tu decisión con respecto a qué tan empinada hacer la rampa?

Participa

Localiza las rampas reales que den acceso a las personas minusválidas. Mide la altura y longitud de esas rampas y calcula su ventaja mecánica ideal. Investiga cuáles son los requisitos para construir rampas de acceso en tu zona. ¿Debe hacerse la rampa de un material en particular? ¿Debe nivelarse antes de llegar a la puerta? ¿Qué tan ancha debe ser? ¿Cómo resulta un sistema de drenaje?

SECCIÓN 4 Máquinas en el cuerpo humano

DESCUBRE

ACTIVIDAD

¿Eres una máquina devoradora?

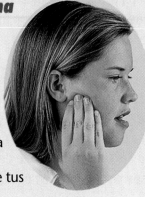

1. Con tus dientes delanteros, arranca un pedazo de galleta. Mientras lo haces, observa cómo tus dientes rompen la galleta. También piensa en la forma de tus dientes delanteros.

2. Ahora mastica la galleta. Presta atención a la manera en que se mueve tu mandíbula inferior. Toca tu mandíbula, como se muestra en la foto. Mientras masticas, presiona ligeramente en ese punto y siente cómo se mueve tu mandíbula. Si no percibes con claridad la estructura, abre mucho la boca mientras sientes la parte posterior de la mandíbula.

Reflexiona sobre

Observar Cuando muerdes y masticas, tus dientes y mandíbulas actúan como dos clases de máquinas. ¿Cuáles son?

GUÍA DE LECTURA

◆ ¿Cómo utiliza el cuerpo palancas y cuñas?

Sugerencia de lectura **Antes de leer, mira las ilustraciones y predice cómo se relacionan las máquinas simples con el cuerpo humano.**

Es sábado por la noche, y tus amigos y tú están tomando un bien merecido descanso después del trabajo escolar. Están viendo una excelente película, comiendo alegremente palomitas que toman de un gran tazón. ¿Están realizando algún trabajo? ¡Aunque parezca sorprendente, así es!

Cada vez que alargas la mano para tomar palomitas, tus músculos ejercen una fuerza que hace que tu brazo se mueva. Y cuando masticas los granos de maíz, rompiéndolos en pedacitos que puedes tragar fácilmente, de nuevo estás realizando trabajo.

¿Cómo puedes hacer todo este trabajo sin siquiera darte cuenta? ¡Las máquinas tienen la respuesta! Tal vez no te imagines al cuerpo humano compuesto de máquinas. Pero aunque no lo creas, las máquinas participan en buena parte del trabajo que lleva a cabo tu cuerpo.

Palancas vivas

La mayor parte de las máquinas de tu cuerpo son palancas que se componen de huesos y músculos. Cada vez que te mueves, empleas un músculo. Tus músculos están unidos a tus huesos mediante un tejido conectivo fuerte: los **tendones.** Los tendones y los músculos tiran de los huesos, haciéndolos trabajar como palancas. Cada articulación, cerca de donde el tendón se une al hueso, actúa como el fulcro de la palanca. Los músculos producen la fuerza inicial. La fuerza final se emplea para todo, desde levantar la mano hasta para empuñar un martillo.

Por sí solo, un músculo no puede empujar; sólo puede tirar de algo. Cuando un músculo se contrae, o se acorta, tira del hueso al cual está unido. Entonces, ¿cómo puedes doblar el brazo como se muestra en *Explorar las palancas en el cuerpo?* La respuesta es que la mayoría de los músculos trabajan en parejas. Por ejemplo, cuando tus bíceps (que se encuentran en la parte anterior del brazo) se contraen, ejercen una fuerza sobre el hueso de tu antebrazo. El resultado es que tu brazo se dobla a la altura de la articulación del codo, que en este caso es el fulcro de la palanca. Cuando el tríceps (en la parte posterior del brazo) se contrae, abre la articulación del codo.

EXPLORAR las palancas en el cuerpo

No necesitas mirar nada además de tu propio cuerpo para encontrar máquinas simples. Tres distintos tipos de palancas son responsables de muchos de tus movimientos.

Fuerza FInal

Fulcro

Fuerza inicial

La articulación en la parte superior del cuello es el fulcro de una palanca de primer grado. Los músculos que están atrás del cuello proporcionan la fuerza inicial. La fuerza final sirve para sostener la parte posterior de la cabeza.

Fuerza final

Fuerza inicial

Fulcro

Tu brazo funciona como una palanca de tercer grado. Los músculos de tus bíceps proporcionan la fuerza inicial. La fuerza final eleva el brazo.

Fuerza inicial

Fuerza final

Fulcro

El talón de tu pie es el fulcro de una palanca de segundo grado. La fuerza inicial es suministrada por el músculo grande de tu pierna. La fuerza final se usa para alzar tu cuerpo.

Figura 20 Tus incisivos tienen forma de cuña. Estas cuñas te permiten cortar la comida, por ejemplo, una manzana.

Mira de nuevo las distintas palancas que aparecen en *Explorar las palancas en el cuerpo.* Sabrás que puedes encontrar una palanca en tu cuello y otra más en tu pierna y en tu pie. Como sucede con las palas, las carretillas y las cañas de pescar, el tipo de palanca que encuentres en el cuerpo humano depende de la ubicación del fulcro, la fuerza inicial y la fuerza final.

Cuñas en acción

¿Has prestado atención a la forma de tus dientes? Algunos tienen forma de cuña, otros son puntiagudos y otros más son relativamente planos. Esto se debe a que tienen distintos usos.

Cuando muerdes una manzana, utilizas tus afilados dientes delanteros, llamados incisivos. Estos dientes tienen una forma que te permite arrancar pedazos de alimento. ¿A qué máquina simple se parecen esos dientes? **Tus incisivos tienen forma de cuña.** Cuando muerdes algo, la forma de cuña de tus incisivos produce suficiente fuerza para partirlo por la mitad, tal como se emplea un hacha para partir un tronco. Tus dientes posteriores, o molares, son más planos. Esos dientes se emplean para moler tu alimento en pedazos que sean lo suficientemente pequeños para ser tragados y digeridos.

Mascar es mucho más de lo que quizás sepas. La próxima vez que des una mordida a una crujiente manzana, ¡piensa en las máquinas que tienes en la boca!

Repaso de la sección 4

1. ¿De qué manera tus huesos y músculos funcionan como palancas?
2. ¿En qué parte de tu cuerpo puedes identificar cuñas? ¿Qué papel desempeñan en tu vida diaria?
3. Levanta tu índice (el dedo con el que apuntas) izquierdo delante de ti. Luego muévelo hacia la derecha. ¿Dónde está el fulcro? ¿Dónde está la fuerza inicial? ¿Qué clase de palanca es tu dedo?
4. **Razonamiento gráfico** **Inferir** Haz un movimiento como si fueras a lanzar una pelota. ¿Qué músculo crees que empleas para estirar el brazo cuando arrojas algo? ¿Qué clase de palanca estás utilizando?

Las ciencias en casa

Pide a un miembro de tu familia que se coloque un palillo de madera entre las puntas de los dedos, como se muestra en la fotografía de arriba. Dile que trate de romper el palillo presionando con los dedos índice y anular. Ahora repite el procedimiento, pero esta vez pídele a tu familiar que sostenga el palillo como muestra en la fotografía de abajo. Explícale a tu familia porque fue más fácil romper el palillo en el segundo intento. ¿Qué diferencia hubo entre las posiciones de las fuerzas y el fulcro en cada caso?

SECCIÓN 1 ¿Qué es el trabajo?

Ideas clave

◆ Se realiza trabajo sobre un objeto cuando una fuerza hace que el objeto se mueva cierta distancia.

◆ La cantidad de trabajo sobre un objeto es igual a la fuerza sobre dicho objeto en la dirección de su movimiento multiplicado por la distancia que el objeto recorra.

$$Trabajo = Fuerza \times Distancia$$

Términos clave

trabajo   joule

SECCIÓN 2 Ventaja mecánica y eficiencia

Ideas clave

◆ Las máquinas facilitan el trabajo al cambiar la dirección o cantidad de fuerza necesaria para realizar una tarea.

◆ La eficiencia de una máquina es el porcentaje del trabajo inicial que se transforma en trabajo final.

$$Eficiencia = \frac{Trabajo\ final}{Trabajo\ inicial} \times 100\%$$

◆ La ventaja mecánica de una máquina se obtiene dividiendo la fuerza final entre la fuerza inicial.

$$Ventaja\ mecánica = \frac{Fuerza\ final}{Fuerza\ inicial}$$

◆ La ventaja mecánica ideal de una máquina es la ventaja mecánica que tendría si no existiera fricción.

Términos clave

máquina
fuerza inicial
fuerza final
ventaja mecánica
eficiencia
ventaja mecánica real
ventaja mecánica ideal

SECCIÓN 3 Máquinas simples

Ideas clave

◆ Existen seis clases básicas de máquinas simples: el plano inclinado, la cuña, el tornillo, la palanca, el eje y rueda, y la polea.

◆ Una máquina compuesta es una máquina que consta de dos o más máquinas simples.

Términos clave

plano inclinado	eje y rueda
cuña	polea
tornillo	máquina compuesta
palanca	engranaje
fulcro	

SECCIÓN 4 Máquinas en el cuerpo humano

INTEGRAR LAS CIENCIAS DE LA VIDA

Ideas clave

◆ La mayoría de las máquinas de tu cuerpo son palancas que se componen de huesos con músculos unidos a ellos.

◆ Cuando muerdes algo, tus incisivos se basan en el principio de la cuña.

Término clave

tendón

USAR LA INTERNET

ACTIVIDAD

www.science-explorer.phschool.com

Repaso del contenido

 Para repasar los conceptos clave, consulta el Interactive Student Tutorial CD-ROM.

Opción múltiple
Elige la letra que complete mejor cada enunciado.

1. La cantidad de trabajo realizado sobre un objeto se obtiene multiplicando
   a. fuerza inicial por fuerza final.
   b. fuerza por distancia.
   c. tiempo por fuerza.
   d. eficiencia por trabajo.

2. Una manera en que una máquina puede facilitarte el trabajo consiste en
   a. disminuir la cantidad de trabajo que realizas.
   b. cambiar la dirección de tu fuerza.
   c. aumentar la cantidad de trabajo que requiere una tarea.
   d. disminuir la fricción que encuentras.

3. La fuerza final es mayor que la fuerza inicial para un/una
   a. cascanueces.
   b. caña de pescar.
   c. polea fija única.
   d. rastrillo.

4. Un ejemplo de una palanca de segundo grado es un/una
   a. balancín.   b. pala.
   c. remo.   d. carretilla.

5. Un ejemplo de máquina compuesta es un/una
   a. destornillador.   b. palanca.
   c. bicicleta.   d. rampa.

Falso o verdadero
Si el enunciado es verdadero, escribe verdadero. Si es falso, cambia la palabra o palabras subrayadas para hacer verdadero el enunciado.

6. Si ninguna fuerza sobre un objeto se aplica en la dirección del <u>movimiento</u> del objeto, no se realiza ningún trabajo.

7. La <u>fricción</u> reduce la eficiencia de una máquina.

8. El resultado de comparar trabajo final y trabajo inicial es <u>ventaja mecánica ideal</u>.

9. Podemos imaginar que una <u>polea</u> es un plano inclinado que envuelve un cilindro.

10. Tus incisivos actúan como <u>fulcro</u> cuando muerdes algo.

Revisar los conceptos

11. Se suponía que el mítico dios Atlas sostenía a la Tierra inmóvil sobre sus hombros. ¿Realizaba Atlas algún trabajo?

12. ¿Qué posee una ventaja mecánica ideal mayor: una rampa que tiene 12 m de largo y 2 m de alto, o una rampa que tiene 6 m de largo y 2 m de alto? Explica tu respuesta.

13. Cuando dejas que el agua entre en una bañera, ¿qué clase de máquina te ayuda a abrir la llave?

14. La ventaja mecánica real de una máquina es 3. Si ejerces una fuerza inicial de 5 N, ¿qué fuerza final ejerce la máquina?

15. Supón que haces 1,000 joules de trabajo cuando manejas un viejo abrelatas. Sin embargo, el abrelatas realiza sólo 500 joules de trabajo al abrir la lata. ¿Cuál es la eficiencia del abrelatas?

16. Describe una palanca de tu cuerpo. Encuentra la fuerza inicial, la fuerza final y el fulcro.

17. **Escribir para aprender** Eres un brillante inventor. Hace poco terminaste tu proyecto más destacado: una máquina de aspecto extraño pero muy importante. Escribe una explicación mediante la cual describas tu máquina, cómo la construiste, de qué está hecha y qué hace. Tal vez desees ilustrar tu explicación.

Razonamiento gráfico

18. **Tabla para comparar y contrastar** Elabora una tabla para comparar y contrastar parecida a la que se muestra abajo. Debes mostrar cómo calcular la ventaja mecánica ideal y dar un ejemplo de cada uno de otros tres tipos básicos de máquinas simples. (Para más información acerca de las tablas para comparar y contrastar, consulta el Manual de destrezas.)

Máquina simple	Ventaja mecánica	Ejemplo
Plano inclinado	Largo de pendiente ÷ Altura de pendiente	Rampa

Aplicar las destrezas

Usa la ilustración para responder las Preguntas 19–22.

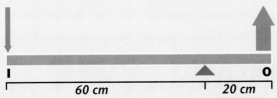

I   60 cm   20 cm   O

19. **Calcular** La figura muestra la distancia del fulcro a la fuerza inicial (punto I) y del fulcro a la fuerza final (punto O). Utiliza la distancia para calcular la ventaja mecánica ideal de la palanca.

20. **Predecir** ¿Cuál sería la ventaja mecánica ideal si la distancia del fulcro a la fuerza inicial fuera de 20 cm, 40 cm o 80 cm?

21. **Graficar** Emplea tus respuestas a las preguntas 19 y 20 para representar gráficamente la distancia del fulcro a la fuerza inicial sobre el eje x y la ventaja mecánica ideal de la palanca sobre el eje y.

22. **Interpretar datos** ¿Qué indica tu gráfica sobre la relación que existe entre la ventaja mecánica ideal de una palanca de primer grado y la distancia entre el fulcro y la fuerza inicial?

Razonamiento crítico

23. **Aplicar los conceptos** Para abrir una puerta, empujas la parte más alejada de las bisagras. ¿Por qué sería más difícil abrir la puerta si empujaras en el centro?

24. **Clasificar** ¿Qué tipo de máquina simple se utilizaría para meter una cubeta vacía en un pozo y luego sacarla llena de agua?

25. **Relacionar causa y efecto** Describe la relación que existe entre la fricción y la eficiencia de una máquina.

26. **Inferir** ¿Por qué afilar un cuchillo o la hoja de un hacha mejoraría su ventaja mecánica?

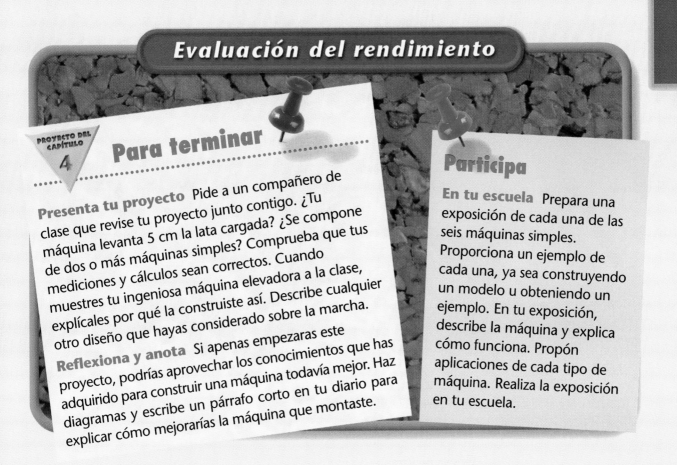

Evaluación del rendimiento

PROYECTO DEL CAPÍTULO 4

Para terminar

Presenta tu proyecto Pide a un compañero de clase que revise tu proyecto junto contigo. ¿Tu máquina levanta 5 cm la lata cargada? ¿Se compone de dos o más máquinas simples? Comprueba que tus mediciones y cálculos sean correctos. Cuando muestres tu ingeniosa máquina elevadora a la clase, explícales por qué la construiste así. Describe cualquier otro diseño que hayas considerado sobre la marcha.

Reflexiona y anota Si apenas empezaras este proyecto, podrías aprovechar los conocimientos que has adquirido para construir una máquina todavía mejor. Haz diagramas y escribe un párrafo corto en tu diario para explicar cómo mejorarías la máquina que montaste.

Participa

En tu escuela Prepara una exposición de cada una de las seis máquinas simples. Proporciona un ejemplo de cada una, ya sea construyendo un modelo u obteniendo un ejemplo. En tu exposición, describe la máquina y explica cómo funciona. Propón aplicaciones de cada tipo de máquina. Realiza la exposición en tu escuela.

CAPÍTULO

5 Energía y potencia

LO QUE ENCONTRARÁS

¡En la montaña rusa!

Despacio sin detenerte, asciendes por la imponente colina. Subes, subes y, de pronto, te precipitas por la otra ladera. Doblas a la izquierda, a la derecha, y de nuevo hacia arriba. Este emocionante paseo por la montaña rusa es por cortesía de la energía. En este capítulo aprenderás sobre la energía, las formas que tiene y cómo se transforma y se conserva. Aprovecharás lo que aprendas para proyectar y construir tu propia montaña rusa.

Tu objetivo Proyectar y construir una montaña rusa que utilice energía cinética y energía potencial para funcionar.

Tu proyecto debe:

◆ no tener más de 2 metros de ancho y poderse armar y desarmar con facilidad
◆ tener una primera colina de un 1 metro de alto y al menos dos más
◆ tener un carro que se desplace por los rieles sin detenerse
◆ seguir los lineamientos de seguridad del Apéndice A

Para empezar Si tú o cualquiera de tus compañeros de clase se han subido a una montaña rusa, compartan sus experiencias. Analicen las características de una buena montaña rusa. Consideren con qué rapidez se mueven los carros y cómo cambia su velocidad durante el trayecto.

Comprueba tu aprendizaje Trabajarás en este proyecto mientras estudias el capítulo. Para mantener tu proyecto en marcha, revisa los cuadros de Comprueba tu aprendizaje en los puntos siguientes:

Repaso de la Sección 1, página 145: Experimenta con distintas alturas y pendientes.
Repaso de la Sección 3, página 157: Describe cómo se desplaza tu carro por los rieles en términos de energía potencial y cinética.
Repaso de la Sección 4, página 162: Añade vueltas y curvas para determinar su efecto.

Para terminar Al final del capítulo (página 165), mostrarás cómo el carro de tu montaña rusa puede ascender y descender al menos tres colinas después de que lo sueltes.

Los carros de la montaña rusa, como la que se ve aquí, pueden alcanzar velocidades de más de 100 kilómetros por hora.

SECCIÓN

4 Potencia

Descubre ¿Es siempre igual el trabajo?
Laboratorio real ¿Se puede sentir la potencia?

① Naturaleza de la energía

DESCUBRE

¿Qué tan alto rebota una pelota?

1. Sostén un metro verticalmente, con el extremo cero en el suelo.

2. Deja caer una pelota de tenis a 50 centímetros y anota la altura a que rebota.

3. Deja caer la pelota de tenis a 100 centímetros y anota la altura a que rebota.

4. Predice qué tan alto rebotará la pelota si se deja caer a 70 centímetros. Prueba tu predicción.

ACTIVIDAD

Reflexiona sobre
Observar ¿Qué relación existe entre la altura a la que dejas caer la pelota y la altura a la que rebota?

GUÍA DE LECTURA

◆ ¿Cómo se relacionan el trabajo y la energía?

◆ ¿Cuáles son las dos clases básicas de energía?

◆ ¿Cuáles son algunas de las distintas formas de energía?

Sugerencia de lectura Antes de leer, enumera varios ejemplos conocidos de energía. Aumenta tu lista conforme leas la sección.

Brillantes rayos cruzan el cielo nocturno. El rugido del viento y el estrépito de los truenos ahogan el ruido de la lluvia que cae. Luego, un sonido semejante al de una locomotora se aproxima. A medida que el fragor crece, una pequeña población experimenta el poder y la furia de un tornado. Vientos huracanados de más de 250 kilómetros por hora azotan al pueblo. Los techos son arrancados de los edificios. Los automóviles son arrojados por todos lados como si fueran juguetes. Luego, diez minutos después, el tornado ha desaparecido.

A la mañana siguiente, mientras los rescatadores examinan los daños, una ligera brisa transporta delicadamente las hojas que caen más allá de los escombros. Qué extraño resulta que una noche el viento sea lo bastante violento para destruir edificios y, a la mañana siguiente, apenas tenga la fuerza suficiente para transportar una hoja. El viento es sencillamente aire en movimiento, pero posee energía. A medida que leas, descubrirás qué es la energía.

¿Qué es la energía?

Cuando el viento transporta una hoja, o incluso una casa, provoca un cambio. En este caso, se trata de un cambio en la posición del objeto. Recuerda que se realiza trabajo cuando una fuerza mueve un objeto cierta distancia. La capacidad para realizar trabajo o causar cambios se llama **energía.** Así que el viento posee energía.

Figura 1 La energía de un tornado puede devastar una población en minutos.

Figura 2 Una bola de boliche puede realizar trabajo cuando está en movimiento. *Aplicar los conceptos ¿Cómo se llama la capacidad de realizar trabajo?*

Cuando un objeto u organismo realiza trabajo sobre un objeto, parte de su energía se transfiere a ese objeto. **En consecuencia, se puede pensar en el trabajo como transferencia de energía.** Cuando la energía se transfiere, el objeto sobre el cual se hace el trabajo obtiene energía. La energía se mide en joules, al igual que el trabajo.

Energía cinética

Existen dos clases generales de energía. **Las dos clases de energía son la energía cinética y la energía potencial.** El hecho de que la energía sea cinética o potencial depende de si se transfiere o se almacena.

Los ejemplos sobre los que has leído hasta ahora comprenden objetos que se mueven. Un objeto en movimiento puede chocar con otro objeto y hacerlo desplazarse cierta distancia. En ese sentido, el objeto en movimiento realiza trabajo. Por ejemplo, una bola de boliche derriba un bolo.

Como el objeto en movimiento puede realizar trabajo, debe tener energía. La energía del movimiento se llama **energía cinética.** La palabra cinética proviene del vocablo griego *kínesis*, que significa "movimiento".

Masa y velocidad La energía cinética de un objeto depende tanto de su masa como de su velocidad. Imagina que se hace rodar una pelota de golf y una bola de boliche de modo que se desplacen a la misma velocidad. ¿Cuál de las dos se tendría que rodar con más fuerza? Se ejercería mayor fuerza sobre la bola de boliche porque posee más masa que la pelota de golf.

Puesto que la energía se transfiere durante el trabajo, cuanto más trabajo se realice, más energía se transfiere a una pelota. Así que una bola de boliche tiene más energía cinética que una pelota de golf que se desplaza a la misma velocidad. La energía cinética se incrementa a medida que se incrementa la masa.

¿Cómo lograrías que la bola de boliche se moviera más rápido? Tendrías que lanzarla con más fuerza, esto es, emplear una fuerza mayor.

Figura 3 La energía cinética aumenta a medida que la masa y la velocidad aumentan. *Interpretar diagramas* Enumera los tres vehículos en orden creciente de energía cinética.

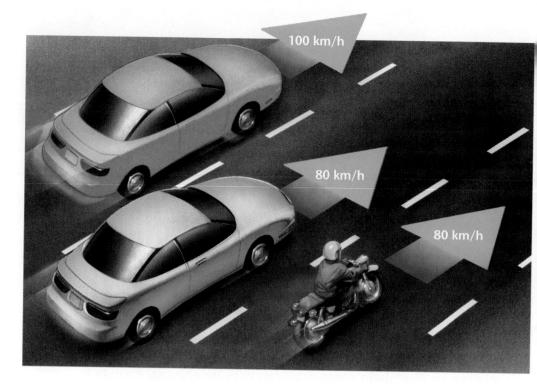

En otras palabras, tienes que aplicar más trabajo sobre la bola de boliche para proporcionarle una mayor velocidad. La energía cinética aumenta cuando la velocidad aumenta.

Cálculo de la energía cinética La energía cinética depende tanto de la masa como de la velocidad. La relación matemática entre energía cinética, masa y velocidad se expresa como sigue:

$$\text{Energía cinética} = \frac{\text{Masa} \times \text{Velocidad}^2}{2}$$

¿Los cambios de velocidad y de masa tienen el mismo efecto sobre la energía cinética? No, cambiar la velocidad de un objeto tendrá un efecto mayor sobre su energía cinética que si se cambia su masa. Esto ocurre porque la velocidad se eleva al cuadrado en la ecuación de la energía. Por ejemplo, duplicar la masa de un objeto significará duplicar su energía cinética. Pero duplicar su velocidad implicará cuadruplicar su energía cinética.

☑ *Punto clave* ¿Qué es la energía cinética?

Energía potencial

A veces, cuando se transfiere energía a un objeto, se modifica su posición o su forma. Por ejemplo, levantas un libro y lo pones sobre tu escritorio, o aprietas un resorte para dar cuerda a un juguete. A diferencia de la energía cinética, que es la energía del movimiento, la energía potencial se almacena. Podría utilizarse después cuando el libro caiga al suelo o el resorte se desenrolle. La energía que se almacena y se mantiene en estado de preparación se llama **energía potencial.** Este tipo de energía posee el *potencial* para realizar trabajo.

Números al cuadrado

Un número elevado al cuadrado se escribe con exponente 2. Por ejemplo, puedes escribir 2^2, 3^2 o 4^2. Para hallar el valor de un número al cuadrado, multiplica el número por sí mismo.

$$2^2 = 2 \times 2 = 4$$
$$3^2 = 3 \times 3 = 9$$
$$4^2 = 4 \times 4 = 16$$

Observa con qué rapidez aumentan los números al cuadrado. Por ejemplo, si bien los números 2 y 3 difieren en uno, sus cuadrados difieren en cinco.

Un arquero proporciona energía potencial a un arco al tensarlo. La energía almacenada puede mandar una flecha zumbando hacia su blanco. La energía potencial asociada con objetos que puedan tensarse o apretarse se llama **energía potencial elástica.**

Al levantar un objeto, le das otra clase de energía. La energía potencial que depende de la altura es la **energía potencial gravitacional.**

La energía potencial gravitacional que posee un objeto es igual al trabajo que se realiza para levantarlo. Recuerda que Trabajo = Fuerza × Distancia. La fuerza es la que empleas para levantar el objeto, es decir, su peso. La distancia es la que el objeto recorre, esto es, su altura. Esto te da la siguiente fórmula:

Energía potencial gravitacional = Peso × Altura

Cuando el peso se mide en newtons y la altura, en metros, la unidad de energía es el newton-metro. Esta unidad se conoce también como joule (J). Recuerda que en el Capítulo 4 vimos que un joule es la cantidad de trabajo que se realiza cuando se ejerce una fuerza de 1 newton para desplazar un objeto una distancia de 1 metro. El trabajo y la energía comparten la misma unidad porque están estrechamente relacionados.

Si ya se conocen el peso y la altura, se puede calcular la energía potencial gravitacional. Supón que un excursionista sube 40 metros por una colina y que pesa 680 newtons. El excursionista ha ganado 27,200 joules (680 newtons × 40 metros) de energía potencial gravitacional al final del ascenso.

Cuanto mayor es el peso de un objeto o mayor la altura a que se levanta, mayor es su energía potencial gravitacional. El excursionista ganaría más energía potencial gravitacional al subir a una mayor altura o al aumentar de peso, quizás llevando una mochila.

¿Qué tal si conoces la masa de un objeto y no su peso? Entonces multiplica la masa del objeto por la aceleración de la gravedad (9.8 m/s^2) para encontrar su peso en newtons. De este modo puedes escribir una segunda ecuación de la energía potencial gravitacional.

Energía potencial gravitacional =
Masa × Aceleración gravitacional × Altura

De nuevo, la unidad de medida es el joule.

Figura 4 Una roca a punto de caer posee energía potencial. *Inferir ¿Cómo obtuvo la roca su energía potencial?*

Figura 5 La energía se encuentra en todas partes a tu alrededor y de muchas y distintas formas. La rana que salta es un ejemplo de energía mecánica, mientras que el hielo que se derrite es un ejemplo de energía térmica. *Observar ¿Qué formas de energía se muestran en las fotografías de la luz de Bengala, el Sol y el rayo?*

Distintas formas de energía

Los ejemplos de energía sobre los que has leído hasta aquí comprenden objetos que son movidos o alterados físicamente. Pero tanto la energía cinética como la energía potencial presentan varias y distintas formas. **Algunas de las formas principales de energía son la energía mecánica, la energía térmica, la energía química, la energía eléctrica, la energía electromagnética y la energía nuclear.**

Energía mecánica El autobús escolar en que viajas, una rana que salta por los aires e incluso los ruidos que escuchas, todo posee energía mecánica. La **energía mecánica** es la energía asociada con el movimiento o la posición de un objeto. La energía mecánica puede producirse como energía cinética o energía potencial.

Energía térmica Toda la materia se compone de pequeñas partículas llamadas átomos y moléculas. Estas partículas poseen tanto energía potencial como cinética debido a su posición y movimiento. La **energía térmica** es la energía total de las partículas de un objeto. Cuando la energía térmica de un objeto aumenta, sus partículas se desplazan más rápido, haciendo que dicho objeto se sienta tibio. El helado se derrite cuando su energía térmica aumenta.

Energía química Los componentes químicos, como el chocolate, la madera y la cera, almacenan **energía química.** La energía química es energía potencial almacenada en enlaces químicos que mantienen unidos a los compuestos químicos. La energía química se almacena en los alimentos que consumimos, así como en un fósforo que se emplea para encender velas. La energía química se almacena incluso en la células del cuerpo.

Energía eléctrica Cuando recibes una descarga de una perilla de metal, sientes la energía eléctrica. Las cargas eléctricas en movimiento producen electricidad, es decir, **energía eléctrica.** Cuentas con la energía eléctrica de pilas o líneas de transmisión para hacer funcionar aparatos eléctricos como radios, lámparas y computadoras.

Energía electromagnética La luz que vemos cada día es una forma de **energía electromagnética.** La energía electromagnética se propaga en ondas. Estas ondas poseen algunas propiedades eléctricas y algunas propiedades magnéticas. Además de la luz visible, la radiación ultravioleta, las microondas y la radiación infrarroja son ejemplos de energía electromagnética.

Energía nuclear Otro tipo de energía potencial, llamada **energía nuclear,** se almacena en el centro, o núcleo, del átomo. Se produce una clase de energía nuclear cuando un núcleo se divide (fisión nuclear). Otra clase se genera cuando los núcleos se fusionan, es decir, se unen (fusión nuclear). Estas reacciones liberan enormes cantidades de energía. Las plantas de energía nuclear aprovechan las reacciones de fisión para producir electricidad. La fisión nuclear ocurre en el Sol y en otras estrellas.

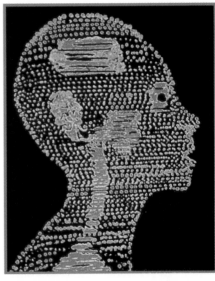

Figura 6 La energía electromagnética se emplea para tomar un escanograma.

Repaso de la sección 1

1. ¿Energía y trabajo son lo mismo? Explica.
2. ¿Qué diferencia hay entre energía cinética y energía potencial?
3. Menciona las formas de energía y da un ejemplo de cada una.
4. **Razonamiento crítico Resolver problemas** Una roca que pesa 200 N se encuentra en el borde de un peñasco de 100 metros. ¿Cuál es su energía potencial gravitacional? Haz un diagrama donde muestres cómo cambia su energía potencial a medida que cae 50 m, 20 m y 10 m.

Comprueba tu aprendizaje

PROYECTO DEL CAPÍTULO
5

Algunos materiales que puedes utilizar para construir rieles de montaña rusa y un carro son, entre otros: canicas, tubo de plástico, cartón y cuerda. Experimenta con distintas alturas y pendientes. (*Sugerencia:* Fíjate qué tan altas puedes hacer la segunda y tercera colinas antes de que el carro de la montaña rusa ya no pueda subir.) Piensa cómo puedes explicar los tipos de energía a medida que el carro se mueva.

LANZAMIENTO DE POPOTES

En este experimento aplicarás la destreza de controlar variables. Investigarás la relación que hay entre la altura que alcanza un cohete y el estiramiento de una liga.

Problema

¿Cuánto depende la energía potencial gravitacional de un cohete de popote de la energía potencial elástica del lanzacohetes de liga?

Materiales

tijeras	liga
3 popotes de plástico	metro
marcador	regla métrica
balanza	cinta adhesiva
tubo de papel higiénico vacío	

Procedimiento

1. Construye el cohete y el lanzacohetes según las instrucciones que aparecen abajo. Con la balanza, obtén la masa del cohete en gramos. Anota esa cantidad.

2. Sostén el lanzacohetes en una mano con los dedos sobre los extremos de la liga. Carga el lanzacohetes colocando el cohete de popotes sobre la liga y tira del otro extremo, como se muestra en la fotografía. Suelta y lanza el cohete directamente hacia arriba.
PRECAUCIÓN: *Apunta el cohete hacia el espacio, no hacia tus compañeros de clase.*

3. Pide a un compañero que sostenga un metro, o que la pegue con cinta adhesiva a la pared, de modo que su extremo cero quede al mismo nivel que la punta del lanzacohetes. Mide la altura, en metros, a que se eleva el cohete. Si recorre una distancia mayor que la longitud de un metro, emplea dos.

4. En tu cuaderno, haz una tabla de datos como la que aparece en la siguiente página.

5. Puedes medir el estiramiento de la liga observando dónde se alinean las marcas del cohete con la parte inferior del cilindro de lanzamiento. Lanza el cohete utilizando tres cantidades distintas de estiramiento. Anota tus mediciones.

CONSTRUCCIÓN DEL COHETE Y EL LANZACOHETES

A. Corta una liga y pégala a través del extremo abierto de un cilindro, como un tubo de papel higiénico. La liga debe estar tensa pero poco estirada. Este es el lanzacohetes.

B. Corta aproximadamente 3 cm de un popote de plástico.

C. Junta 2 popotes completos sobre una superficie plana con el pedazo de popote de 3 cm entre ellos. Acomoda los popotes de modo que sus extremos queden al mismo nivel.

D. Pega los popotes juntos con cinta adhesiva.

E. Empezando por el extremo que no tiene cinta, haz marcas de centímetros sobre uno de los popotes largos. Este es el cohete.

TABLA DE DATOS

Estiramiento (cm)	Altura (Prueba 1) (m)	Altura (Prueba 2) (m)	Altura (Prueba 3) (m)	Altura promedio (m)	Energía potencial gravitacional (mJ)

6. Encuentra la altura promedio a la que se eleva el cohete correspondiente a cada cantidad de estiramiento. Anota la altura en tu tabla de datos.

7. Encuentra la energía potencial gravitacional correspondiente a cada cantidad de estiramiento:

Energía potencial gravitacional =
Masa × Aceleración gravitacional × Altura

Has medido la masa en gramos. Así que la unidad de energía es el milijoule (mJ), que es la milésima parte de un joule. Anota los resultados en tu tabla de datos.

Analizar y concluir

1. ¿Cuál variable de tabla de datos es la variable manipulada? ¿Y la variable de respuesta? ¿Cómo lo sabes?

2. Haz una gráfica con tus resultados. Muestra la energía potencial gravitacional sobre el eje vertical y el estiramiento sobre el eje horizontal.

3. ¿Qué medida está relacionada con la energía potencial elástica en este experimento?

4. Mira la forma de la gráfica. ¿Qué conclusión puedes sacar sobre la relación entre la energía potencial gravitacional del cohete y energía potencial elástica de la liga?

5. ¿Qué diferencia hay entre la cantidad de energía antes de que el cohete fuera lanzado y la cantidad de energía después del lanzamiento? Explica cualquier pérdida.

6. Piensa en esto Además de la cantidad de estiramiento, ¿qué variables podrían afectar la altura a que se eleva el cohete? ¿Has podido controlar estas variables en tu experimento? Explica por qué.

Explorar más

Aprovecha tu lanzador para investigar lanzamientos en ángulo y directos. En lugar de variar la cantidad de estiramiento, mantén constante esa variable y utiliza el ángulo de lanzamiento. Mide la altura y la distancia que alcanza el cohete.
PRECAUCIÓN: *No apuntes con el cohete hacia tus compañeros de clase.*

SECCIÓN 2 Conversión y conservación de la energía

DESCUBRE · ACTIVIDAD · · · ·

¿Qué hace saltar a una tarjeta?

1. Dobla una tarjeta por la mitad, como se muestra.

2. En el borde opuesto al doblez, corta dos aberturas de aproximadamente 2 cm de largo, separadas 2 cm.

3. Abre un poco la tarjeta y haz una lazada con la liga a través de las cuatro aberturas. Mientras mantienes el doblez hacia arriba, aplana la tarjeta y sujétala así, como se muestra.

4. Predice lo que le pasará a la tarjeta si la sueltas. Luego prueba tu predicción.

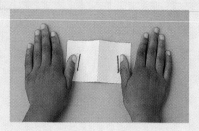

Reflexiona sobre

Formular definiciones operativas Describe lo que ocurrió con la tarjeta. Define energía potencial y energía cinética en relación con la tarjeta y la liga.

GUÍA DE LECTURA

◆ ¿Cómo están relacionadas distintas formas de energía?

◆ ¿Cuál es la ley de la conservación de la energía?

Sugerencia de lectura Al leer, haz un diagrama de flujo con ejemplos de conversión de energía.

El chorro de agua rebota en tu impermeable mientras miras los millones de litros del líquido precipitándose hacia ti. El estruendo que produce el agua es ensordecedor. Te sujetas del barandal mientras las agitadas olas te mecen de un lado a otro. ¿Estás definitivamente perdido? No, por fortuna, pues te encuentras en una embarcación turística, al pie de las imponentes cataratas del Niágara, situadas en la frontera entre Estados Unidos y Canadá. La cascada lleva la enorme cantidad de agua que extrae de la parte alta de los Grandes Lagos. Es un panorama impresionante que ha atraído a visitantes de todo el mundo durante cientos de años.

Lo que muchos turistas no saben, sin embargo, es que las cataratas del Niágara no son sólo una vista espectacular. La cascada es el centro de una red de líneas de transmisión eléctrica. Sirve para generar electricidad para buena parte de la región cercana.

Figura 7 Las cataratas del Niágara tienen más de 50 metros de altura.

La lámpara y el reloj convierten la energía eléctrica en energía electromagnética.

Un calentador de agua transforma la energía química del gas natural en energía térmica.

El cuerpo de esta estudiante convierte la energía química del alimento en energía mecánica.

Conversiones entre las formas de energía

¿Qué relación tiene el agua con la electricidad? Tal vez ya sepas que la energía mecánica del agua en movimiento puede convertirse, o transformarse, en energía eléctrica. El cambio de una forma de energía a otra se llama **conversión de energía** o transformación de la energía. **Cualquier forma de energía puede convertirse en cualquier otra forma.**

Las conversiones de energía se encuentran con frecuencia. Por ejemplo, una tostadora convierte la energía eléctrica en energía térmica. En un motor eléctrico, la energía eléctrica se convierte en energía mecánica que se puede utilizar para hacer funcionar una máquina.

El cuerpo convierte la energía química de los alimentos en la energía mecánica que necesitamos para mover los músculos. La energía química de los alimentos también se transforma en la energía térmica que el cuerpo emplea para mantener su temperatura. Incluso la energía química se convierte en la energía eléctrica que el cerebro utiliza para pensar.

A menudo se necesita una serie de conversiones de energía para realizar una tarea. Por ejemplo, al encender un cerillo, la energía mecánica empleada para mover el cerillo se convierte en energía térmica. La energía térmica hace que el cerillo libere energía química almacenada, la cual se transforma en energía térmica y en energía radiante que se ve como luz.

En un motor de automóvil ocurren otras conversiones. La energía eléctrica produce una chispa. La energía térmica de ésta libera energía química contenida en el combustible. Cuando el combustible arde, esta energía química, a su vez, se transforma en energía térmica. Ésta se convierte en energía mecánica, que se emplea para mover el auto, y en energía eléctrica, que produce más chispas.

☑ *Punto clave* *Da un ejemplo de conversión de energía.*

Figura 8 Desde los primeros minutos de la mañana, esta estudiante experimenta varias conversiones de energía. ¡Imagínate cuántas más pueden identificarse en el curso de un solo día!

Figura 9 Las conversiones de energía permiten a este atleta saltar más de seis metros de altura. *Predecir ¿Qué conversiones de energía ocurrirán después de que el saltador sobrepase la barra?*

Figura 10 Cuando se lanza al aire un objeto, ocurren conversiones de energía.

Energía potencial máxima

*50% de energía cinética
50% de energía potencial*

Energía cinética máxima

Energía cinética y energía potencial

Una de las conversiones más comunes es la transformación de energía potencial en energía cinética. Al estirar una liga, le proporcionas energía potencial elástica. Si la sueltas, la liga atraviesa volando la habitación. Cuando la liga se mueve, posee energía cinética. La energía potencial de la liga estirada se convierte en la energía cinética de la liga en movimiento.

Conversión de energía en los malabares

Cualquier objeto que se eleva y cae experimenta un cambio de energía potencial y cinética. Mira la naranja lanzada al aire de la Figura 10. Cuando se mueve, posee energía cinética. A medida que se eleva, aminora su velocidad. Su energía cinética disminuye. Pero como su altura aumenta, también se incrementa su energía potencial. En el punto más alto de su trayectoria, deja de moverse. En ese momento, ya no posee energía cinética, pero sí energía potencial. A medida que la naranja cae, toda la conversión de energía se invierte: la energía cinética aumenta mientras que la energía potencial disminuye.

Conversión de energía en una cascada

Ocurre una conversión de energía cinética y potencial a gran escala en las cataratas del Niágara, acerca de las cuales leímos antes. El agua que está arriba de la cascada posee energía potencial gravitacional porque está a más altura que la base de la catarata. Pero a medida que el agua cae, su altura disminuye y de esa manera pierde energía potencial. Al mismo tiempo, su energía cinética se incrementa porque su velocidad aumenta. Así, la energía potencial se convierte en energía cinética.

Conversión de energía en el salto con garrocha Cuando un saltador con garrocha corre, posee energía cinética porque se mueve. Al colocar la pértiga para saltar, ésta se dobla. La energía cinética del deportista se convierte en energía potencial elástica en la garrocha. A medida que ésta se endereza, el saltador se eleva por el aire. La energía potencial elástica de la pértiga se transforma en la energía potencial gravitacional del deportista. Luego de salvar el obstáculo, la energía potencial gravitacional del saltador se convierte en energía cinética mientras cae sobre el colchón de protección.

Conversión de energía en un péndulo En un péndulo tiene lugar una conversión continua entre energía cinética y energía potencial. En el punto más alto de su oscilación, el péndulo de la Figura 11 tiene sólo energía potencial gravitacional. A medida que empieza a oscilar hacia abajo, acelera y su energía potencial gravitacional se transforma en energía cinética. En la parte inferior de su vaivén, toda su energía es cinética. Luego, a medida que oscila hacia el otro lado y desacelera, recupera energía potencial gravitacional y, al mismo tiempo, pierde energía cinética. En lo alto de su oscilación en el otro lado, de nuevo sólo posee energía potencial gravitacional. Y así continúa el patrón de conversión de energía.

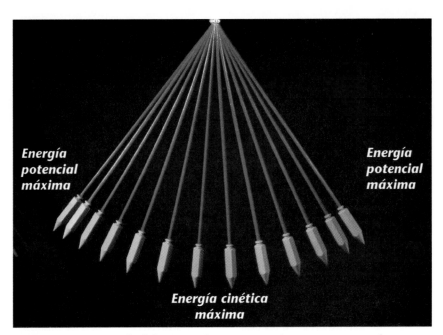

Figura 11 En un péndulo tienen lugar conversiones entre energía cinética y energía potencial. *Interpretar diagramas ¿En cuáles dos puntos es mayor la energía potencial?*

INTÉNTALO

La oscilación del péndulo ACTIVIDAD

1. Arma un péndulo con arandelas y un tapón de hule, cuerda, soporte con anillo y una abrazadera.

2. Jala hacia atrás el péndulo para que forme un ángulo de 45° con la vertical. Mide la altura del tapón. Luego pon el péndulo en movimiento y observa la altura hasta donde llega.

3. Utiliza una segunda abrazadera para reducir la longitud del péndulo, como se muestra. El péndulo chocará con la segunda abrazadera en el punto más bajo de su oscilación.

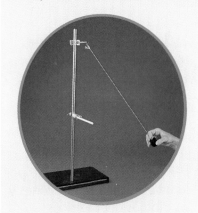

4. Jala hacia atrás el péndulo de modo que quede a la misma altura, como lo hiciste la primera vez. Predice a qué altura oscilará. Luego ponlo en movimiento y obsérvalo.

Observar ¿Qué tan alto osciló el péndulo en cada caso? Explica tus observaciones.

Figura 12 M. C. Escher realizó su obra "Cascada" en 1961.

Artes visuales

CONEXIÓN

El artista holandés M. C. Escher produjo muchas y enigmáticas ilustraciones. Escher, quien vivió de 1898 a 1972, fue muy reconocido por su utilización de las ilusiones y los dibujos geométricos repetitivos.

En tu diario

Observa la "Cascada", de Escher. Luego mírala otra vez. En tu diario, escribe una descripción de la ilustración. ¿La segunda vez que la miraste, notaste algo que no percibiste a primera vista? ¿La ley de la conservación de la energía, se sigue o no en el arte? Explica tu respuesta.

Conservación de la energía

Si pones un péndulo en movimiento, ¿crees que permanecerá funcionando para siempre? No, no lo hará. ¿Significa eso que la energía se destruye con el tiempo? La respuesta es no. La **ley de la conservación de la energía** establece que cuando una forma de energía se convierte en otra, en el proceso la energía no se destruye en absoluto. **De acuerdo con la ley de la conservación de la energía, ésta no puede crearse ni destruirse.** Así que la cantidad total de energía es la misma antes y después de cualquier proceso.

Energía y fricción Entonces, ¿qué pasa con la energía cinética del péndulo? Al moverse, el péndulo encuentra fricción en el centro de giro y en el aire. Cuando un objeto experimenta fricción, el movimiento (y por lo tanto, la energía cinética) de los átomos o moléculas aumenta. Esto significa que su energía térmica se incrementa. Así, la energía mecánica del péndulo en movimiento se convierte en energía térmica. El péndulo oscila más despacio, pero su energía no se destruye.

El hecho de que la fricción convierta a la energía mecánica en energía térmica no te debe sorprender. Después de todo, tú aprovechas la energía térmica cuando te frotas las manos frías para calentarlas. El hecho de que la energía se convierta en térmica debido a la fricción explica por qué ninguna máquina es 100 por ciento eficiente. Recuerda que en el Capítulo 4 vimos que el trabajo inicial de una máquina es siempre menor que el trabajo final. Ahora ya sabes que en una máquina la energía se convierte en energía térmica.

Energía y materia Quizás hayas oído hablar de la teoría de la relatividad de Albert Einstein. La teoría de Einstein incluía un pequeño cambio de la ley de la conservación de la energía. El científico explicó que a veces puede crearse energía... ¡destruyendo la materia! Este proceso no resulta importante para la mayoría de las conversiones de energía descritas en este capítulo. Pero es fundamental en cuestión de reacciones nucleares, donde enormes cantidades de energía se producen destruyendo mínimas cantidades de materia. Este descubrimiento significa que en algunas situaciones la energía sola no se conserva. Pero los científicos afirman que la materia y la energía juntas siempre se conservan. Del mismo modo que distintas formas de energía pueden convertirse entre sí, la materia y la energía pueden convertirse una en otra.

Conservar la energía

INTEGRAR LAS CIENCIAS DEL AMBIENTE Cuando oigas hablar o leas algo acerca de conservar la energía, no te confundas con la ley de la conservación de la energía. Conservar la energía significa economizar la energía, es decir, no desperdiciarla. En otras palabras, conservar la energía significa que no debemos consumir los combustibles, como la gasolina, o nuestros recursos se agotarán rápidamente. Sin embargo, en las ciencias físicas, la ley de la conservación de la energía se refiere a una cantidad que permanece constante. En el campo de la ciencia, la energía siempre se conserva porque su cantidad total no cambia.

Figura 13 Albert Einstein publicó su teoría de la relatividad especial en 1905.

Repaso de la sección 2

1. ¿Qué es una conversión de energía?
2. Con tus propias palabras, formula la ley de la conservación de la energía.
3. Describe las conversiones de energía que ocurren cuando se deja caer una pelota y ésta rebota. ¿Por qué crees que la pelota rebota un poco más abajo cada vez?
4. **Razonamiento crítico** **Aplicar los conceptos** Un carro de montaña rusa con una masa de 500 kg está sobre una colina de 30 m. Sin fricción, ¿cuál sería su energía cinética al llegar al pie de la colina?

Las ciencias en casa

Endereza un gancho para ropa. Pide a miembros de tu familia que toquen el gancho y observen si se siente frío o caliente. Luego sostén los extremos del alambre y dóblalo varias veces. **PRECAUCIÓN:** Si el alambre se rompe, puede estar filoso. Sólo dóblalo unas veces. Después de hacerlo, pide a tus familiares que lo vuelvan a tocar. Propónles que expliquen cómo las conversiones de energía pueden producir un cambio en la temperatura.

3 Conversiones de energía y combustibles fósiles

DESCUBRE

¿Qué es un combustible?

1. Ponte las gafas de protección. Sujeta un matraz a un soporte y pon un termómetro en el matraz.

2. Añade al matraz agua suficiente para cubrir la ampolleta del termómetro. Anota la temperatura del agua y saca el termómetro.

3. Dobla un agitador de madera para café en tres partes para que parezca una "W".

4. Pon el agitador en una bandeja de aluminio de modo que la "W" quede en posición vertical. Coloca la bandeja de 4 a 5 centímetros debajo del matraz.

5. Enciende el agitador de café en el centro. **PRECAUCIÓN:** *Ten cuidado cuando utilices cerillos.*

6. Cuando el agitador se apague, mide otra vez la temperatura del agua. Espera que el matraz se enfríe antes de limpiarlo.

Reflexiona sobre
Formular definiciones operativas La gasolina de un auto, el queroseno de una linterna y un pedazo de madera son combustibles. Con base en tus observaciones, ¿qué es un combustible?

GUÍA DE LECTURA

◆ **¿Cuál es la fuente de la energía almacenada en los combustibles fósiles?**

◆ **¿Cómo se convierte la energía cuando se utilizan los combustibles fósiles?**

Sugerencia de lectura **Antes de leer, ve** *Explorar las conversiones de energía.* **Anota cualquier pregunta que puedas tener. Luego busca las respuestas a medida que leas.**

Figura 14 Las plantas y animales que habitaban un antiguo bosque y que aparecen en esta pintura se han convertido en los combustibles fósiles que se consumen en la actualidad. *Aplicar los conceptos* ¿Qué son los combustibles fósiles?

Imagina un bosque verde, frondoso, pantanoso. Helechos tan altos como árboles no dejan ver el panorama, pues se elevan hasta 30 metros. Enormes libélulas atraviesan zumbando el aire tibio y húmedo. Y cucarachas gigantescas, algunas más largas que tu dedo, se arrastran por el suelo. ¿Qué lugar es este? En realidad la pregunta debería ser "¿Cuándo fue?" Ocurrió hace más de 400 millones de años. ¡Fue incluso antes de que vivieran los dinosaurios! ¿Qué tiene que ver contigo este antiguo bosque? Quizá te sorprenda descubrir lo importante que es para ti.

Figura 15 Combustibles fósiles como el carbón almacenan energía química potencial. *Predecir ¿Cómo se utiliza la energía almacenada?*

Formación de combustibles fósiles

Las plantas de los inmensos bosques que antiguamente cubrieron la Tierra te proporcionan la energía que usamos hoy día. Esta energía se almacena en combustibles. Los combustibles son materiales que almacenan energía potencial química. La gasolina que consume el autobús de tu escuela, el propano que se utiliza en las parrillas de gas para carne asada y los productos químicos que se emplean para lanzar los transbordadores espaciales son ejemplos de combustibles. Algunos de los combustibles que se utilizan en la actualidad se formaron hace cientos de millones de años mediante procesos geológicos. Estos combustibles, entre los cuales figuran el carbón, el petróleo y el gas natural, se conocen como **combustibles fósiles.**

Como descubrirás en *Explorar las conversiones de energía* de la página 156, el carbón se formó de los antiguos bosques sobre los que acabas de leer. Cuando las plantas y los animales antiguos murieron, constituyeron gruesas capas en pantanos y marismas. Sedimentos de arcilla y arena cubrieron los restos de plantas y animales. A lo largo del tiempo, más y más sedimentos se acumularon. La presión resultante, junto con altas temperaturas, convirtieron los restos de animales y plantas en carbón.

La energía se conserva. Esto significa que los combustibles no crean energía. Así que si los combustibles fósiles almacenan energía, deben de haberla obtenido de alguna otra parte. ¿Pero de dónde vino? **Los combustibles fósiles contienen energía que viene del Sol.** En efecto, el Sol es la principal fuente de energía de todos los procesos terrestres. Dentro del denso núcleo del Sol, los átomos de hidrógeno se mueven a velocidades tan altas que cuando chocan se unen, o fusionan, y forman átomos de helio. Durante este proceso de fusión nuclear, la energía nuclear se convierte en energía electromagnética. Una parte de esta energía llega a la Tierra.

Cuando la energía del Sol llega a la Tierra, las plantas, las algas y algunas bacterias convierten parte de la energía luminosa en energía potencial química. Este proceso se conoce como fotosíntesis porque las plantas o bacterias sintetizan, o elaboran, sustancias químicas complejas. Parte de esta energía química satisface las necesidades diarias de la planta y el resto

Graficar **ACTIVIDAD**

La lista siguiente muestra qué porcentaje de energía utilizada en un año reciente en Estados Unidos provenía de cada fuente de energía: carbón, 23%; nuclear, 8%; petróleo, 39%; gas natural, 24%; agua, 3% y combustibles biológicos, 3%. Elabora una gráfica circular donde presentes estos datos. (Para más información sobre gráficas circulares, consulta el Manual de destrezas.)

¿De qué fuente de combustibles depende más Estados Unidos? ¿Qué porcentaje de las necesidades totales de energía satisfacen el carbón, el petróleo y el gas natural juntos?

EXPLORAR las conversiones de energía

La energía que utilizas para tostar el pan tal vez tenga una historia muy larga: quizá cientos de millones de años.

1 El Sol convierte la energía nuclear en energía electromagnética.

2 Plantas y animales antiguos convierten la energía electromagnética del Sol en energía química almacenada.

3 Los restos de plantas y animales se convierten en carbón a lo largo de millones de años.

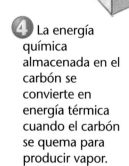

4 La energía química almacenada en el carbón se convierte en energía térmica cuando el carbón se quema para producir vapor.

5 La energía térmica se convierte en energía mecánica cuando el vapor hace girar las turbinas.

6 La energía mecánica se convierte en energía eléctrica cuando las turbinas hacen girar generadores eléctricos.

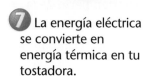

7 La energía eléctrica se convierte en energía térmica en tu tostadora.

se almacena. Los animales que se alimentan de plantas convierten parte de la energía química almacenada en energía química que se almacena en sus propias células.

Cuando las plantas y los animales antiguos murieron, la energía potencial química que habían almacenado quedó atrapada en sus cuerpos. Esta es la energía potencial química que se encuentra en el carbón.

☑ *Punto clave* ¿Cuál es el proceso que produce la energía del Sol?

Usos de los combustibles fósiles

Los combustibles fósiles se pueden quemar a fin de liberar la energía química potencial almacenada hace millones de años. El proceso de quemar combustibles se conoce como combustión. Durante la combustión, la energía potencial química se convierte en energía térmica. Esta energía térmica puede emplearse para calentar el agua hasta que hierva y produzca vapor.

En las modernas centrales eléctricas de carbón, el vapor se eleva a una temperatura muy alta en una caldera. Cuando sale de la caldera, tiene la suficiente presión para hacer girar una turbina. Una turbina es como un ventilador, pues tiene aspas unidas a un eje. La presión del vapor sobre las aspas hace que la turbina gire muy rápido. En este proceso, la energía térmica del vapor se convierte en la energía mecánica de la turbina en movimiento. Las turbinas se conectan, a su vez, a generadores. Éstos son sencillamente motores eléctricos fabricados para que funcionen al revés. Cuando las turbinas los hacen girar, producen electricidad. En otras palabras, en las centrales eléctricas la energía mecánica se convierte en energía eléctrica. Luego esta energía se utiliza para iluminar las casas y hacer funcionar otros aparatos eléctricos, como una tostadora.

Repaso de la sección 3

1. ¿Qué relación hay entre la energía química de los combustibles fósiles y la energía solar?
2. ¿Cómo se libera la energía del carbón?
3. Describe las conversiones de energía que participan en la formación del carbón.
4. **Razonamiento crítico Formular juicios** ¿Qué planteamiento general podrías hacer con respecto al suministro de combustibles fósiles, teniendo en cuenta lo que sabes sobre su formación?

PROYECTO DEL CAPÍTULO 5

Comprueba tu aprendizaje

Experimenta con varios diseños para tu vehículo de montaña rusa. ¿Qué variables afectan la rapidez con que tu vehículo se mueve? ¿De qué manera cambian la energía cinética y la potencial con las modificaciones de tu diseño? ¿En qué momento el vehículo tiene la mayor energía cinética? ¿Y la mayor energía potencial? ¿Cómo afecta la fricción el funcionamiento de tu montaña rusa? ¿Qué relación hay entre la ley de la conservación de la energía y tu proyecto?

④ Potencia

ACTIVIDAD

¿Es siempre igual el trabajo?

1. Consigue un rehilete y una secadora de pelo que tenga al menos dos ajustes de potencia.

2.  Pon la secadora en la menor potencia y sopla aire en el rehilete. Observa su movimiento.

3. Pon la secadora en la mayor potencia. De nuevo, sopla aire en el rehilete. Observa su movimiento.

Reflexiona sobre

Inferir Explica por qué se realiza trabajo al hacer girar el rehilete. ¿Qué diferencias puedes identificar entre las dos situaciones? ¿La cantidad de trabajo es mayor a velocidad alta o baja?

GUÍA DE LECTURA

◆ ¿Cómo se calcula la potencia?

◆ ¿Qué diferencia hay entre potencia y energía?

Sugerencia de lectura A medida que leas, describe con tus propias palabras la relación entre trabajo, potencia y energía.

Cuando lees una revista, el anuncio de un auto deportivo nuevo y elegante llama tu atención. El fabricante presume que el vehículo puede pasar de 0 a 100 km/h en 5 segundos porque cuenta con un motor de 320 caballos de fuerza. ¿Pero qué tiene que ver un automóvil con los caballos? Tal vez encuentres algo más de lo que crees.

¿Qué es la potencia?

Un automóvil realiza trabajo al acelerar desde el estado de reposo. Algunos motores logran esto rápidamente y otros lo hacen más despacio. Cuanto más rápido puede un motor realizar una cantidad de trabajo, tiene más potencia. La **potencia** es la proporción en que se realiza trabajo, o la cantidad de trabajo que se hace en una unidad de tiempo.

Cuando subes con un objeto por los escalones, realizas la misma cantidad de trabajo ya sea que subas la escalera caminando o corriendo. (El trabajo es el peso del objeto multiplicado por la altura de los escalones.) Pero ejerces más potencia cuando corres porque haces el trabajo más rápido.

Puedes pensar en la potencia de otra manera. Un aparato es dos veces más potente que otro si realiza la misma cantidad de trabajo en la mitad del tiempo, o si hace el trabajo dos veces en el mismo tiempo.

Cálculo de la potencia Cuando sabes con qué rapidez se realiza el trabajo, puedes calcular la potencia. **La potencia se calcula dividiendo la cantidad de trabajo realizado entre la cantidad de tiempo necesario para efectuar el trabajo.** Esto se expresa mediante la fórmula:

$$Potencia = \frac{Trabajo}{Tiempo}$$

Puesto que el trabajo es igual a la fuerza por la distancia, puedes volver a escribir la ecuación para obtener la potencia como sigue:

$$\text{Potencia} = \frac{\text{Fuerza} \times \text{Distancia}}{\text{Tiempo}}$$

Cuando el trabajo se mide en joules y el tiempo en segundos, la unidad de potencia es el joule por segundo (J/s). Esta unidad también se conoce como vatio o watt (W), en honor de James Watt, quien aportó grandes mejoras al motor de vapor. Un vatio de potencia se produce cuando se realiza un joule de trabajo en un segundo. En otras palabras, 1 vatio = 1 J/s.

El vatio es una unidad de potencia relativamente pequeña. Por ejemplo, produces aproximadamente un vatio de potencia si te llevas a la boca un vaso de agua en un segundo. Como el vatio es muy pequeño, a menudo la potencia se mide en unidades más grandes. Un kilovatio (kW) es igual a 1,000 vatios. Cuando está funcionando, una lavadora consume aproximadamente un kilovatio. Una central eléctrica produce millones de kilovatios.

☑ *Punto clave* ¿Qué es la potencia?

Problema de ejemplo

Una grúa levanta una viga de 8,000 N una distancia de 75 m hasta la parte superior de un edificio en 30 s. ¿Cuánta potencia consume la grúa?

Analiza.   La fuerza necesaria para levantar la viga será igual a su peso, 8,000 N. Se conocen la distancia y el tiempo, así que puede emplearse la fórmula de la potencia.

Escribe la fórmula. $\text{Potencia} = \dfrac{\text{Fuerza} \times \text{Distancia}}{\text{Tiempo}}$

Sustituye y resuelve. $\text{Potencia} = \dfrac{8,000 \text{ N} \times 75 \text{ m}}{30 \text{ s}}$

$\text{Potencia} = \dfrac{600,000 \text{ N·m}}{30 \text{ s}} \text{ o } \dfrac{600,000 \text{ J}}{30 \text{ s}}$

$\text{Potencia} = 20,000 \text{ J/s} = 20,000 \text{ W o } 20 \text{ kW}$

Piénsalo.   La respuesta te indica que la grúa consumió 20,000 W para levantar la viga. Eso es igual a 20 kW.

Ejercicios de práctica

1. Un motor ejerce una fuerza de 10,000 N para levantar un elevador 6 m en 5 s. ¿Cuál es la potencia producida por el motor?
2. Una grúa ejerce una fuerza de 9,000 N para sacar un automóvil de un zanja. Mueve al vehículo una distancia de 6 m en 25 s. ¿Cuál es la potencia de la grúa?

Potencia y energía

Recuerda que trabajo es transferencia de energía. Así que la potencia puede definirse de otra manera. **Potencia es la proporción a que se transfiere la energía de un objeto a otro o se convierte de una forma a otra.** Por este motivo, la potencia no se limita a situaciones en las que los objetos se mueven. La potencia se puede encontrar siempre que la energía se transfiere o se convierte.

Profesiones científicas

¿Se puede sentir la potencia?

Imagina que practicas la fisioterapia y deseas incrementar la potencia de salida de tus pacientes. En este experimento, simularás un ejercicio sencillo usando un escalón.

Problema

¿Cómo puedes cambiar la cantidad de potencia que utilizas al hacer ejercicio?

Enfoque en las destrezas

medir, calcular, interpretar datos

Materiales

calculadora　　　　　　　　metro
cronómetro o reloj con segundero
tabla de 2.5 cm $\times$ 30 cm $\times$ 120 cm
8 a 10 libros, cada uno de 2 cm de grueso

Procedimiento

1. Construye un escalón colocando dos montones idénticos de libros. Cada montón debe tener alrededor de 20 cm de alto. Pon una tabla encima de los libros de modo que los extremos de la tabla queden al mismo nivel que los bordes de los libros. **PRECAUCIÓN:** *Pide a tus compañeros que sostengan con firmeza la tabla durante el procedimiento.*

2. Copia la tabla de datos en tu cuaderno.
3. Realizas trabajo cada vez que das un paso.
   Trabajo = Peso $\times$ Altura
   a. Supón que tu peso es de 400 N y el de tus compañeros de 425 N y 450 N.
   b. Mide la distancia vertical en centímetros desde el suelo hasta la parte superior de la tabla. Convierte a metros dividiendo entre 100 y anota esta altura en la tabla de datos.
4. Calcula el trabajo que realizas al subir a la tabla una vez. Luego calcula el trabajo que haces al subir a la tabla 20 veces. Anota las dos respuestas en tu tabla de datos.
5. Sube a la tabla con los dos pies y luego retrocede y bájate. Este movimiento hacia arriba y hacia abajo es una repetición. Asegúrate que estés cómodo con el movimiento.
6. Pide a un compañero que tome el tiempo que tardas en realizar 20 repeticiones con rapidez constante. Cuenta en voz alta para ayudar a tu compañero a que lleve la cuenta del número de repeticiones. Anota el tiempo en tu tabla de datos.
7. Calcula la potencia que consumiste para hacer las 20 repeticiones. (Potencia = Trabajo ÷ Tiempo.) Predice cómo cambiarán tus resultados si subes a distintas velocidades.

Sabes que una bombilla eléctrica de 100 vatios es mucho más brillante que una de 40 vatios. El número de vatios impreso en una bombilla te indica su potencia. La potencia de una bombilla es la razón a la cual la energía eléctrica se convierte en energía electromagnética (luz) y en energía térmica. Una bombilla eléctrica de 100 vatios convierte la energía eléctrica a razón de 100 joules cada segundo. Una bombilla de 100 vatios es más brillante porque emite más energía por segundo que la emitida por una bombilla de 40 vatios.

TABLA DE DATOS

	Peso (N)	Altura de la tabla (m)	Tiempo para 20 repeticiones (s)	Trabajo para 1 repetición (J)	Trabajo para 20 repeticiones (J)	Potencia (W)
Estudiante 1 Prueba 1						
Estudiante 1 Prueba 2						

8. Repite los pasos 6 y 7, pero sube al escalón más despacio de lo que lo hiciste la primera vez. Anota los nuevos datos en el renglón de la Prueba 2 de tu tabla de datos.

9. Intercambia papeles con tus compañeros y repite los pasos 3 a 8.

Analizar y concluir

1. Compara la cantidad de trabajo que hiciste durante la primera y la segunda pruebas.

2. Compara la cantidad de potencia que produjiste durante tu primera y segunda pruebas.

3. ¿Tus compañeros y tú realizaron la misma cantidad de trabajo? Explica tu respuesta.

4. ¿Tus compañeros y tú produjeron la misma potencia durante sus pruebas? Explica tu respuesta.

5. Aplicar Propón cómo un fisioterapista podría emplear la música para cambiar la potencia de salida de sus pacientes. ¿Por qué querría una terapista cambiar la potencia de salida?

Crear un experimento

Crea un experimento para probar otras dos maneras en que un fisioterapista podría cambiar la potencia de salida de sus pacientes. Pide la aprobación de tu maestro antes de iniciar tu experimento.

Figura 16 Una de las máquinas de Watt (junto a la chimenea) funcionando en una mina de carbón.

El caballo de fuerza

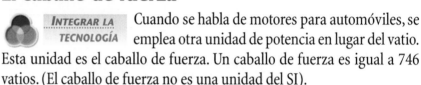

INTEGRAR LA TECNOLOGÍA Cuando se habla de motores para automóviles, se emplea otra unidad de potencia en lugar del vatio. Esta unidad es el caballo de fuerza. Un caballo de fuerza es igual a 746 vatios. (El caballo de fuerza no es una unidad del SI).

James Watt fue quien, en 1769, utilizó las palabras "caballo de fuerza" para anunciar las ventajas de su máquina de vapor perfeccionada. Watt decidió relacionar su máquina con la fuente de potencia común en su época: la fuerza del caballo. Comparó la cantidad de trabajo que su máquina de vapor podía realizar con la cantidad de trabajo que un caballo podía hacer para acarrear carbón. Definió un caballo de fuerza como la cantidad de trabajo que un caballo efectúa para levantar un peso de 33,000 libras una distancia de un pie (30 centímetros) en un minuto.

Repaso de la sección 4

1. Enuncia la fórmula para calcular la potencia.
2. ¿Qué relación existe entre potencia y energía?
3. ¿Cuánto trabajo se realiza al ejercer una fuerza de 40 N para correr una distancia de 18 m en 4 segundos? ¿Cuánta potencia utilizaste?
4. **Razonamiento crítico** **Resolver problemas** El motor de un ventilador eléctrico convierte 24,000 J de energía eléctrica cada minuto (60 s). ¿Cuál es la potencia del motor del ventilador?
5. **Razonamiento crítico** **Comparar y contrastar** Un motor de 40 caballos de fuerza quema el doble de combustible cada hora que un motor de 20 caballos de fuerza. Explícalo.

Comprueba tu aprendizaje

PROYECTO DEL CAPÍTULO
5

Añade vueltas a los rieles de tu montaña rusa. ¿Qué ocurre con la velocidad del carro al dar una vuelta? ¿Ciertos lugares del riel son mejores para dar vuelta? Experimenta poniendo una curva vertical en la vía. ¿Cuál es el mejor sitio para colocar una curva? Se puede decir que la montaña rusa produce potencia porque convierte la energía potencial gravitacional en energía cinética. ¿En qué punto del recorrido es mayor este coeficiente de conversión?

SECCIÓN 1 — Naturaleza de la energía

Ideas clave

◆ Energía es la capacidad de realizar trabajo o producir cambios.

◆ La energía se transfiere de un objeto a otro cuando se realiza trabajo.

◆ La energía cinética es la energía que posee un objeto debido a su movimiento. La energía potencial es la energía que tiene un objeto debido a su posición o condición.

◆ Las seis formas de la energía son: energía mecánica, energía térmica, energía química, energía eléctrica, energía electromagnética y energía nuclear.

Términos clave

energía
energía cinética
energía potencial
energía potencial
  elástica
energía potencial
  gravitacional

energía mecánica
energía térmica
energía química
energía eléctrica
energía
  electromagnética
energía nuclear

SECCIÓN 2 — Conversión y conservación de la energía

Ideas clave

◆ La conversión o transformación de la energía ocurre cuando la energía cambia de forma.

◆ En cualquier proceso, la energía no se pierde. Esta es la ley de la conservación de la energía.

Términos clave

conversión de la energía
ley de la conservación de la energía

SECCIÓN 3 — Conversiones de energía y combustibles fósiles

INTEGRAR LAS CIENCIAS DE LA TIERRA

Ideas clave

◆ La energía del Sol se convierte en energía química en plantas y animales. Los combustibles fósiles, como el carbón y el petróleo, se formaron a partir de los restos de antiguos animales y plantas.

◆ La energía contenida en los combustibles fósiles se libera y transforma cuando los combustibles se queman.

Término clave

combustibles fósiles

SECCIÓN 4 — Potencia

Ideas clave

◆ Potencia es la proporción a la cual se realiza trabajo, o a la cual se transforma la energía.

◆ La potencia se calcula dividiendo la cantidad de trabajo realizado (o energía convertida) entre el tiempo que tardó. La unidad de potencia es el vatio: $1\ W = 1\ J/s$.

Término clave

potencia

USAR LA INTERNET

ACTIVIDAD

www.science-explorer.phschool.com

Repaso del contenido

 Para repasar los conceptos clave, consulta el Interactive Student Tutorial CD-ROM.

Opción múltiple
Elige la letra que complete mejor cada enunciado.

1. La energía del movimiento se llama
   a. energía potencial elástica.
   b. energía cinética.
   c. energía potencial gravitacional.
   d. energía química.

2. Cuando estiras una resortera, le proporcionas
   a. energía cinética.
   b. energía potencial elástica.
   c. energía potencial gravitacional.
   d. potencia.

3. Siempre que la energía se transforma, parte de ella se convierte en
   a. energía nuclear.
   b. energía eléctrica.
   c. energía térmica.
   d. energía mecánica.

4. El carbón almacena energía del Sol como
   a. energía química.
   b. energía electromagnética.
   c. energía mecánica.
   d. energía eléctrica.

5. La razón a la cual se realiza el trabajo se llama
   a. energía.
   b. eficiencia.
   c. potencia.
   d. conservación.

Falso o verdadero
Si el enunciado es verdadero, escribe verdadero. Si es falso, cambia la palabra o palabras subrayadas para hacer verdadero el enunciado.

6. La unidad SI de potencia es el joule.

7. La energía cinética se debe a la posición de un objeto.

8. La energía potencial gravitacional depende del peso y la altura.

9. Las plantas verdes convierten la energía electromagnética del Sol en energía mecánica.

10. Un dispositivo que posee el triple de la potencia de otro puede realizar la misma cantidad de trabajo en una tercera parte del tiempo.

Revisar los conceptos

11. Describe la diferencia entre energía cinética y energía potencial.

12. Decide qué formas de energía están presentes en cada uno de los siguientes fenómenos: una hoja cae de un árbol; una vela arde; una liga envuelve un periódico.

13. Un águila vuela desde un árbol hasta el suelo para capturar a su presa. Describe las transformaciones de su energía a medida que desciende.

14. Cuando subes la escalera, ¿de qué manera se cumple la ley de la conservación de la energía?

15. Un jefe de cocina pone un pastel en el horno a baja temperatura de modo que se cueza en una hora. Otro pone en el horno un pastel a alta temperatura para que esté cocido en media hora. ¿Es igual en cada caso la cantidad de energía transformada? ¿Es la misma potencia?

16. **Escribir para aprender** Como viste en las figuras de las páginas 144 y 145, puedes encontrar distintas formas de energía a tu alrededor. Imagina que estás escribiendo tu propia biografía. Escoge tres acontecimientos importantes de tu vida. Escribe un párrafo acerca de la forma de energía que fue más importante en cada hecho.

Razonamiento gráfico

17. **Red de conceptos** En una hoja de papel, copia la red de conceptos sobre la energía. Después complétala y ponle un título. (Para más información acerca de las redes de conceptos, consulta el Manual de destrezas.)

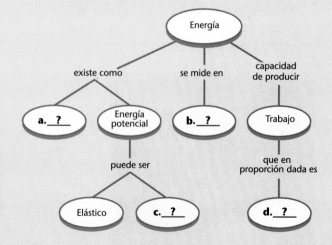

Aplicar las destrezas

Con la ilustración del golpe de un jugador de golf, responde las Preguntas 18–20. El palo de golf empieza en el punto A y termina en el punto E.

18. Inferir ¿En qué punto(s) el palo de golf posee la mayor energía potencial? ¿En qué punto(s) tiene la mayor energía cinética?

19. Comunicar Describe las conversiones de energía del punto A al punto E.

20. Sacar conclusiones La energía cinética del palo en el punto C es mayor que la energía potencial en el punto B. ¿Significa esto que se viola la ley de la conservación de la energía?

Razonamiento crítico

21. Calcular Un automóvil de 1300 kg se desplaza a 11 m/s. ¿Cuál es su energía cinética?

22. Resolver problemas Una joven de 500 N desciende un tramo de escalera de modo que queda 3 m debajo de su nivel de salida. ¿Qué cambio ocurre en la energía potencial gravitacional de la joven?

23. Aplicar los conceptos Enciendes un ventilador eléctrico para refrescarte. Describe las conversiones de energía que se producen.

24. Relacionar causa y efecto Una motocicleta, un automóvil y un autobús se desplazan con la misma velocidad. ¿Cuál tiene menor energía cinética? ¿Cuál tiene la mayor? Explica tu respuesta.

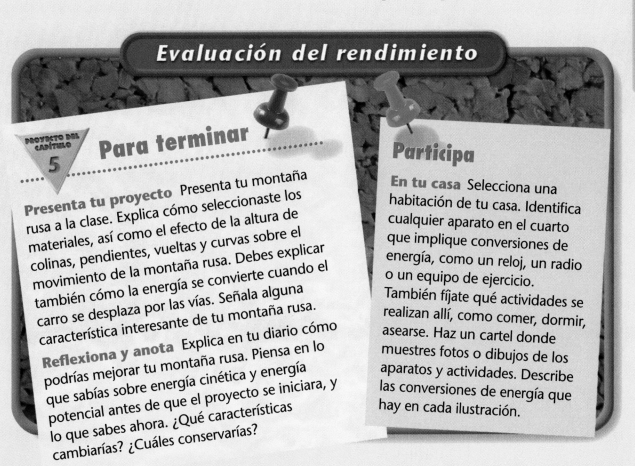

Evaluación del rendimiento

PROYECTO DEL CAPÍTULO 5

Para terminar

Presenta tu proyecto Presenta tu montaña rusa a la clase. Explica cómo seleccionaste los materiales, así como el efecto de la altura de colinas, pendientes, vueltas y curvas sobre el movimiento de la montaña rusa. Debes explicar también cómo la energía se convierte cuando el carro se desplaza por las vías. Señala alguna característica interesante de tu montaña rusa.

Reflexiona y anota Explica en tu diario cómo podrías mejorar tu montaña rusa. Piensa en lo que sabías sobre energía cinética y energía potencial antes de que el proyecto se iniciara, y lo que sabes ahora. ¿Qué características cambiarías? ¿Cuáles conservarías?

Participa

En tu casa Selecciona una habitación de tu casa. Identifica cualquier aparato en el cuarto que implique conversiones de energía, como un reloj, un radio o un equipo de ejercicio. También fíjate qué actividades se realizan allí, como comer, dormir, asearse. Haz un cartel donde muestres fotos o dibujos de los aparatos y actividades. Describe las conversiones de energía que hay en cada ilustración.

CAPÍTULO

6 Energía térmica y calor

Los brillantes colores de este termograma indican las zonas que irradian más calor.

LO QUE ENCONTRARÁS

SECCIÓN 1 Temperatura y energía térmica

Descubre ¿Qué tan fría es el agua?

SECCIÓN 2 Naturaleza del calor

Descubre ¿Qué significa calentar?
Mejora tus destrezas Inferir
Inténtalo Siente el calor
Laboratorio de destrezas Sólo añade agua

Integrar la química

SECCIÓN 3 Energía térmica y estados de la materia

Descubre ¿Qué ocurre con el metal calentado?
Mejora tus destrezas Observar

En agua caliente

Esta imagen extraña no proviene de una caricatura o de una película de terror. Es el termograma de una casa. Un termograma es una imagen que forma el calor que emite un objeto. Quizás te interesaría tener un termograma de tu casa, pues te ayudaría a descubrir costosas pérdidas de calor.

En este capítulo sabrás qué es el calor y cómo se relaciona con la energía térmica y la temperatura. Mientras lees el capítulo, aprovecharás lo que aprendas para construir un aparato que aislará un recipiente de agua caliente.

Tu objetivo Construir un recipiente para una lata de aluminio de 12 onzas (355 mL) que mantenga caliente el agua.

Tu proyecto debe:
◆ reducir la pérdida de energía térmica del recipiente
◆ construirse a partir de materias primas disponibles en lugar de ser un recipiente aislante ya hecho
◆ tener material aislante no mayor de 3 cm de grueso
◆ no usar electricidad ni químicos calentadores
◆ seguir los lineamientos de seguridad del Apéndice A

Para empezar Con un grupo de compañeros, analiza materiales que impiden la pérdida de calor. Consideren preguntas como: ¿Qué propiedades en común tienen los materiales? ¿Qué materiales son fáciles de conseguir? ¿Cómo pueden saber qué materiales evitan mejor la pérdida de calor?

Comprueba tu aprendizaje Trabajarás en este proyecto mientras estudias el capítulo. Para mantener tu proyecto en marcha, revisa los cuadros de Comprueba tu aprendizaje en los puntos siguientes:

Repaso de la Sección 2, página 177: Realiza experimentos para determinar los mejores materiales aislantes y lleva un registro de tus resultados.

Repaso de la Sección 4, página 190: Construye y prueba el aparato.

Para terminar Al final del capítulo (página 193) probarás el rendimiento de tu dispositivo aislante.

Temperatura y energía térmica

DESCUBRE

¿Qué tan fría es el agua?

1. Llena un tazón de plástico de agua fría, otro de agua tibia y otro con agua a temperatura ambiente. Etiqueta cada tazón.

2. Pon en fila los tres tazones. Mete la mano derecha en el agua fría y la mano izquierda en el agua tibia.

3. Un minuto después, mete las dos manos en el tercer tazón al mismo tiempo.

Reflexiona sobre

Observar ¿Cómo sentiste el agua del tercer tazón? ¿Sentiste lo mismo en cada mano? Si no es así, explica por qué.

GUÍA DE LECTURA

◆ ¿Cuáles son las tres escalas de temperatura comunes?

◆ ¿En qué difiere la temperatura de la energía térmica?

Sugerencia de lectura Al leer, utiliza los títulos para hacer un esquema de la temperatura y la energía térmica. Deja espacio para añadir definiciones mientras lees.

El boletín meteorológico de la radio informa que la temperatura ascenderá a 25 grados. ¿Qué ropa debes ponerte? ¿Necesitas un abrigo y una bufanda para mantenerte caliente o sólo unos pantalones cortos y una camiseta? Lo que decidas depende de la escala de temperatura. En una escala, 25 grados es bajo cero, mientras que en otra escala, 25 grados es bastante agradable.

Temperatura

No necesitas un libro de ciencias para saber que la palabra *caliente* significa temperaturas altas y que la palabra *frío* temperaturas bajas. Te pones ropa distinta según el día sea caluroso o frío. Sin embargo, cuando los científicos piensan en la temperatura, están considerando las partículas que constituyen la materia.

La materia se compone de partículas diminutas llamadas átomos y moléculas. Estas partículas siempre están en movimiento aunque no se mueva el objeto que integran. Como recordarás, la energía del movimiento se llama energía cinética, de modo que todas las partículas que forman la materia poseen energía cinética. Cuanto más rápido se mueven las partículas, más energía cinética tienen. La **temperatura** es una medida de la energía cinética promedio de las partículas individuales que constituyen un objeto.

Figura 1 Las partículas de chocolate caliente se mueven más rápido que las de la leche fría con chocolate. *Aplicar los conceptos ¿Qué bebida tiene partículas con mayor energía cinética promedio?*

Mira la taza de chocolate caliente y al vaso de leche con chocolate fría de la Figura 1. El chocolate caliente tiene temperatura más alta que el chocolate frío. Sus partículas se desplazan más rápido, de modo que poseen mayor energía cinética promedio. Si calentamos la leche con chocolate, sus partículas se desplazarán más rápido, de manera que su energía cinética aumentará. Esto significa que la temperatura de la leche se elevará.

Escalas de temperatura

Si realizaste la actividad de la sección Descubre sabes que el hecho de que algo se sienta caliente o frío depende con qué lo compares. En un día caluroso, entrar en un edificio con aire acondicionado puede hacerte tiritar. Necesitas algunos minutos para sentirte a gusto con la temperatura interior. Puesto que no puedes depender de tu sentido del tacto, necesitas una escala para medir con precisión la temperatura. **Las tres escalas comunes para medir la temperatura son las de Fahrenheit, Celsius y Kelvin.**

Escala Fahrenheit En Estados Unidos, la escala de temperatura más común es la llamada **escala Fahrenheit.** En ésta, el número 32 se asigna a la temperatura de congelación del agua. El número 212 corresponde a la temperatura de ebullición del agua. El intervalo entre esas dos temperaturas se divide en 180 intervalos iguales llamados grados Fahrenheit (°F).

Escala Celsius La escala de temperatura que se emplea en la mayor parte del mundo es la **escala Celsius.** En esta escala, el número 0 se asigna a la temperatura de congelación del agua. El número 100 corresponde a la temperatura de ebullición del agua. El intervalo entre congelación y ebullición se divide en 100 partes iguales, llamadas grados Celsius (°C).

Escala Kelvin La escala de temperatura que comúnmente se utiliza en las ciencias físicas es la **escala Kelvin.** Las unidades de la escala Kelvin son del mismo tamaño que las de la escala Celsius y se llaman kelvin (K).

Figura 2 En esta ilustración se comparan las tres escalas de temperatura. *Comparar y contrastar ¿En qué difieren unas de otras las tres escalas de temperatura?*

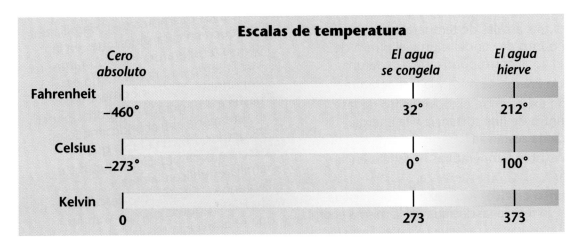

Escalas de temperatura

	Cero absoluto	El agua se congela	El agua hierve
Fahrenheit	−460°	32°	212°
Celsius	−273°	0°	100°
Kelvin	0	273	373

Figura 3 Una olla grande de chocolate caliente puede tener la misma temperatura que una taza pequeña de chocolate. *Comparar y contrastar ¿Poseen los dos recipientes la misma energía térmica?*

Cualquier temperatura de la escala Kelvin puede convertirse en grados Celsius añadiéndole 273. Así que el punto de congelación del agua en la escala Kelvin es 273 K y el punto de ebullición es 373 K.

¿Por qué es tan especial el número 273? Los experimentos han llevado a los científicos a la conclusión de que −273°C es la temperatura más baja posible. A esta temperatura, llamada **cero absoluto,** no se puede extraer más energía de la materia. En la escala Kelvin, el cero corresponde al cero absoluto.

☑ *Punto clave ¿Cuáles son los tres puntos que definen a las escalas de temperatura comunes?*

Energía térmica

La energía total de las partículas que componen una sustancia se llama **energía térmica,** o a veces energía interna. Incluso si dos muestras de materia se encuentran a la misma temperatura, no necesariamente poseen la misma energía total.

Cuantas más partículas tenga una sustancia a una temperatura determinada, mayor energía térmica posee. Por ejemplo, 2 litros de chocolate caliente a 75°C poseen más energía térmica que 0.15 litros a 75°C. **Entonces, la temperatura es una medida de la energía cinética promedio de las partículas individuales. La energía térmica es la energía total del conjunto de partículas.**

La energía térmica no depende sólo de la temperatura y del número de partículas que componen una sustancia. También depende de la forma en que están dispuestas las partículas. En la Sección 3 aprenderás en qué difiere la energía térmica según corresponda a sólidos, líquidos o gases.

 Repaso de la sección 1

1. Menciona las tres escalas de temperatura comunes. Di cuál es el punto de congelación y el punto de ebullición del agua correspondiente a cada una.
2. ¿Son iguales la energía térmica y la temperatura?
3. ¿Qué relación existe entre el movimiento de las partículas dentro de una sustancia y la energía térmica de dicha sustancia?
4. ¿Por qué no existen temperaturas negativas en la escala Kelvin?
5. **Razonamiento crítico Aplicar los conceptos** ¿Puede tener un recipiente de agua fría la misma energía térmica que un recipiente de agua caliente? Explica.

Las ciencias en casa

Pide a los miembros de tu familia que busquen en casa situaciones en las que la temperatura es importante. Tal vez la temperatura del horno es importante: podrías hornear un pastel a 350 grados. O podrías poner el sistema de aire acondicionado en 78 grados. Haz una tabla que describa cada situación. Quizás tus familiares utilicen la escala Fahrenheit. Pídeles que describan situaciones que conozcan y en las que se emplee la escala Celsius.

SECCIÓN 2 Naturaleza del calor

DESCUBRE ·· ACTIVIDAD

¿Qué significa calentar?

1. Consigue varios utensilios hechos de distintos materiales, como plata, acero inoxidable, plástico y madera.

2. Pon un poco de mantequilla congelada en el asa o mango de cada utensilio. Cuida que cuando estén de pie, la mantequilla quede a la misma altura.

3. Coloca los utensilios de pie en un vaso de precipitados de modo que no se toquen entre sí.

4. Vierte agua caliente en el vaso hasta que quede a unos 6 cm por debajo de la mantequilla. Observa los utensilios durante varios minutos. ¿Qué ocurre?

5. Los utensilios quedarán grasosos. Límpialos y lávalos con agua y jabón.

Reflexiona sobre
Observar ¿Qué ocurrió con la mantequilla? ¿Le sucedió lo mismo a cada utensilio? ¿Cómo explicas tus observaciones?

La herrería es un oficio de mucho calor. Un pedazo de hierro en la fragua se calienta y se pone al rojo vivo a medida que la energía térmica del fuego corre por él. Al mismo tiempo, el herrero siente que se eleva aire caliente de la fragua. Siente el calor del fuego directamente en cara y brazos. Cada uno de esos movimientos de energía es una forma de calor. El **calor** es la transferencia de energía térmica de una sustancia de temperatura más alta a otra de temperatura más baja.

GUÍA DE LECTURA

◆ ¿Qué relación hay entre calor y energía térmica?

◆ ¿Cuáles son las tres formas de transmisión del calor?

◆ ¿Cómo están relacionados el calor específico y la energía térmica?

Sugerencia de lectura **Antes de leer, define el calor con tus propias palabras. A medida que leas la sección, haz las correcciones necesarias a tu definición.**

Figura 4 Este herrero utiliza el calor para ablandar un pedazo de hierro antes de darle forma con el martillo.

Fíjate que la definición científica del calor es distinta de la de uso diario. En una conversación, podrías oír a alguien decir que un objeto tiene calor. La materia, sin embargo, no contiene calor, sino energía térmica. Sólo cuando la energía térmica se transfiere se llama calor. **El calor es la energía térmica que se desplaza de un objeto más caliente a uno más frío.** Recuerda que en el Capítulo 5 vimos que el trabajo también implica la transferencia de energía mecánica. Así que tanto el trabajo como el calor son transferencia de energía, y los dos se miden con la misma unidad: joules.

¿Cómo se transfiere el calor?

El calor puede transferirse de tres maneras. **El calor se transfiere mediante conducción, convección y radiación.** El herrero experimentó las tres.

Conducción   En el proceso de **conducción**, el calor se transfiere de una partícula de materia a otra sin el movimiento de la materia misma. Piensa en una cuchara de metal dentro de una olla de agua que se calienta en una estufa eléctrica. Las partículas de la hornilla eléctrica caliente, las cuales se mueven rápidamente, chocan con las partículas de la olla fría, que se desplazan lentamente. El calor se transfiere y hace que las partículas más lentas se muevan más rápido. Luego las partículas de la olla chocan con las partículas del agua, las que, a su vez, chocan con las de un extremo de la cuchara. A medida que las partículas se mueven más rápido, la cuchara de metal se calienta. Este proceso de conducción se repite por el metal hasta que toda la cuchara se calienta.

En la Figura 5, las herraduras colocadas en la fragua del herrero se ponen al rojo vivo conforme el calor se transfiere del fuego al metal. Esta transferencia de calor por toda la herradura se debe a la conducción.

Figura 5 Toda la herradura se calienta aun cuando sólo su lado inferior está en contacto con los carbones ardientes. *Inferir ¿Mediante qué método se transfiere el calor a través del metal?*

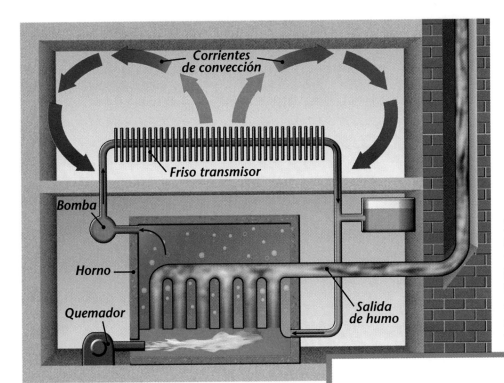

Corrientes de convección

Friso transmisor

Bomba

Horno

Quemador

Salida de humo

Figura 6 Así como mueven el calor por todo el líquido que hay dentro de una olla, las corrientes de convección trasladan el calor desde el friso por toda la habitación.

Convección Si observas una olla de agua caliente sobre la estufa, te darás cuenta de que el líquido se mueve. El movimiento que transfiere el calor dentro del agua se llama **convección.** Según esto, el movimiento de corrientes dentro de un fluido (un líquido o un gas) transfiere el calor.

Cuando el agua del fondo de la olla se calienta, sus partículas se mueven más aprisa y se separan más. Como resultado, el agua calentada se vuelve menos densa. Recuerda del Capítulo 3 que un fluido menos denso flota encima de otro más denso. Así, el agua caliente sube. El líquido que la rodea, más frío, ocupa su lugar. Este flujo crea un movimiento circular conocido como **corriente de convección**, como se muestra en la Figura 6.

Las corrientes de convección se emplean para transferir aire caliente por todo un edificio. En la Figura 6, conforme el aire próximo al calefactor se calienta, se vuelve menos denso y sube. Cuando el aire caliente sube, el aire frío que lo rodea ocupa su sitio.

INTEGRAR LAS CIENCIAS DE LA TIERRA Las corrientes de convección también se generan en el ambiente. Un ave que planea, como un halcón, aprovecha este fenómeno y viaja en corrientes ascendentes donde el aire caliente se eleva. En realidad, las corrientes de convección transfieren aire que el sol calienta por toda la atmósfera terrestre. Producen los vientos mundiales que forman el tiempo atmosférico de la Tierra.

☑ *Punto clave* ¿Cómo transfiere calor la convección?

Figura 7 La radiación procedente de las lámparas térmicas en lo alto, mantiene calientes los alimentos de una cafetería.

Radiación La **radiación** es la transferencia de energía mediante ondas electromagnéticas. Puedes sentir la radiación procedente de una fogata o de una lámpara térmica desde una distancia de varios metros. Y, por supuesto, un herrero siente el calor de la radiación de su fragua. Existe una diferencia importante entre la radiación y los procesos de conducción y convección. La radiación no requiere de materia para transferir la energía térmica. Toda la energía solar que llega a la Tierra recorre millones de kilómetros de espacio vacío.

El calor se desplaza en una dirección

Si dos sustancias tienen temperaturas diferentes, el calor fluirá del objeto más caliente al más frío. Cuando el calor penetra en una sustancia, la energía térmica de la sustancia aumenta. A medida que la energía térmica se incrementa, su temperatura se eleva. Al mismo tiempo, la temperatura de la sustancia que emite calor disminuye. El calor fluirá de una sustancia a otra hasta que las dos sustancias tengan la misma temperatura. Un tazón de avena caliente se enfría a la temperatura ambiente si te la comes pronto.

¿Qué ocurre con algo frío, un helado, por ejemplo? Los ingredientes que se emplearon para prepararlo, como la leche y el azúcar, no se enfrían nunca tanto como el helado terminado. En la máquina de hacer helados, los ingredientes se meten en un recipiente de metal lleno de hielo. Tal vez pienses que el hielo transfiere frío a los ingredientes pero no es así. En lugar de ello, los ingredientes se enfrían a medida que la energía térmica fluye de ellos hacia el hielo. La transferencia de calor sólo se produce en una dirección.

Punto clave ¿En qué dirección se mueve el calor?

Conductores y aislantes

¿Alguna vez en una fría mañana has pisado un tapete y en seguida un piso de baldosas? El piso de baldosas se siente más frío que el tapete. Sin embargo, si midieras la temperatura de cada uno, sería la misma: la del ambiente. La diferencia entre ellos tiene que ver con la manera en que los materiales conducen el calor.

Los materiales que conducen bien el calor se llaman **conductores.** Metales como la plata y el acero inoxidable son buenos conductores. Una cuchara de metal conduce más rápido el calor que una de madera o de plástico. Los materiales que no conducen bien el calor se llaman **aislantes.** La madera, la lana, la paja, el papel y el corcho son buenos aislantes. Los gases, como el aire, también son buenos aislantes.

Un buen conductor, como un piso de baldosas, se sentirá frío al tacto porque transfiere fácilmente el calor de la piel. Un aislante como un tapete, en cambio, transfiere con mayor lentitud el calor de la piel, así que se siente más caliente.

La ropa y las mantas son aislantes que retardan la transferencia de calor del cuerpo. Los mamíferos y las aves poseen aislantes naturales. Las aves tienen plumas que guardan el aire debajo de ellas, y mamíferos como las morsas tienen una capa de grasa.

Un edificio bien aislado es cómodo en el interior y no importa si hace frío o calor en el exterior. El aislamiento impide que el calor entre en la construcción cuando hace calor y evita que el calor escape cuando hace frío. La fibra de vidrio es un material aislante común para edificios. Está hecho de una mezcla de delgadas fibras de vidrio que atrapan el aire. El aire es un mal conductor del calor, y el aire atrapado no puede transferir calor mediante convección. Así que la fibra de vidrio retrasa la transferencia de calor a través de las paredes o el techo.

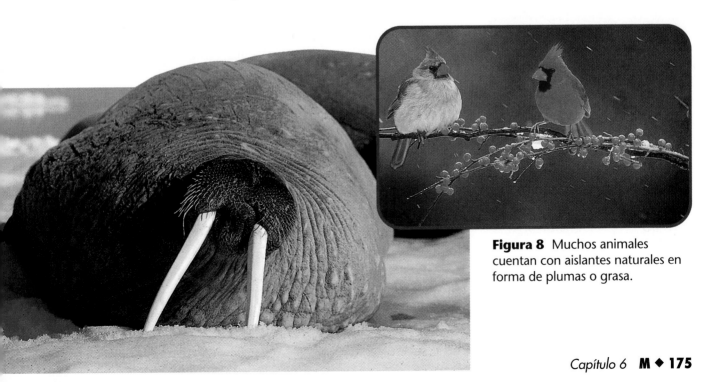

Figura 8 Muchos animales cuentan con aislantes naturales en forma de plumas o grasa.

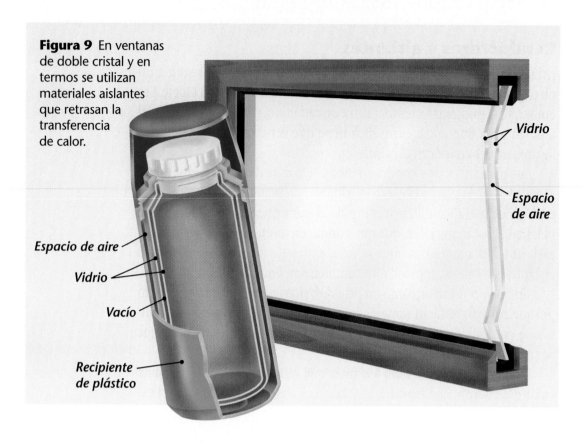

Figura 9 En ventanas de doble cristal y en termos se utilizan materiales aislantes que retrasan la transferencia de calor.

Vidrio

Espacio de aire

Espacio de aire

Vidrio

Vacío

Recipiente de plástico

Figura 10 En esta tabla se encuentran los calores específicos de varias sustancias. *Resolver problemas ¿Cuánta energía adicional se requiere para elevar la temperatura de 1 kg de hierro que la necesaria para aumentar la temperatura de 1 kg de cobre en la misma cantidad?*

Calor específico de sustancias comunes	
Sustancia	**Calor específico (J/(kg·K))**
Aluminio	903
Latón	376
Cobre	385
Vidrio	664
Hielo	2,060
Hierro	450
Arena	670
Plata	235
Agua	4,180

Buena parte de la transferencia de calor de una casa ocurre a través de las ventanas. Por esta razón, las ventanas aislantes se hacen con dos cristales y un espacio estrecho entre ellos. El aire atrapado entre los cristales no transfiere bien el calor. Los termos se basan en el mismo principio. Contienen un vacío, el cual es mejor aislante que el aire.

Calor específico

Imagina que corres por la arena caliente hacia la playa. Corres hacia la orilla del agua, pero no avanzas más: el agua está demasiado fría. ¿Cómo es posible que la arena esté tan caliente y el agua tan fría? Después de todo, el sol calentó a las dos. La respuesta es que el agua requiere más calor para elevar su temperatura que la arena.

Cuando se calienta un objeto, aumenta su temperatura. Pero la temperatura no sube en la misma proporción en todos los objetos. La cantidad de calor necesario para elevar la temperatura depende de la composición química del material. Los distintos materiales necesitan más o menos calor para cambiar su temperatura en la misma cantidad.

Los científicos han definido una cantidad para medir la relación existente entre calor y cambio de temperatura. La cantidad de energía requerida para aumentar la temperatura de 1 kilogramo de una sustancia en un grado kelvin se conoce como su **calor específico.** La unidad de medida del calor específico es joules por kilogramo-kelvin (J/(kg·K)). Mira los calores específicos de las sustancias enumeradas en la Figura 10. Advierte que el calor específico del agua es bastante alto. Un kilogramo de

agua requiere 4,180 joules de energía para elevar su temperatura 1 grado kelvin. Los materiales con un alto calor específico pueden absorber mucha energía térmica sin tener un cambio importante de temperatura.

La energía que un objeto gana o pierde está relacionada con la masa, el cambio de temperatura y el calor específico del material. Los cambios de energía térmica se pueden calcular con la fórmula siguiente:

Cambio de energía =
      Masa × Calor específico × Cambio de temperatura

¿Cuánto calor se requiere para aumentar 10 grados kelvin la temperatura de 5 kilogramos de agua?

Calor absorbido = (5 kg)(4,180 J/(kg·K))(10 K) = 209,000 J

Se necesitan transferir 209,000 joules al agua para elevar 10 grados kelvin su temperatura.

Repaso de la sección 2

1. ¿Qué diferencia hay entre el calor y la energía térmica?
2. Describe las tres clases de transferencia de calor.
3. ¿Qué es el calor específico?
4. **Razonamiento crítico** **Resolver problemas** ¿Cuánta energía pierden 10 kg de plata si se enfría de 35°C a 21°C?
5. **Razonamiento crítico** **Aplicar los conceptos** Antes de que las casas tuvieran calefacción, a menudo la gente colocaba botellas de agua caliente en sus camas a la hora de dormir. ¿Por qué el agua es una buena opción?

PROYECTO DEL CAPÍTULO...
6

Comprueba tu aprendizaje
Prepara un breve resumen de tu plan experimental. ¿Cómo probarás la capacidad de aislamiento? (*Sugerencia*: ¿Qué variables mantendrás constantes? ¿Cómo puedes estar seguro de que las controlas?) Piensa cómo diseñar una prueba confiable para comparar la capacidad relativa de aislamiento de cada material. ¿Con qué frecuencia anotarás la temperatura? Luego haz tus pruebas.

Sólo añade agua

Si añades agua caliente al agua fría, ¿qué sucederá? En este experimento, construirás un dispositivo que mide los cambios de la energía térmica. Se llama calorímetro. Aprovecharás la destreza de interpretar datos para calcular la energía térmica transferida.

Problema

Cuando se mezclan agua caliente y fría, ¿cuánta energía térmica se transfiere del agua caliente al agua fría?

Materiales

4 vasos de hule espuma
agua caliente de la llave
tijeras

2 termómetros
balanza
lápiz

vaso de precipitados con agua resposada en hielo

Procedimiento

1. Predice la relación entre la cantidad de energía térmica que perderá el agua caliente y la energía térmica que ganará el agua fría.
2. Copia la tabla de datos en tu cuaderno.
3. Sigue las instrucciones del recuadro para construir dos calorímetros. Halla la masa de cada calorímetro vacío (incluso la tapa) en una balanza y anota cada masa en tu tabla.

CONSTRUCCIÓN DEL CALORÍMETRO

A. Marca un vaso de hule espuma con la letra F (la "F" significa agua fría).

B. Corta de 2 a 3 cm de la parte superior de un segundo vaso. Invierte el segundo vaso dentro del primero. También marca la tapa con la letra F. El vaso y la tapa son tu calorímetro de agua fría.

C. Con un lápiz, haz un agujero en la tapa justo para que quepa un termómetro.

D. Repite los pasos A, B y C con otros dos vasos de huele espuma. Esta vez, rotula el vaso y la tapa con una C. Este es tu calorímetro de agua caliente.

4. Del vaso de precipitados con agua reposada en hielo, añade el líquido (sin cubitos de hielo) al calorímetro de agua fría. Llénalo a un tercio de su capacidad. Ciérralo, halla la masa total y anota la masa en tu tabla.
5. Añade agua caliente de la llave al calorímetro de agua caliente. Llénalo a un tercio de su capacidad. **PRECAUCIÓN:** *El agua caliente puede causar quemaduras.* Ciérralo, halla la masa total y anótala en tu tabla.

TABLA DE DATOS						
	Masa de la taza vacía (g)	Masa de la taza con agua (g)	Masa del agua (g)	Temp. inicial (°C)	Temp. final (°C)	Cambio de temp. (°C)
Calorímetro de agua fría						
Calorímetro de agua caliente						

6. Calcula la masa del agua en cada calorímetro. Anota los resultados en tu tabla de datos.

7. Mete los termómetros en los agujeros de las tapas de los calorímetros. Espera un minuto o dos y luego anota las temperaturas.

8. Quita los dos termómetros y las tapas. Vierte el agua del calorímetro de agua fría en el calorímetro de agua caliente. Vuelve a poner la tapa al calorímetro de agua caliente e inserta un termómetro. Anota la temperatura final como la temperatura final de los dos calorímetros.

Analizar y concluir

1. ¿Cuál es el cambio de temperatura que experimentó el agua fría? Anota tu respuesta en la tabla de datos.

2. ¿Cuál es el cambio de temperatura que experimentó el agua caliente? Anota tu respuesta en la tabla de datos.

3. Calcula la cantidad de energía térmica que penetra en el agua fría por medio de la fórmula para la transferencia de energía térmica. El calor específico del agua es de 4.18 J/(kg·K), así que emplea la fórmula siguiente:

Energía térmica transferida =
4.18 J/(g·K) × Masa de agua fría ×
Cambio de temperatura del agua fría
Recuerda que 1°C es igual a 1 K.

4. Ahora utiliza la fórmula para calcular la energía térmica que sale del agua caliente.

5. ¿Qué unidad debes emplear para tus resultados de las preguntas 3 y 4?

6. ¿Se confirmó tu predicción del Paso 1? ¿Cómo lo sabes?

7. **Piensa en esto** ¿Qué errores pudieron afectar tus resultados? ¿Cómo se podría volver a diseñar el experimento a fin de reducir los errores?

Crear un experimento

¿Cómo se afectarían tus resultados si empezaras con mucha más agua caliente que fría? ¿Y si utilizaras más agua fría que caliente? Haz una predicción. Luego diseña un procedimiento para probar tu predicción. Obtén la aprobación de tu maestro y prueba tu nuevo procedimiento.

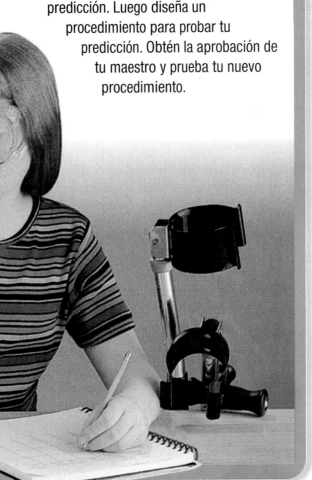

Aislamiento... y un respiro de aire fresco

La gente desea ahorrar dinero. También desea conservar los combustibles fósiles (petróleo, carbón y gas natural) que se emplean para calentar y refrigerar edificios. Así, desde la década de 1970, se han construido casas, oficinas y escuelas de eficiencia energética. Se han levantado edificios grandes con aislamiento compacto, menos espacio para paredes exteriores y ventanas más pequeñas y herméticas. Estas características retardan la transferencia de energía térmica.

Limitar la transferencia de energía térmica, a menudo significa limitar la transferencia de aire. Como resultado, el aire del exterior no se lleva virus, bacterias y contaminantes. Las personas que viven y trabajan en esos edificios contraen enfermedades que cuestan miles de millones de dólares al año en gastos médicos y trabajo perdido.

Temas de debate

¿Cómo limpiar el aire de los interiores?

Limitar los contaminantes del interior (y además eliminarlos) es una manera importante de reducir las enfermedades relacionadas con los edificios. Con este fin se pueden construir edificaciones con materiales y aislamiento que no contaminen el aire. Por ejemplo, utilizar madera natural en lugar de plásticos y tablas de partículas, que emiten sustancias químicas irritantes. El aire del interior se puede filtrar. Paredes, pisos y alfombras pueden limpiarse con frecuencia. Las máquinas que desprenden sustancias químicas, como las fotocopiadoras, pueden colocarse en habitaciones ventiladas.

¿Cómo mejorar la ventilación?

Una buena ventilación requiere al menos 10 litros por segundo de aire puro por cada persona. Con menos aire fresco, algunas personas contraen enfermedades o sufren irritaciones en ojos, nariz y garganta. Hay varias maneras de aumentar la ventilación. En algunos edificios se usan máquinas como ventiladores y calefactores para introducir y sacar el aire. Quienes estén en esos edificios deben tener cuidado de no obstruir respiraderos con muebles o equipo. Se debe conservar la ventilación durante los momentos de mayor contaminación, como cuando se pinta una pieza.

Aumentar el flujo de aire en el interior de los edificios significa consumir más energía para la calefacción y el aire acondicionado. De este modo se reducen los ahorros energéticos de los edificios eficientes. Para compensar esta pérdida, la gente puede ponerse ropa más gruesa en el invierno. Pueden poner sus termostatos a temperatura más baja y consumir menos energía de la calefacción. También pueden ponerse ropa más ligera en el verano y reducir el consumo de energía del aire acondicionado.

Otra manera de obtener aire limpio y conservar la energía se llama ventilación de recuperación energética. El calor se transfiere del aire interior viciado, pero caliente, en aire exterior fresco, pero frío. El aire sale, pero no la energía.

Tú decide

1. Identifica el problema
Describe, con tus propias palabras, el problema que causan las capas gruesas de material aislante.

2. Analiza las opciones
Da cinco opciones para reducir enfermedades relacionadas con los edificios. ¿Cómo afectan la cantidad de combustible necesaria para la calefacción?

3. Encuentra una solución
Estás construyendo una nueva escuela. Enlista las medidas que permitan evitar enfermedades y a la vez mantengan bajos los costos de calefacción.

SECCIÓN 3 Energía térmica y estados de la materia

DESCUBRE ● ACTIVIDAD ●

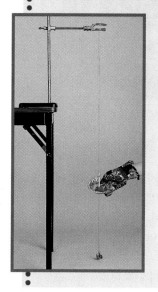

¿Qué ocurre con el metal calentado?

1. Enrolla un extremo de un alambre de un metro de largo en la abrazadera de un soporte.

2. Sujeta el otro extremo con varias arandelas. Ajusta la abrazadera de modo que las arandelas se balanceen libremente, pero casi toquen el suelo.

3. 🔥 Enciende una vela. Sosténla con un guante y calienta el alambre. **PRECAUCIÓN:** *Ten cuidado con la llama y evita dejar caer cera caliente sobre ti.* Predice cómo afectará el calor de la vela al alambre.

4. Con la mano enguantada dale vueltas al alambre. Observa cualquier cambio en el movimiento de las arandelas.

5. Apaga la vela y deja que el alambre se enfríe. Después de varios minutos, dale vuelta de nuevo al alambre y observa su movimiento.

Reflexiona sobre

Inferir Con base en tus observaciones, ¿qué puedes deducir acerca del efecto de calentar un sólido?

Durante todo el día, la temperatura en un naranjal desciende a un ritmo constante. El ansioso granjero espera el pronóstico del tiempo. Las noticias no son buenas. Se espera que la temperatura baje aún más durante la noche. Una baja temperatura podría destruir la cosecha entera. Piensa recoger temprano la cosecha, pero las naranjas aún no han madurado.

En vez de ello, el granjero dice a sus trabajadores que le lleven mangueras largas. Les pide que rocíen los árboles con agua. A medida que la temperatura desciende, el agua se convierte en hielo. ¡El hielo conserva calientes las naranjas!

¿Cómo es posible que el hielo mantenga algo caliente? La respuesta tiene que ver con la manera en que la energía térmica se transfiere cuando el agua se convierte en hielo.

GUÍA DE LECTURA

◆ ¿Qué hace que la materia cambie de estado?

◆ ¿Por qué la materia se expande cuando se calienta?

Sugerencia de lectura
Mientras lees, toma notas sobre cómo cada ilustración ayuda a explicar el texto.

Figura 12 ¡Imagínate! ¡Utilizar hielo para mantener algo caliente! Estas naranjas se rociaron con agua porque las amenazaban temperaturas bajo cero.

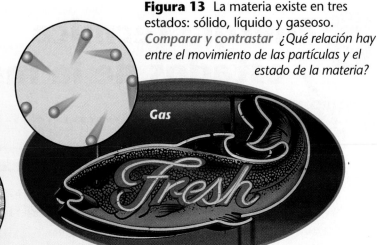

Figura 13 La materia existe en tres estados: sólido, líquido y gaseoso.
Comparar y contrastar ¿Qué relación hay entre el movimiento de las partículas y el estado de la materia?

Gas

Sólido

Líquido

Tres estados de la materia

¿Qué sucede cuando tomas un cubo de hielo con la mano? Se derrite. Tanto el sólido como el líquido son la misma sustancia: agua. El agua puede existir en tres formas distintas. En realidad, toda la materia existe en tres **estados:** sólido, líquido y gaseoso. Aunque la composición química de una sustancia sigue siendo la misma, la disposición de las partículas que forman la materia difiere de un estado a otro.

Sólidos Un cubo de hielo, una moneda, un libro y el cristal de fluorita, que se muestra arriba, son sólidos. Las partículas que componen un sólido forman una masa compacta en posiciones relativamente fijas. Las partículas de un sólido no pueden abandonar su posición. Sólo pueden vibrar de un lado para otro. Esto explica por qué los sólidos mantienen una forma y un volumen fijos.

Líquidos El agua, el jugo de naranja y el acero fundido, que aparecen a la izquierda, son líquidos. Las partículas que componen un líquido permanecen muy juntas pero no con tanta fuerza como las de un sólido. Como las partículas líquidas pueden moverse para todos lados, los líquidos no tienen una forma definida, pero sí un volumen definido.

Gases El aire, el helio y el neón del anuncio de colores que se muestra arriba son gases. En un gas, las partículas se mueven tan aprisa que ni siquiera permanecen muy juntas. Los gases se expanden y llenan todo el espacio disponible. No tienen forma ni volumen fijos.

Cambios de estado

El cambio físico de un estado de la materia a otro se llama **cambio de estado.** Los cambios de estado ocurren entre los estados sólido y líquido, y entre los estados líquido y gaseoso.

El estado de una sustancia depende de la cantidad de energía térmica que posea. Cuanta más energía térmica tiene una sustancia, más rápido se mueven sus partículas. Puesto que los gases poseen más energía térmica que los líquidos, las partículas de un gas se mueven más aprisa que las partículas de la misma sustancia en estado líquido o sólido. Las partículas en un líquido se mueven más rápido que las partículas en el estado sólido.

La materia cambiará de un estado a otro si la energía térmica es absorbida o liberada. La Figura 14 es una gráfica de cambios de estado. La energía térmica se muestra en el eje horizontal y la temperatura en el eje vertical. Puedes ver que conforme la energía térmica aumenta, una sustancia cambia de sólido a líquido y luego a gas. Una sustancia cambia de gas a líquido y luego a sólido a medida que se le quita energía térmica.

Las regiones planas de la gráfica indican condiciones en las que la energía térmica está cambiando pero la temperatura permanece igual. En esas condiciones, la materia cambia de un estado a otro. Durante un cambio de estado, la adición o pérdida de energía térmica cambia la disposición de las partículas. Pero la energía cinética promedio de esas partículas no cambia. Como la temperatura es energía cinética promedio, no varía cuando una sustancia cambia de estado.

Cambios de estado de sólido a líquido

En la porción inferior izquierda de la gráfica de la Figura 14, la materia experimenta cambios entre sus estados sólido y líquido. Esos cambios se conocen como fusión y congelación.

Fusión El cambio de estado de un sólido a un líquido se llama **fusión.** La fusión ocurre cuando un sólido absorbe energía térmica. A medida que la energía térmica del sólido se incrementa, la rígida estructura de sus partículas empieza a descomponerse. Las partículas, ya libres, empiezan a moverse para todos lados. La temperatura a la que un sólido se transforma en líquido se llama **punto de fusión.**

☑ *Punto clave* ¿Qué es un cambio de estado?

Artes del lenguaje

CONEXIÓN

A tu alrededor, puedes observar sustancias en diferentes estados de la materia. También puedes observar cómo la materia cambia de un estado a otro.

En tu diario

Escribe una descripción de una página de una escena en la que el estado de la materia cambia. He aquí algunas ideas: un vaso de limonada con cubos de hielo, un estanque congelándose en el invierno, un charco de agua sobre un pavimento caliente, agua hirviendo sobre una estufa o la lluvia cayendo en un desierto. Escribe sobre cómo la escena afectaría tus sentidos de la vista, el olfato, el tacto, el gusto y el oído.

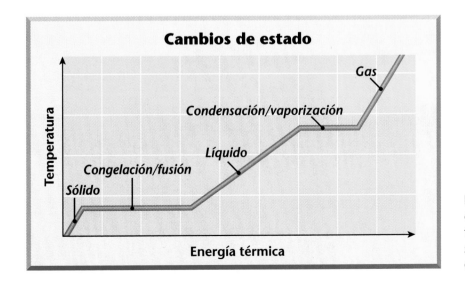

Cambios de estado

Gas

Condensación/vaporización

Líquido

Congelación/fusión

Sólido

Temperatura

Energía térmica

Figura 14 Esta gráfica muestra cómo la energía térmica y la temperatura cambian cuando una sustancia pura se transforma de un estado a otro.

Observar

ACTIVIDAD

Pon una tetera sobre una estufa o sobre un quemador de laboratorio, y deja que el agua hierva. Mira con cuidado cómo el vapor sale por el pico.

PRECAUCIÓN: *El vapor y el agua hirviente pueden causar quemaduras graves.* ¿Qué estado de la materia es el vapor que ves? ¿Qué está presente, pero no se ve, en el pequeño espacio entre el vapor y el pico?

Congelación El cambio de estado de líquido a sólido se llama **congelación**. La congelación ocurre cuando una sustancia pierde energía térmica. La temperatura a la que un sustancia cambia de líquida a sólida se llama punto de congelación. Para una sustancia determinada, el **punto de congelación** y el punto de fusión son lo mismo. La única diferencia entre los dos es el hecho de si la sustancia está ganando o perdiendo energía térmica.

El hecho de que la congelación implique una liberación de energía explica por qué el agricultor y sus trabajadores rociaron los naranjos con agua. El agua líquida liberó energía térmica cuando se congelaba. Parte de esta energía térmica se transfirió a la naranjas y evitó que se congelaran.

Cambios de estado de líquido a gas

La parte superior derecha de la Figura 14 muestra cambios entre los estados de la materia líquida y gaseosa. Esos cambios se conocen como vaporización y condensación.

Vaporización El proceso mediante el cual la materia cambia del estado líquido al gaseoso se llama **vaporización**. Durante este proceso, las partículas de un líquido absorben energía térmica. Esto hace que las partículas se muevan más rápido. Finalmente se mueven lo suficientemente rápido para escapar del líquido, como partículas de gas.

Si la vaporización tiene lugar en la superficie de un líquido, se llama **evaporación**. A temperaturas más altas, la vaporización puede ocurrir también debajo de la superficie de un líquido. Este proceso se llama **ebullición**. Cuando un líquido hierve, las burbujas de gas que se forman dentro de éste suben a la superficie. La temperatura a la que un líquido hierve se llama **punto de ebullición**.

Condensación Has visto que aparecen gotas de agua en el exterior de un vaso de bebida fría o en el espejo del baño después de tomar una ducha. Esto ocurre porque el vapor de agua que está presente en el aire pierde energía térmica cuando entra en contacto con el vidrio frío.

Figura 15 El vapor de agua en el aire empieza a condensarse poco después de la puesta del sol.
Aplicar los conceptos Mientras se condensa, ¿el agua absorbe o libera energía térmica?

Figura 16 En las juntas de los puentes y en los espacios de las aceras se tiene en cuenta la expansión y la contracción de la materia. *Aplicar los conceptos* *¿Qué ocurre con los espacios de las juntas de expansión cuando el puente se calienta?*

Cuando un gas pierda una cantidad suficiente de energía térmica, se transformará en líquido. Un cambio del estado gaseoso al estado líquido se llama **condensación.**

☑ *Punto clave ¿Cuál es la diferencia entre ebullición y evaporación de un líquido?*

Expansión térmica

¿Alguna vez has aflojado la tapa apretada de un frasco sujetándolo debajo de un chorro de agua caliente? Esto funciona porque la tapa de metal se expande un poco. ¿Sabes por qué? **A medida que la energía térmica de una sustancia aumenta, sus partículas se esparcen y la sustancia se expande.** Esto es cierto incluso cuando la sustancia no cambia de estado. La expansión de la materia cuando se calienta se conoce como **expansión térmica.**

Cuando se enfría una sustancia, se libera energía térmica. Esto significa que el movimiento de las partículas disminuye y se juntan más. Así, cuando una sustancia se enfría, se contrae, es decir disminuye de tamaño.

Termómetros Ya conoces una aplicación de la expansión térmica: el termómetro. En un termómetro común, un líquido como el mercurio o el alcohol se encierra herméticamente dentro de un tubo de vidrio. Cuando se calienta el líquido, se expande y sube por el tubo. Cuando se enfría el líquido, se contrae y baja por el tubo.

Dientes en expansión También tus dientes se expanden o se contraen con los cambios de temperatura. Si tiene un empaste, el material utilizado para éste debe expandirse y contraerse junto con tus dientes. Si no fuera así, el empaste podría hacer que el diente se rompiera o que el propio empaste se aflojara. Por ello lo dentistas emplean empastes que tienen las mismas propiedades de expansión que los dientes.

INTEGRAR LA SALUD

Figura 17 Una barra bimetálica es una parte importante de muchos termostatos. Cuando la temperatura desciende, la barra se desenrolla y cierra un interruptor que hace funcionar un sistema de calefacción. *Relacionar causa y efecto* *¿Qué hace que la barra bimetálica se enrolle y desenrolle?*

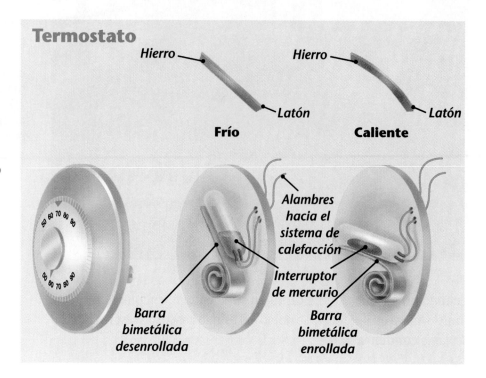

Termostato

Hierro — Latón
Frío

Hierro — Latón
Caliente

Alambres hacia el sistema de calefacción

Interruptor de mercurio

Barra bimetálica desenrollada

Barra bimetálica enrollada

Termostatos La expansión térmica se emplea en los **termostatos,** dispositivos que regulan el calor. Muchos termostatos contienen **barras bimetálicas,** que constan de dos metales diferentes unidos entre sí. Los metales diferentes se expanden en diferentes proporciones. Cuando se calienta la barra bimetálica, un lado se expande más que el otro. Esto hace que la barra se curve.

El movimiento de la barra hace funcionar un interruptor. Si el interruptor está conectado a un horno o a otro sistema de calefacción, el termostato encenderá y apagará dicho sistema. Además de los sistemas de calefacción caseros, los termostatos se usan en aparatos como sistemas de aire acondicionado, hornos, tostadores y colchas eléctricas.

Repaso de la sección 3

1. ¿Cómo produce la energía térmica un cambio de un estado de la materia a otro?
2. ¿Qué es la expansión térmica?
3. ¿Qué ocurre con la temperatura de una sustancia durante un cambio de estado? ¿Qué pasa con la energía térmica durante un cambio de estado?
4. ¿Cómo aprovecha la expansión térmica un termostato?
5. **Razonamiento crítico** Aplicar los conceptos ¿Por qué los libros de cocina recomiendan hacer agujeros a las papas antes de cocerlas?

Las ciencias en casa

Infla dos globos de tamaño mediano de modo que tengan el mismo tamaño. Pide a un miembro de tu familia que con una cinta métrica mida la circunferencia de los globos. Luego pídeles que coloquen uno de los globos en el congelador de quince a veinte minutos. Saca el globo del congelador y mide los dos de nuevo. Explica cómo los cambios en la energía térmica modifican la circunferencia de los globos.

4 Usos del calor

¿Qué le pasa a la bomba?

1. Consigue una bomba de bicicleta y una pelota de baloncesto o fútbol desinflada.

2. Toca la bomba con la mano. Fíjate si se siente fría o caliente.

3. Con la bomba infla la pelota hasta la presión recomendada.

4. Tan pronto como dejes de bombear, toca la bomba de nuevo. Fíjate en cualquier cambio de temperatura.

Reflexiona sobre
Desarrollar hipótesis Da una explicación sobre cualquier cambio que hayas observado.

Durante más de 100 años, la locomotora de vapor fue un símbolo de potencia y velocidad. Empezó a utilizarse en la década de 1830 y transportaba cientos de toneladas de carga más rápido de lo que un caballo pudiera galopar. Pero hoy en día los trenes son remolcados por locomotoras diesel, mucho más eficientes. Así que sólo verás locomotoras de carbón como atracción turística.

Motores térmicos

Para poner en marcha una locomotora de vapor, un fogonero alimenta con carbón a un fuego rugiente. El calor pasa de la fogata al agua de la caldera. Pero, ¿cómo puede el calor mover un tren?

La energía térmica del fuego alimentado con carbón debe convertirse en energía mecánica, o energía del movimiento, del tren en marcha. Ya conoces el proceso inverso: la conversión de energía mecánica en energía térmica. Esto sucede cuando te frotas las manos para hacerlas entrar en calor.

La conversión de energía térmica en energía mecánica requiere de un dispositivo llamado **motor térmico**. Por lo general los motores térmicos utilizan la combustión. La **combustión** es el proceso de quemar un combustible, como carbón o gasolina. Durante ella, la energía química almacenada en el combustible se transforma en energía térmica. **Los motores térmicos convierten la energía térmica en energía mecánica.** Los motores térmicos se clasifican según si la combustión se lleva a cabo afuera o dentro del motor.

GUÍA DE LECTURA

◆ ¿Qué relación existe entre energía térmica y motores térmicos y refrigeradores?

Sugerencia de lectura Antes de leer, mira las ilustraciones que muestran cómo funcionan los motores. Anota las preguntas que surjan y contéstalas mientras lees.

Agítalo

ACTIVIDAD

¿Qué relación hay entre trabajo y temperatura?

1. Coloca un puñado de arena seca en un recipiente de metal con tapa.
2. Mide con un termómetro la temperatura de la arena.
3. Cubre la lata y agítala vigorosamente un minuto o dos.
4. Predice cualquier cambio en la temperatura de la arena. ¿Fue correcta tu predicción?

Clasificar Identifica las conversiones de energía y por medio de ellas explica tus observaciones.

Motores de combustión externa En un **motor de combustión externa**, el combustible se quema fuera del motor. El motor de vapor es un ejemplo de motor de combustión externa. La combustión de madera, carbón o petróleo calienta el agua de una caldera situada fuera del motor. A medida que su energía térmica se incrementa, el agua se transforma en vapor de agua que se hace pasar a través de una válvula al interior del motor, donde empuja un pistón de metal. El pistón se mueve hacia atrás y hacia adelante dentro de un tubo llamado cilindro.

La Figura 18 muestra cómo puede trabajar el vapor moviendo las ruedas de una locomotora. El vapor entra por el extremo derecho del cilindro y empuja el pistón a la izquierda. Luego entra por el extremo izquierdo del cilindro y empuja el pistón hacia atrás. Este tipo de motor de combustión externa también puede mover las hélices de un barco de vapor. Los modernos motores de vapor son más eficientes. En los dos tipos de motor, la energía térmica se convierte en energía mecánica.

Motores de combustión interna En un **motor de combustión interna,** el combustible se quema en cilindros dentro del motor. Los motores diesel y de gasolina, que hacen funcionar a la mayoría de los automóviles, son ejemplos del motor de combustión interna. Un pistón en el interior de un cilindro sube y baja, haciendo girar un cigüeñal. El movimiento del cigüeñal se transfiere a la ruedas del vehículo.

Cada movimiento del pistón se llama carrera, o "tiempo". La mayoría de los motores diesel y de gasolina son de cuatro tiempos, como se muestra en *Explorar un motor de cuatro tiempos*. Los motores de autos suelen tener cuatro, seis u ocho cilindros. El proceso de cuatro tiempos ocurre en cada cilindro y se repite muchas veces cada segundo.

☑ *Punto clave* ¿Qué sucede en el proceso de combustión?

Figura 18 Esta ilustración con un corte transversal muestra un motor de combustión externa de vapor. La válvula corrediza da marcha atrás al llegar al final de cada carrera de pistón.

Rueda

Controles de la válvula

Válvula corrediza

Vapor vivo

Biela

Vapor del escape

Pistón

Cilindro

EXPLORAR *un motor de cuatro tiempos*

La mayoría de los automóviles utilizan motores de cuatro tiempos. Estos cuatro tiempos, o carreras, ocurren repetidas veces en cada cilindro del motor.

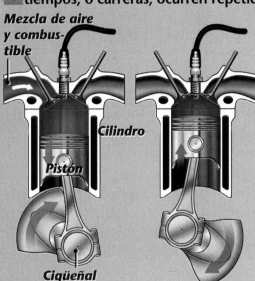

Mezcla de aire y combustible

Bujía

Tubo de escape

Cilindro

Pistón

Cigüeñal

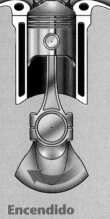

Tiempo de admisión
Cuando el pistón desciende, una mezcla de combustible y aire penetra en el cilindro.

Tiempo de compresión
Cuando el pistón regresa, la mezcla se comprime en un espacio más pequeño.

Encendido
Cuando el pistón se encuentra casi en la parte superior del cilindro, una bujía enciende la mezcla. La energía química almacenada se convierte en energía térmica, la cual calienta el gas.

Tiempo de trabajo
Cuando el aire calentado se expande, empuja el pistón hacia abajo. El pistón, a su vez, mueve al cigüeñal. Así, la energía térmica se transforma en energía mecánica.

Tiempo de escape
El pistón regresa arriba, expulsando el gas calentado. Deja espacio para una nueva mezcla de combustible y aire. El ciclo se repite.

El motor de este dragster tiene ocho cilindros. Produce mucha más potencia que el motor de cuatro cilindros de la ilustración a la izquierda. Pero los dos son motores de cuatro tiempos.

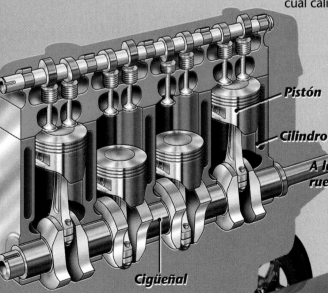

Pistón

Cilindro

A las ruedas

Cigüeñal

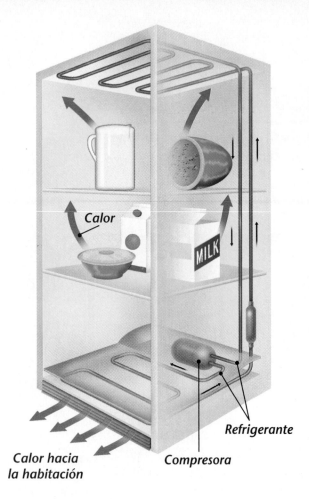

Calor

Calor hacia
la habitación

Refrigerante

Compresora

Figura 19 Este diagrama muestra las partes básicas de un refrigerador. *Interpretar diagramas* ¿Cómo enfrían los alimentos los cambios de estado?

Refrigeradores

La conversión de energía también puede utilizarse para mantener frescos los alimentos. ¿Parece eso sorprendente? Después de todo, el calor fluye naturalmente de un cuerpo caliente a uno frío... y no al revés. Entonces, ¿cómo puedes refrescar la comida? Un refrigerador transfiere energía térmica del interior frío al exterior caliente. Quizás has sentido esta energía en el aire caliente que sale por la parte inferior de un refrigerador.

El refrigerador es un aparato que utiliza una fuente exterior de energía para transferir energía térmica de un espacio fresco a uno caliente. En tu refrigerador, esa energía la proporciona un motor eléctrico, alimentado con la electricidad que llega a tu casa.

Un refrigerador también requiere una sustancia refrigerante. El motor del refrigerador comprime el refrigerante en estado gaseoso, lo cual hace que aumente su presión y su temperatura. Cuando esto ocurre, el gas emite energía térmica. Este calor se transfiere al aire exterior. Conforme el gas pierde energía térmica, cambia de gas a líquido. Luego, se deja que el líquido se evapore. Al evaporarse, se enfría. En seguida, el gas frío se bombea a través de tubos hacia el interior de las paredes del refrigerador. Una vez ahí, el gas absorbe calor del interior del refrigerador. Y de esta manera la energía térmica se transfiere desde el espacio en el interior del refrigerador al gas. Luego el gas regresa al motor del compresor y todo el ciclo vuelve a empezar.

El aire acondicionado opera de la misma manera, pero enfría el área interior de un edificio y transfiere energía térmica al aire del exterior.

Repaso de la sección 4

1. ¿Qué es un motor térmico?
2. Describe el proceso que ocurre en un refrigerador.
3. ¿Cuáles son las partes del ciclo de cuatro tiempos?
4. **Razonamiento crítico Comparar y contrastar** ¿Cuáles son los dos tipos de motores térmicos? ¿En qué difieren?

PROYECTO DEL CAPÍTULO
6

Comprueba tu aprendizaje
Construye y prueba tu recipiente. Recuerda que necesitas llegar a la lata de aluminio al principio de la prueba, de modo que el agua caliente pueda verterse en ella. También debes ser capaz de medir la temperatura del agua al final de la prueba.

SECCIÓN 1 — Temperatura y energía térmica

Ideas clave

◆ La temperatura es una medida de la energía cinética promedio de cada partícula de un objeto.

◆ Las tres escalas de temperatura son: Fahrenheit, Celsius y Kelvin.

◆ La energía térmica es la energía total de las partículas que componen un objeto.

Términos clave

temperatura	escala Kelvin
escala Fahrenheit	cero absoluto
escala Celsius	

SECCIÓN 2 — Naturaleza del calor

Ideas clave

◆ El calor es la transferencia de energía térmica de un objeto de temperatura más alta a un objeto de temperatura más baja.

◆ El calor se transfiere mediante conducción, convección y radiación.

◆ Un conductor transfiere bien el calor, pero un aislante no.

◆ La cantidad de calor necesario para elevar una masa determinada de una sustancia por una unidad específica de temperatura se llama calor específico.

Términos clave

calor	radiación
conducción	conductor
convección	aislante
corriente de convección	calor específico

SECCIÓN 3 — Energía térmica y estados de la materia

INTEGRAR LA QUÍMICA

Ideas clave

◆ La materia puede existir en tres estados: sólido, líquido y gaseoso. La materia puede tener un cambio de estado cuando se añade o se elimina energía térmica.

◆ Cuando una sustancia cambia de estado, su temperatura permanece constante aun cuando su energía térmica cambie.

◆ En general, la materia se expande cuando se calienta y se contrae cuando se enfría.

Términos clave

estado	evaporación
cambio de estado	ebullición
fusión	punto de ebullición
punto de fusión	condensación
congelación	expansión térmica
punto de congelación	termostato
vaporización	barra bimetálica

SECCIÓN 4 — Usos del calor

Ideas clave

◆ Un motor térmico convierte la energía térmica en energía mecánica que puede utilizarse para realizar un trabajo.

◆ Los motores térmicos se clasifican en motores de combustión externa o interna, lo cual depende de dónde se queme el combustible.

◆ Un refrigerador transfiere energía térmica de un espacio frío a un espacio caliente.

Términos clave

motor térmico
combustión
motor de combustión externa
motor de combustión interna

USAR LA INTERNET

ACTIVIDAD

www.science-explorer.phschool.com

CAPÍTULO 6 REPASO

Repaso del contenido

 Para repasar los conceptos clave, consulta el Interactive Student Tutorial CD-ROM.

Opción múltiple
Elige la letra que complete mejor cada enunciado.

1. La energía cinética promedio de las partículas de un objeto es su
   a. contenido térmico.   **b.** temperatura.
   c. calor específico.   **d.** energía térmica.

2. Si deseas saber la cantidad de calor necesaria para elevar la temperatura de 2 kg de acero a 10°C, necesitas conocer su
   a. temperatura.   **b.** energía térmica.
   c. contenido térmico.   **d.** calor específico.

3. El proceso mediante el cual el calor se desplaza de un extremo a otro de un sólido se llama
   a. convección.   **b.** conducción.
   c. radiación.   **d.** aislamiento.

4. El cambio de estado que ocurre cuando un gas se convierte en líquido se llama
   a. evaporación.   **b.** ebullición.
   c. congelación.   **d.** condensación.

5. Los motores térmicos convierten la energía térmica en
   a. energía química.
   b. energía eléctrica.
   c. energía mecánica.
   d. energía radiante.

Falso o verdadero
Si el enunciado es verdadero, escribe verdadero. Si es falso, cambia la palabra o palabras subrayadas para hacer verdadero el enunciado.

6. La transferencia de calor mediante radiación puede producirse en el vacío.

7. A fin de reducir la cantidad de energía térmica que se desplaza de un lugar a otro, utilizarías un conductor.

8. Cuando una sustancia se funde, su temperatura se incrementa.

9. La temperatura cero en la escala Celsius es igual al cero absoluto.

10. En un motor de combustión externa, el combustible se quema dentro del cilindro.

Revisar los conceptos

11. ¿Qué ocurre con las partículas de un sólido cuando la energía térmica del sólido aumenta?

12. Cuando calientas una olla de agua en la estufa, se forma una corriente de convección. Explica cómo sucede esto.

13. ¿Cómo puedes añadir energía térmica a una sustancia sin incrementar su temperatura?

14. Cuando el acero fundido se convierte en sólido, ¿el metal absorbe o libera energía?

15. Describe cómo un termostato controla la temperatura de un edificio.

16. Cuando cae la noche en un día de verano, la temperatura del aire desciende a 10°C. ¿Cambiará en la misma cantidad la temperatura del agua en un lago cercano? Explica por qué sí o por qué no.

17. **Escribir para aprender** El haiku es una forma de poesía que se inició en Japón. Un haiku tiene tres líneas. La primera y la tercera tienen cinco sílabas cada una. La segunda línea tiene siete sílabas. Escribe un haiku donde describas cómo podrías sentirte en una fría mañana de invierno o en una sofocante tarde de verano.

Razonamiento gráfico

18. **Red de conceptos** En una hoja de papel, copia la red de conceptos de energía térmica. Después complétala y ponle un título. (Para más información acerca de las redes de conceptos, consulta el Manual de destrezas.)

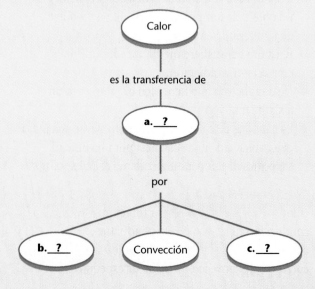

Aplicar las destrezas

Utiliza el dibujo de tres recipientes de agua para responder las Preguntas 19–21.

30°C   30°C   60°C

100 g   200 g   200 g

19. **Interpretar datos** Compara el movimiento promedio de las moléculas en los tres recipientes. Explica tu respuesta.

20. **Sacar conclusiones** Compara la cantidad total de energía térmica en los tres recipientes. Explica tu respuesta.

21. **Calcular** Determina cuánto calor necesitarías para elevar la temperatura de cada recipiente 1°C. (Ve la Figura 10 de la página 176). Muestra tu trabajo.

Razonamiento crítico

22. **Relacionar causa y efecto** ¿Por qué es diferente la presión atmosférica en los neumáticos de un auto antes y después de que se ha conducido el vehículo durante una hora?

23. **Aplicar los conceptos** Supón que necesitas mover un tronco en una fogata. ¿Sería mejor utilizar una barra de metal o un palo de madera? Explica por qué.

24. **Resolver problemas** Supón que un termómetro de mercurio contiene 2 gramos de ese metal. Si la lectura del termómetro cambia de 25°C a 40°C, ¿cuánto calor se necesitó? El calor específico del mercurio es de 140 J/(kg·K).

25. **Aplicar los conceptos** Las líneas telefónicas se dejan flojas cuando se cuelgan. ¿Se te ocurre por qué?

26. **Relacionar causa y efecto** Un refrigerador está funcionando en una pequeña habitación. La puerta del aparato está abierta, pero la pieza no se enfría. Emplea la ley de la conservación de la energía para explicar por qué la temperatura no desciende.

Evaluación del rendimiento

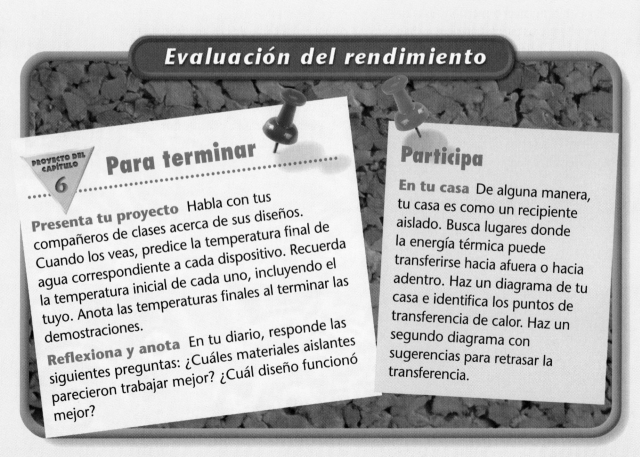

PROYECTO DEL CAPÍTULO 6

Para terminar

Presenta tu proyecto Habla con tus compañeros de clases acerca de sus diseños. Cuando los veas, predice la temperatura final de agua correspondiente a cada dispositivo. Recuerda la temperatura inicial de cada uno, incluyendo el tuyo. Anota las temperaturas finales al terminar las demostraciones.

Reflexiona y anota En tu diario, responde las siguientes preguntas: ¿Cuáles materiales aislantes parecieron trabajar mejor? ¿Cuál diseño funcionó mejor?

Participa

En tu casa De alguna manera, tu casa es como un recipiente aislado. Busca lugares donde la energía térmica puede transferirse hacia afuera o hacia adentro. Haz un diagrama de tu casa e identifica los puntos de transferencia de calor. Haz un segundo diagrama con sugerencias para retrasar la transferencia.

P·U·E·N·T·E·S

DE LAS PÉRGOLAS AL ACERO

ALGUNA VEZ . . .

¿Te equilibraste sobre una rama para cruzar un arroyo?

¿Saltaste de roca en roca en el cauce de un río?

¿Te balanceaste de una cuerda para atravesar una corriente?

Si es así, has hecho lo que se hacía antiguamente para salvar

obstáculos. Árboles caídos, enredaderas y piedras formaron

los primeros puentes.

Los puentes son una manera fácil de franquear obstáculos difíciles. Durante miles de años, los puentes también han servido como fuertes para la defensa, escenarios de grandes batallas y asiento de tiendas y templos. También han sido lugares de misterio, amor e intriga. Se extienden a lo largo de la historia: enlazan ciudades, naciones e imperios, y estimulan el comercio y los viajes.

Sin embargo, los puentes no siempre han sido tan complicados como en la actualidad. Los primeros se hicieron de materiales que abundaban y no costaban un centavo. En los espesos bosques, la gente empleaba vigas talladas a partir de pequeños árboles. En las regiones tropicales, donde la vegetación era densa, se solía entretejer hierbas y enredaderas que luego colgaban para convertirlas en puentes sobre ríos y desfiladeros.

Independientemente de estructuras o materiales, los puentes reflejan a la gente que los construyó. Cada una de las antiguas civilizacione —Egipto, Grecia y Roma— creó fuertes y elegantes puentes para conectar y controlar su imperio.

El puente Sant'Angelo, con su arco de medio punto, en Roma.

El equilibrio de las fuerzas

¿Qué impide que un puente caiga? ¿Cómo sostiene su propio peso, el de la gente y el tráfico que cruza sobre él? Los constructores encontraron las respuestas al tener en cuenta las fuerzas que actúan sobre un puente.

El peso del puente y el tráfico sobre él se llama *carga*. Cuando un camión pesado cruza sobre un puente de vigas, el peso de la carga lo curva hacia abajo. Esto crea una fuerza de tensión bajo las vigas. Al mismo tiempo, la carga crea una fuerza de tensión arriba de ellas.

Como el puente no cae con la carga, deben de existir fuerzas hacia arriba que equilibren las fuerzas hacia abajo. En los puentes de vigas sencillos, la viga se sujetaba al suelo o a soportes llamados contrafuertes. Para cruzar distancias más largas, construían pilares bajo el tramo del medio. Los pilares y los contrafuertes actúan hacia arriba, como fuerzas de reacción.

Otro tipo de puente, el de arco, es fuerte en cuanto a compresión. Una carga pesada sobre un puente de arco de piedra, aprieta las piedras entre sí, creando compresión en toda la estructura. El peso sobre el puente de arco empuja hacia abajo los extremos del arco. Las paredes laterales y los contrafuertes actúan como fuerzas de reacción.

Los antiguos ingenieros descubrieron que los puentes de arco hechos de piedra podían extenderse distancias más amplias que los sencillos puentes de vigas. Los de arco también eran más fuertes y más duraderos. Si bien los romanos no fueron los primeros en construir puentes de arco, perfeccionaron esa forma en sus imponentes y elegantes estructuras. Los primeros puentes de arco romanos se levantaron sin mortero o "pegamento". El arco se mantenía unido porque las piedras se tallaban hábilmente para mantener la compresión. Después de casi 2,000 años, algunos de esos puentes de arco romanos siguen en pie.

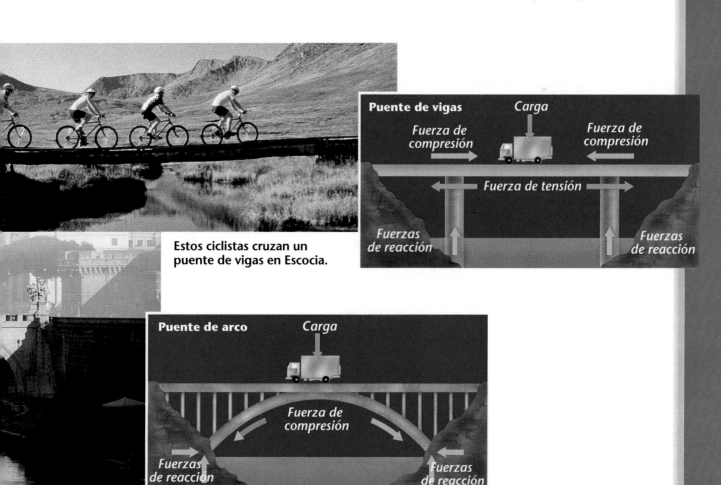

Estos ciclistas cruzan un puente de vigas en Escocia.

Puente de vigas — Carga
Fuerza de compresión — Fuerza de compresión
Fuerza de tensión
Fuerzas de reacción — Fuerzas de reacción

Puente de arco — Carga
Fuerza de compresión
Fuerzas de reacción — Fuerzas de reacción

La edad de oro de los puentes

En Estados Unidos, a principios del siglo XIX, la invención de la locomotora de vapor y la expansión de los ferrocarriles aumentó la demanda de puentes. Los trenes que tiraban de pesadas cargas necesitaban puentes planos y fuertes. Los constructores empezaron a utilizar hierro fundido en lugar de piedra y madera. A fines del siglo pasado empleaban acero, que es más fuerte y relativamente más ligero.

El uso de nuevos materiales de construcción no fue el único cambio. Los ingenieros también comenzaron a proyectar distintos tipos de puentes. Descubrieron que podían construir puentes más largos y más grandes por medio de una estructura suspendida.

Los puentes suspendidos o colgantes son versiones modernas de los largos y estrechos puentes entretejidos encontrados en las regiones tropicales. Esos sencillos puentes colgantes pueden atravesar largas distancias. Cruzar una de esas estructuras naturales es como caminar por la cuerda floja. El peso de las personas y los animales que pasan por el puente presionan hacia abajo las cuerdas, estirándolas y creando fuerzas de tensión.

Los modernos puentes colgantes siguen los mismos principios de tensión que los puentes entretejidos. Una plataforma colgante es fuerte en cuanto a tensión. Cables paralelos se extienden a todo lo largo del puente, sobre gigantescas torres. Los cables están sujetos en cada extremo del puente. La carretera cuelga de los cables, fija mediante suspensores de alambre. El peso del puente y la carga sobre éste actúan para apartar o estirar los cables. Esto crea una fuerza de tensión.

Las torres actúan como soportes del puente. Los estribos que sujetan los cables también ejercen fuerzas de reacción. Así, fuerzas en equilibrio impiden que los puentes colgantes se vengan abajo.

El puente de Brooklyn hoy en día

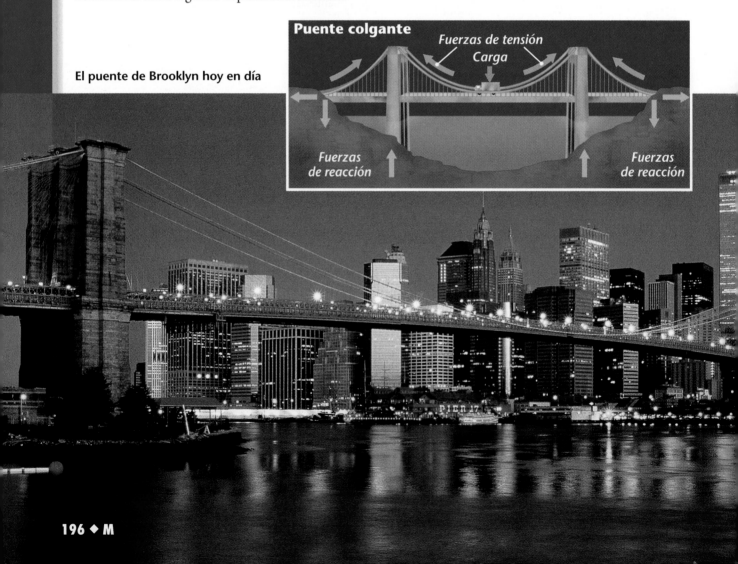

Puente colgante
Fuerzas de tensión
Carga
Fuerzas de reacción
Fuerzas de reacción

Una gran proeza de ingeniería

Cuando se inauguró en 1883, el puente de Brooklyn era el puente colgante más largo del mundo, con un tramo central más largo que ningún otro. Unió a la ciudad de Nueva York al juntar Brooklyn y Manhattan. Sin embargo, al principio la gente opinó que era imposible construirlo.

A mediados del siglo XIX, muchas personas de Brooklyn trabajaban al otro lado del East River en Manhattan. Pero la única manera de llegar allí era por medio de transbordador. Las fuertes mareas, el tiempo tempestuoso y los grandes fragmentos de hielo en el invierno podían volver arriesgado el viaje. En 1868, John Augustus Roebling, un ingeniero alemán inmigrante, fue contratado para construir un puente.

Roebling, un genio de la ingeniería, proyectó un puente colgante con cuatro cables que se extendían sobre dos gigantescas torres de granito. Roebling fue el primer ingeniero en diseñar cables para puente de acero fuerte y flexible, en lugar de hierro fundido.

Cada cable, más o menos de 40 centímetros de diámetro, contenía casi 5,300 alambres. Después de que los cables quedaron en su sitio, 1,500 cables colgantes, más pequeños, serían unidos a los principales para sostener la carretera. No es sorprendente que la gente no creyera que podía construirse.

Era imposible levantar cables pesados por encima de las torres. Así que, con cada cable, los constructores tuvieron que enrollar y desenrollar el alambre a través del East River... ¡5,655 kilómetros de alambre para cada cable! Para "hilar los cables", John Roebling inventó una rueda desplazable que podía llevar el alambre de un lado del río, por encima de las torres, al otro lado, y al revés. Es un invento que todavía se utiliza.

Cada uno de los cables más pequeños que cuelgan de los cuatro principales del puente de Brooklyn está hecho de siete atados de siete alambres de acero.

Actividad de ciencias

Trabajen en grupos para construir un puente colgante con 2 sillas, una tabla, cuerda y algunos libros.

◆ Coloquen 2 sillas respaldo con respaldo, y tiendan 2 cuerdas sobre los respaldos de las sillas. Sostengan las cuerdas de ambos extremos.

◆ Aten 3 pedazos de cuerda a las cuerdas más largas. Coloquen la tabla sobre los lazos.

◆ Sujeten con firmeza las cuerdas de cada extremo. Pongan libros encima de la tabla para ver cuánto resistirá.

¿Por qué es importante sujetar firmemente las cuerdas en cada extremo?

Aunque parezca increíble...

Cuando John Roebling fue contratado en 1868 para construir el puente de Brooklyn ya era un ingeniero experto en puentes colgantes. Había elaborado planes para el puente desde 1855.

Pero incluso antes de que se iniciara la construcción del puente en 1869, John Roebling murió en un accidente relacionado con esta obra. Por fortuna, había solucionado hasta el último detalle de su proyecto. Su hijo, el coronel Washington Roebling, quien también era un experimentado ingeniero, se dedicó a llevar a cabo los planes de su padre.

La construcción se prolongó durante 14 años y costó casi 30 vidas. El coronel Roebling mismo perdió facultades y dirigió la construcción desde su casa. Por medio de binoculares, siguió cada detalle. Su admirable esposa, Emily Warren Roebling, aprendió suficientes principios de ingeniería para dar y explicar las órdenes del coronel a los trabajadores.

La dedicación de la familia Roebling —John (izquierda), Washington (centro) y Emily (derecha)— aseguró el éxito del puente de Brooklyn.

Tan pronto como se levantaron las gigantescas torres, los trabajadores desenrollaron el alambre de acero a fin de tejer los cables. El siguiente paso fue torcer los alambres. Pero a los trabajadores les dio terror permanecer tan alto sobre el puente, y se negaron a laborar. Finalmente, Frank Farrington, el mecánico principal, cruzó el río sobre una pequeña silla que colgaba de una rueda, que, a su vez, corría por un línea elevada. Farrington terminó su recorrido ante el clamor de la multitud. La hazaña se describió como el más grande acto del trapecio de todos los tiempos. Ya más tranquilos, los trabajadores regresaron a sus puestos. Pero se necesitaron dos años más para tender los cables. El puente fue uno de los mayores logros de ingeniería de su época.

Al fin y al cabo, el proyecto del puente Brooklyn salió bien gracias a la determinación y sacrificios de la familia Roebling. Se convirtió en modelo para cientos de otros puentes colgantes.

Trabajadores construyendo el puente de Brooklyn

Actividad de estudios sociales

¿Cómo crees que el puente de Brooklyn cambió la vida de los neoyorquinos? En grupos, investiguen la historia de otro famoso puente. Presenten sus descubrimientos a su clase junto con dibujos y fotos. Investiguen:

◆ cuándo y por qué se construyó el puente
◆ el tipo de puente
◆ los cambios en la vida de la gente y el comercio
◆ cómo afectó a los accidentes geográficos
◆ los acontecimientos relacionados con el puente

The New York Times   *25 de mayo de 1883*

Se unen dos grandes ciudades

El puente de Brooklyn se inauguró con éxito ayer. Gracias al tiempo agradable, de todas partes llegaron miles de visitantes. Los espectadores se apiñaron en masas, entre las cuales era casi imposible abrirse paso. A quienes tenían boleto para asistir a la ceremonia les costó trabajo llegar hasta el puente. Se ocupó cada tejado y cada ventana disponible. Incluso un grupo temerario trepó un poste telegráfico. La policía tuvo que hacer grandes esfuerzos para mantener despejado el espacio necesario.

Después de la ceremonia en el puente, de inmediato la procesión se reintegró y la marcha se dirigió a la residencia del coronel Roebling. Desde el estudio posterior, en el segundo piso de su casa, el coronel Roebling había observado la procesión a través de su telescopio cuando avanzaba desde la parte neoyorquina hasta llegar a la torre de Brooklyn. La señora Roebling acompañaba a su esposo y recibió los honores junto con él.

Manzana tras manzana, a los lados del puente, no había espacio ni para poner un pie. Muchas personas cruzaron una y otra vez el río en transbordador, y de esa manera contemplaron los acontecimientos. Casi cada embarcación que se encontraba a lo largo de las áreas ribereñas se convirtió en tribuna.

Las ceremonias finales de la inauguración del gran puente se iniciaron a las ocho en punto, cuando se lanzó el primer cohete desde el centro de la gran estructura, y concluyó a las 9, cuando 500 cohetes iluminaron el cielo. Las áreas ribereñas resplandecían de luz, y en yates y naves más pequeñas ardían luces de bengala, iluminando las oscuras aguas que los rodeaban.

THE GRAND DISPLAY OF FIREWORKS AND ILLUMINATIONS

En este cuadro histórico aparecen fuegos artificiales en la inauguración del puente de Brooklyn, en 1883.

Actividad de las artes del lenguaje

El objetivo del reportero es informar y entretener al lector. Con una "entrada" llamativa atrae su interés. Luego el lector deseará conocer los hechos: qué, quién, dónde, cuándo, por qué y cómo.

Eres un reportero escolar. Escribe acerca de la inauguración de algún puente en tu región. Podría tratarse de un paso desnivel o un puente sobre una corriente de agua.

◆ Incluye algunas de las preguntas básicas enumeradas anteriormente.

◆ Añade detalles y descripciones interesantes.

Geometría de los puentes

En el siglo XIX, a medida que el tráfico ferroviario se incrementaba, los puentes de armadura se volvieron populares. Diseñados con delgados pilares verticales y diagonales que aumentaban su fuerza, los puentes de armadura eran estructuras reforzadas de vigas. Muchos de estos primeros puentes no soportaban el paso de los trenes. Pronto, armaduras de hierro fundido y acero sustituyeron a las de madera.

Con estructuras triangulares básicas, los ingenieros trabajaron en proyectos más científicos de puentes de armadura. La precisión del diseño es crucial para manejar la tensión que producen cargas pesadas de ferrocarril y las constantes vibraciones. Como ocurre con todas las estructuras de puentes, es necesario medir y ensamblar con exactitud cada pieza de acero, teniendo en cuenta amplitud, longitud, ángulos y puntos de intersección y de acoplamiento.

Las fuerzas que actúan sobre las formas geométricas

 Un **triángulo básico** en un puente de armadura es fuerte porque no se puede distorsionar su forma.

 Un **triángulo** en un puente de armadura puede sostener una carga pesada con su peso, relativamente pequeño.

 Un **cuadrado** o un **rectángulo** no resulta tan fuerte como un triángulo.

 Bajo una carga pesada, puede venirse abajo y convertirse en un **paralelogramo**.

Observa las estructuras de la armadura. Al trazar los planos de puentes, los ingenieros utilizan formas geométricas.

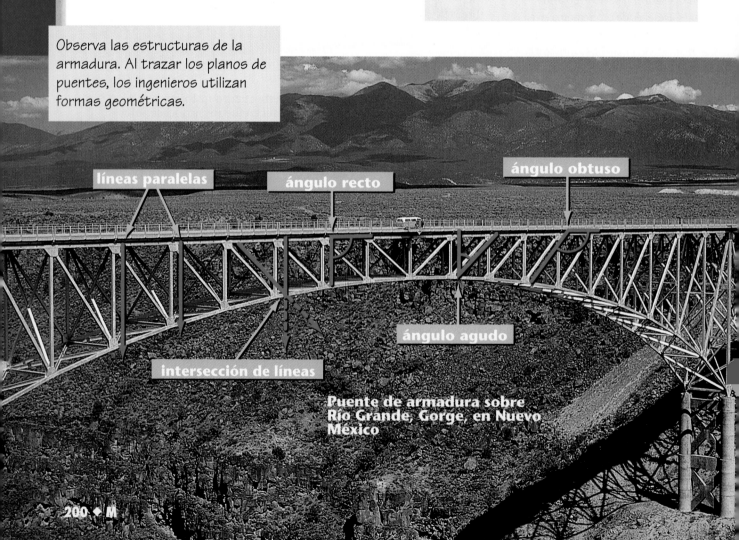

líneas paralelas

ángulo recto

ángulo obtuso

ángulo agudo

intersección de líneas

Puente de armadura sobre Río Grande, Gorge, en Nuevo México

Actividad de matemáticas

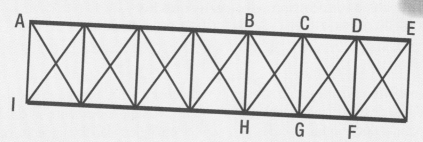

El jefe de ingenieros de construcción te ha pedido que dibujes planos exactos para un nuevo puente de armadura. ¿Serás un buen ayudante? Lo sabrás al responder estas preguntas:

1. ¿Cuáles líneas son paralelas?

2. ¿Cuáles líneas se intersectan?

3. ¿Qué clase de figura forman ABHI?

4. ¿Qué figura forman HCF?

5. ¿Qué clase de ángulo es BGF: obtuso o recto?

6. ¿Qué clase de ángulo es CHG?

7. ¿Qué clase de triángulo es BHG? ¿Qué lo hace este tipo de triángulo?

8. ¿Por qué es más fuerte un triángulo que un cuadrado?

Relaciónalo

Construye un puente

Trabajen en grupos pequeños para construir la maqueta de un puente con una caja de espagueti y un rollo de cinta adhesiva. Decidan qué tipo de puente construirán. Cada puente debe ser lo suficientemente fuerte para sostener un ladrillo. Pueden construir:

◆ un puente de vigas

◆ un puente de armadura

◆ un puente de arco

◆ un puente colgante (éste es un reto)

Después de hacer un bosquejo del puente, asignen tareas a cada uno. Luego

◆ decidan qué tan largo será el puente

◆ midan y corten los materiales

◆ construyan primero el paso de los puentes de vigas, de armadura o colgante

◆ hagan primero el arco de un puente de arco

Cuando hayan terminado el puente, exhíbanlo en el salón de clases. Prueben la fuerza de cada puente colocando un ladrillo sobre el paso. Analicen las diferencias entre las estructuras. Determinen qué proyecto es el más fuerte.

Piensa como científico

*T*al vez no lo sepas, pero todos los días piensas como científico. Cada vez que te haces una pregunta y examinas las respuestas posibles aplicas muchas de las mismas destrezas que los científicos. Algunas de esas destrezas se describen en esta página.

Observar

Observas cada vez que reúnes información sobre el mundo con uno o más de tus cinco sentidos. Oír que ladra un perro, contar doce semillas verdes y oler el humo son observaciones. Para aumentar el alcance de los sentidos, los científicos tienen microscopios, telescopios y otros instrumentos con los que hacen observaciones más detalladas.

Las observaciones deben referirse a los hechos y ser precisas, un informe exacto de lo que tus sentidos detectan. Es importante escribir o dibujar cuidadosamente en un cuaderno las observaciones en la clase de ciencias. La información reunida en las observaciones se llama evidencia o dato.

Inferir

Cuando explicas o interpretas una observación, **infieres**, o haces una inferencia. Por ejemplo, si oyes que tu perro ladra, infieres que hay alguien en la puerta. Para hacer esta inferencia, combinas las evidencias (tu perro ladra) con tu experiencia o conocimientos (sabes que el perro ladra cuando se acerca un desconocido) para llegar a una conclusión lógica.

Advierte que las inferencias no son hechos, sino solamente una de tantas explicaciones de tu observación. Por ejemplo, quizá tu perro ladra porque quiere ir de paseo. A veces resulta que las inferencias son incorrectas aun si se basan en observaciones precisas y razonamientos lógicos. La única manera de averiguar si una inferencia es correcta, es investigar más a fondo.

Predecir

Cuando escuchas el pronóstico del tiempo, oyes muchas predicciones sobre las condiciones meteorológicas del día siguiente: cuál será la temperatura, si lloverá o no y si habrá mucho viento. Los meteorólogos pronostican el tiempo basados en sus observaciones y conocimientos de los sistemas climáticos. La destreza de **predecir** consiste en hacer una inferencia sobre un acontecimiento futuro basada en pruebas actuales o en la experiencia.

Como las predicciones son inferencias, a veces resultan falsas. En la clase de ciencias, puedes hacer experimentos para probar tus predicciones. Por ejemplo, digamos que predices que los aviones de papel más grandes vuelan más lejos que los pequeños. ¿Cómo pondrías a prueba tu predicción?

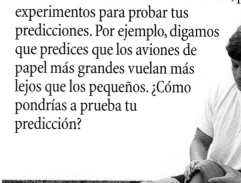

 ACTIVIDAD Estudia la fotografía para responder las preguntas siguientes.

Observar Mira con atención la fotografía. Anota por lo menos tres observaciones.

Inferir Con tus observaciones, haz una inferencia de lo que sucedió. ¿Qué experiencias o conocimientos aprovechaste para formular tu inferencia?

Predecir Predice lo que ocurrirá a continuación. ¿En qué evidencias o experiencias basas tu predicción?

Clasificar

¿Te imaginas cómo sería buscar un libro en la biblioteca si todos los tomos estuvieran puestos en los estantes sin ningún orden? Tu visita a la biblioteca sería cosa de todo un día. Por fortuna, los bibliotecarios agrupan los libros por tema o por autor. Agrupar los elementos que comparten algún parecido se llama **clasificar**. Puedes clasificar las cosas de muchas maneras: por tamaño, por forma, por uso y por otras características importantes.

Como los bibliotecarios, los científicos aplican la destreza de clasificar para organizar información y objetos. Cuando las cosas están distribuidas en grupos, es más fácil entender sus relaciones.

ACTIVIDAD

Clasifica los objetos de la fotografía en dos grupos, de acuerdo con la característica que tú escojas. Luego, elige otra característica y clasifícalos en tres grupos.

Hacer modelos

¿Alguna vez has hecho un dibujo para que alguien entienda mejor lo que le dices? Ese dibujo es una especie de modelo. Los modelos son dibujos, diagramas, imágenes de computadora o cualquier otra representación de objetos o procesos complicados. **Hacer modelos** nos ayuda a entender las cosas que no vemos directamente.

Los científicos representan con modelos las cosas muy grandes o muy pequeñas, como los planetas del sistema solar o las partes de las células. En estos casos se trata de modelos físicos, dibujos o cuerpos sólidos que se parecen a los objetos reales. En otros casos son modelos mentales: ecuaciones matemáticas o palabras que describen el funcionamiento de algo.

ACTIVIDAD

Esta estudiante demuestra con un modelo las causas del día y la noche en la Tierra. ¿Qué representan la lámpara y la pelota de tenis?

Comunicar

Te comunicas cuando hablas por teléfono, escribes una carta o escuchas al maestro en la escuela. **Comunicar** es el acto de compartir ideas e información con los demás. La comunicación eficaz requiere de muchas destrezas: escribir, leer, hablar, escuchar y hacer modelos.

Los científicos se comunican para compartir resultados, información y opiniones. Acostumbran comunicar su trabajo en publicaciones, por teléfono, en cartas y en la Internet. También asisten a reuniones científicas donde comparten sus ideas en persona.

ACTIVIDAD

En un papel, escribe con claridad las instrucciones detalladas para amarrarse las agujetas. Luego, intercámbialas con un compañero o compañera. Sigue exactamente sus instrucciones. ¿Qué tan bien pudiste amarrarte el zapato? ¿Cómo se hubiera comunicado con más claridad tu compañero o compañera?

Hacer mediciones

Cuando los científicos hacen observaciones, no basta decir que algo es "grande" o "pesado". Por eso, miden con sus instrumentos qué tan grandes o pesados son los objetos. Con las mediciones, los científicos expresan con mayor exactitud sus observaciones y comunican más información sobre lo que observan.

Mediciones SI

La forma común de medir que utilizan los científicos de todo el mundo es el *Sistema Internacional de Unidades*, abreviado SI. Estas unidades son fáciles de usar porque se basan en múltiplos de 10. Cada unidad es 10 veces mayor que la inmediata anterior y un décimo del tamaño de la siguiente. En la tabla se anotan los prefijos de las unidades del SI más frecuentes.

Prefijos comunes SI

Prefijo	Símbolo	Significado
kilo-	k	1,000
hecto-	h	100
deka-	da	10
deci-	d	0.1 (un décimo)
centi-	c	0.01 (un centésimo)
mili-	m	0.001 (un milésimo)

Longitud Para medir la longitud, o la distancia entre dos puntos, la unidad de medida es el **metro (m)**. Un metro es la distancia aproximada del suelo al pomo de la puerta. Las distancias mayores, como entre ciudades, se miden en kilómetros (km). Las longitudes más pequeñas se miden en centímetros (cm) o milímetros (mm). Para medir la longitud, los científicos usan reglas métricas.

Conversiones comunes

1 km = 1,000 m
1 m = 100 cm
1 m = 1,000 mm
1 cm = 10 mm

Volumen líquido Para medir el volumen de los líquidos, o la cantidad de espacio que ocupan, utilizamos una unidad de medida llamada **litro (L)**. Un litro es aproximadamente el volumen de un cartón de leche de tamaño mediano. Los volúmenes menores se miden en mililitros (mL). Los científicos tienen cilindros graduados para medir el volumen líquido.

Conversión común

1 L = 1,000 mL

En la regla métrica de la ilustración, las líneas largas son divisiones en centímetros, mientras que las cortas que no están numeradas son divisiones en milímetros. ¿Cuántos centímetros de largo tiene esta concha? ¿A cuántos milímetros equivale?

ACTIVIDAD

El cilindro graduado de la ilustración está marcado con divisiones en milímetros. Observa que la superficie del agua del cilindro es curva. Esta curvatura se llama *menisco*. Para medir el volumen, tienes que leer el nivel en el punto más bajo del menisco. ¿Cuál es el volumen del agua en este cilindro graduado?

ACTIVIDAD

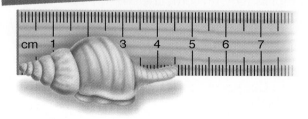

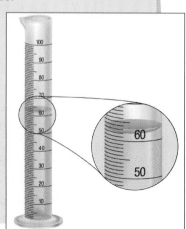

Masa Para medir la masa, o la cantidad de materia de los objetos, tomamos una unidad de medida conocida como **gramo (g)**. Un gramo es aproximadamente la masa de un sujetador de papeles. Las masas más grandes se miden en kilogramos (kg). Los científicos miden con básculas la masa de los objetos.

> ### Conversión común
> 1 kg = 1,000 g

La báscula electrónica muestra la masa de una manzana en kilogramos. ¿Cuál es la masa de la manzana? Supón que una receta de puré requiere un kilogramo de manzanas. ¿Cuántas manzanas necesitarías?

ACTIVIDAD

Temperatura

Para medir la temperatura de las sustancias, usamos la **escala Celsius**. La temperatura se mide con un termómetro en grados Celsius (°C). El agua se congela a 0°C y hierve a 100°C.

ACTIVIDAD

¿Cuál es la temperatura del líquido en grados Celsius?

Conversión de unidades SI

Para trabajar con el sistema SI, debes saber cómo convertir de unas unidades a otras. Esto requiere la destreza de **calcular**, o realizar operaciones matemáticas. Convertir unidades SI es igual que convertir dólares y monedas de 10 centavos, porque los dos sistemas se basan en múltiplos de diez.

Digamos que quieres convertir en metros una longitud de 80 centímetros. Sigue estos pasos para convertir las unidades.

1. Comienza por escribir la medida que quieres convertir; en este ejemplo, 80 centímetros.
2. Escribe el factor de conversión que represente la relación entre las dos unidades. En este ejemplo, la relación es *1 metro = 100 centímetros*. Escribe el factor como fracción. Asegúrate de poner en el denominador las unidades de las que conviertes (en este ejemplo, centímetros).

3. Multiplica la medición que quieres convertir por la fracción. Las unidades de esta primera medición se cancelarán con las unidades del denominador. Tu respuesta estará en las unidades a las que conviertes.

Ejemplo

80 centímetros = ____?____ metros

$$80 \text{ centímetros} \times \frac{1 \text{ metro}}{100 \text{ centímetros}} = \frac{80 \text{ metros}}{100}$$

$$= 0.8 \text{ metros}$$

Convierte las unidades siguientes. **ACTIVIDAD**

1. 600 milímetros = _?_ metros
2. 0.35 litros = _?_ mililitros
3. 1,050 gramos = _?_ kilogramos

Realizar una investigación científica

En cierta forma, los científicos son como detectives que unen claves para entender un proceso o acontecimiento. Una forma en que los científicos reúnen claves es realizar experimentos. Los experimentos prueban las ideas en forma cuidadosa y ordenada. Sin embargo, no todos los experimentos siguen los mismos pasos en el mismo orden, aunque muchos tienen un esquema parecido al que se describe aquí.

Plantear preguntas

Los experimentos comienzan planteando una pregunta científica. Las preguntas científicas son las que se pueden responder reuniendo pruebas. Por ejemplo, la pregunta "¿qué se congela más rápidamente, el agua dulce o el agua salada?" es científica, porque puedes realizar una investigación y reunir información para contestarla.

Desarrollar una hipótesis

El siguiente paso es formular una hipótesis. Las **hipótesis** son predicciones acerca de los resultados de los experimentos. Como todas las predicciones, las hipótesis se basan en tus observaciones y en tus conocimientos o experiencia. Pero, a diferencia de muchas predicciones, las hipótesis deben ser algo que se pueda poner a prueba. Las hipótesis bien enunciadas adoptan la forma *Si... entonces...* y en seguida el planteaminto. Por ejemplo, una hipótesis sería "*si añado sal al agua dulce, entonces tardará más en congelarse*". Las hipótesis enunciadas de esta manera son un boceto aproximado del experimento que debes realizar.

Crear un experimento

Enseguida, tienes que planear una forma de poner a prueba tu hipótesis. Debes redactarla en forma de pasos y describir las observaciones o mediciones que harás.

Dos pasos importantes de la creación de experimentos son controlar las variables y formular definiciones operativas.

Controlar variables   En los experimentos bien planeados, tienes que cuidar que todas las variables sean la misma excepto una. Una **variable** es cualquier factor que pueda cambiarse en un experimento. El factor que modificas se llama **variable manipulada**. En nuestro experimento, la variable manipulada es la cantidad de sal que se añade al agua. Los demás factores son constantes, como la cantidad de agua o la temperatura inicial.

El factor que cambia como resultado de la variable manipulada se llama **variable de respuesta** y es lo que mides u observas para obtener tus resultados. En este experimento, la variable de respuesta es cuánto tarda el agua en congelarse.

Un **experimento controlado** es el que mantiene constante todos los factores salvo uno. Estos experimentos incluyen una prueba llamada de **control**. En este experimento, el recipiente 3 es el de control. Como no se le añade sal, puedes comparar con él los resultados de los otros experimentos. Cualquier diferencia en los resultados debe obedecer en exclusiva a la adición de sal.

Formular definiciones operativas

Otro aspecto importante de los experimentos bien planeados es tener definiciones operativas claras. Las **definiciones operativas** son enunciados que describen cómo se va a medir cierta variable o cómo se va a definir. Por ejemplo, en este experimento, ¿cómo determinarás si el agua se congeló? Quizá decidas meter un palito en los recipientes al comienzo del experimento. Tu definición operativa de "congelada" sería el momento en que el palito dejara de moverse.

PROCEDIMIENTO EXPERIMENTAL

1. Llena 3 recipientes con agua fría de la llave.

2. Añade 10 gramos de sal al recipiente 1 y agita. Añade 20 gramos de sal al recipiente 2 y agita. No añadas sal al recipiente 3.

3. Coloca los tres recipientes en el congelador.

4. Revisa los recipientes cada 15 minutos. Anota tus observaciones.

Interpretar datos

Las observaciones y mediciones que haces en los experimentos se llaman datos. Debes analizarlos al final de los experimentos para buscar regularidades o tendencias. Muchas veces, las regularidades se hacen evidentes si organizas tus datos en una tabla o una gráfica. Luego, reflexiona en lo que revelan los datos. ¿Apoyan tu hipótesis? ¿Señalan una falla en el experimento? ¿Necesitas reunir más datos?

Sacar conclusiones

Las conclusiones son enunciados que resumen lo que aprendiste del experimento. Cuando sacas una conclusión, necesitas decidir si los datos que reuniste apoyan tu hipótesis o no. Tal vez debas repetir el experimento varias veces para poder sacar alguna conclusión. A menudo, las conclusiones te llevan a plantear preguntas nuevas y a planear experimentos nuevos para responderlas.

ACTIVIDAD

Al rebotar una pelota, ¿influye la altura de la cual la arrojas? De acuerdo con los pasos que acabamos de describir, planea un experimento controlado para investigar este problema.

Razonamiento crítico

¿Alguien te ha pedido consejo acerca de un problema? En tal caso, es probable que hayas ayudado a esa persona a pensar en el problema a fondo y de manera lógica. Sin saberlo, aplicaste las destrezas del razonamiento crítico, que consiste en reflexionar y emplear la lógica para resolver problemas o tomar decisiones. A continuación se describen algunas destrezas de razonamiento crítico.

Comparar y contrastar

Cuando buscas las semejanzas y las diferencias de dos objetos, aplicas la destreza de **comparar y contrastar**. Comparar es identificar las semejanzas, o características comunes. Contrastar significa encontrar las diferencias. Analizar los objetos de este modo te servirá para descubrir detalles que en otro caso quizá omitirías.

Compara y contrasta los dos animales de la foto. Anota primero todas las semejanzas que veas y luego todas las diferencias. **ACTIVIDAD**

Aplicar los conceptos

Cuando recurres a tus conocimientos de una situación para entender otra parecida, empleas la destreza de **aplicar los conceptos**. Ser capaz de transferir tus conocimientos de una situación a otra demuestra que realmente entiendes el concepto. Con esta destreza respondes en los exámenes las preguntas que tienen problemas distintos de los que estudiaste en clase.

Acabas de aprender que el agua tarda más en congelarse si se le mezclan otras sustancias. Con este conocimiento, explica por qué en invierno necesitamos poner en el radiador de los autos una sustancia llamada anticongelante. **ACTIVIDAD**

Interpretar ilustraciones

En los libros hay diagramas, fotografías y mapas para aclarar lo que lees. Estas ilustraciones muestran procesos, lugares e ideas de forma visual. La destreza llamada **interpretar ilustraciones** te sirve para aprender de estos elementos visuales. Para entender una ilustración, date tiempo para estudiarla junto con la información escrita que la acompañe. Las leyendas indican los conceptos fundamentales de la ilustración. Los nombres señalan las partes importantes de diagramas y mapas, en tanto que las claves explican los símbolos de los mapas.

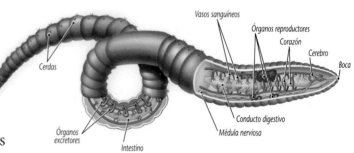

Vasos sanguíneos
Órganos reproductores
Corazón
Cerebro
Boca
Cerdas
Conducto digestivo
Médula nerviosa
Intestino
Órganos excretores

▲ **Anatomía interna de la lombriz de tierra**

Estudia el diagrama de arriba. Luego, escribe un párrafo breve donde expliques lo que aprendiste.

Relacionar causa y efecto

Si un suceso es la causa de que otro ocurra, se dice que ambos tienen una relación de causa y efecto. Cuando determinas que hay tal relación entre dos sucesos, muestras una destreza llamada **relacionar causa y efecto**. Por ejemplo, si observas en tu piel una hinchazón roja y que te causa irritación, infieres que te picó un mosquito. La picadura es la causa y la hinchazón el efecto.

Es importante aclarar que aunque dos sucesos ocurran al mismo tiempo, no necesariamente generan una relación de causa y efecto. Los científicos se basan en la experimentación y en experiencias pasadas para determinar la existencia de una relación de causa y efecto.

Hacer generalizaciones

Cuando sacas una conclusión acerca de todo un grupo basado en la información de sólo algunos de sus miembros, aplicas una destreza llamada **hacer generalizaciones**. Para que las generalizaciones sean válidas, la muestra que escojas debe ser lo bastante grande y representativa de todo el grupo. Por ejemplo, puedes ejercer esta destreza en un puesto de frutas si ves un letrero que diga "Pruebe algunas uvas antes de comprar". Si tomas unas uvas dulces, concluyes que todas las uvas son dulces y compras un racimo grande.

Formular juicios

Cuando evalúas algo para decidir si es bueno o malo, correcto o incorrecto, utilizas una destreza llamada **formular juicios**. Por ejemplo, formulas juicios cuando prefieres comer alimentos saludables o recoges la basura de un parque. Antes de formular el juicio, tienes que meditar en las ventajas y las desventajas de la situación y mostrar los valores y las normas que sostienes.

Resolver problemas

Cuando te vales de las destrezas de razonamiento crítico para resolver un asunto o decidir una acción, practicas una destreza llamada **resolver problemas**. Algunos problemas son sencillos, como la forma de convertir fracciones en decimales. Otros, como averiguar por qué dejó de funcionar tu computadora, son complicados. Algunos problemas complicados se resuelven con el método de ensayo y error —ensayas primero una solución; si no funciona, intentas otra—. Entre otras estrategias útiles para resolver problemas se encuentran hacer modelos y realizar una lluvia de ideas con un compañero en busca de soluciones posibles.

Organizar la información

A medida que lees este libro, ¿cómo puedes comprender toda la información que contiene? En esta página se muestran herramientas útiles para organizar la información. Se denominan *organizadores gráficos* porque te dan una imagen de los temas y de la relación entre los conceptos.

Redes de conceptos

Las redes de conceptos son herramientas útiles para organizar la información en temas generales. Comienzan con un tema general que se descompone en conceptos más concretos. De esta manera, se facilita la comprensión de las relaciones entre los conceptos.

Para trazar una red de conceptos, se anotan los términos (por lo regular sustantivos) dentro de óvalos y se conectan con palabras de enlace. El concepto más general se pone en la parte superior. Conforme se desciende, los términos son cada vez más específicos. Las palabras de enlace, que se escriben sobre una línea entre dos óvalos, describen las relaciones de los conceptos que unen. Si sigues hacia abajo cualquier encadenamiento de conceptos y palabras de enlace, suele ser fácil leer una oración.

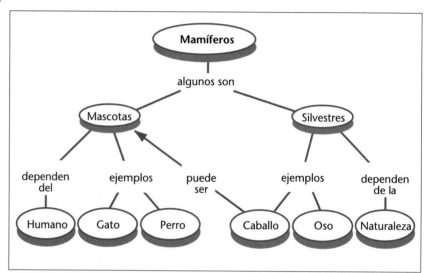

Algunas redes de conceptos comprenden nexos que vinculan un concepto de una rama con otro de una rama distinta. Estos nexos, llamados cruzados, muestran relaciones más complicadas entre conceptos.

Tablas para comparar y contrastar

Las tablas para comparar y contrastar son herramientas útiles para clasificar las semejanzas y las diferencias entre dos o más objetos o sucesos. Las tablas proporcionan un esquema organizado para realizar comparaciones de acuerdo con las características que identifiques.

Para crear una tabla para comparar y contrastar, anota los elementos que vas a comparar en la parte superior. Enseguida, haz en la columna izquierda una lista de las características que formarán la base de tus comparaciones. Para terminar tu tabla,

Característica	Béisbol	Baloncesto
Núm. de jugadores	9	5
Campo de juego	Diamante de béisbol	Cancha de baloncesto
Equipo	Bates, pelotas, manoplas	Canasta, pelota

asienta la información sobre cada característica, primero de un elemento y luego del siguiente.

Diagramas de Venn

Los diagramas de Venn son otra forma de mostrar las semejanzas y las diferencias entre elementos. Estos diagramas constan de dos o más círculos que se superponen parcialmente. Cada círculo representa un concepto o idea. Las características comunes, o semejanzas, se anotan en la parte superpuesta de ambos círculos. Las características únicas, o diferencias, se escriben en las partes de los círculos que no pertenecen a la zona de superposición.

Para trazar un diagrama de Venn, dibuja dos círculos superpuestos. Encabézalos con los nombres de los elementos que vas a comparar. En cada círculo, escribe las características únicas en

las partes que no se superponen. Luego, anota en el área superpuesta las características compartidas.

Diagramas de flujo

Los diagramas de flujo ayudan a entender el orden en que ciertos sucesos ocurren o deben ocurrir. Sirven para esbozar las etapas de un proceso o los pasos de un procedimiento.

Para hacer un diagrama de flujo, escribe en un recuadro una descripción breve de cada suceso. Anota el primero en la parte superior de la hoja, seguido por el segundo, el tercero, etc. Para terminar, dibuja una flecha que conecte cada suceso en el orden en que ocurren.

Diagramas de ciclos

Los diagramas de ciclos muestran secuencias de acontecimientos continuas, o ciclos. Las secuencias continuas no tienen final, porque cuando termina el último suceso, el primero se repite. Como los diagramas de flujo, permiten entender el orden de los sucesos.

Para crear el diagrama de un ciclo, escribe en un recuadro una descripción breve de cada suceso. Coloca uno en la parte superior de la hoja, al centro. Luego, sobre un círculo imaginario y en el sentido de las manecillas del reloj, escribe cada suceso en la secuencia correcta. Dibuja flechas que conecten cada suceso con el siguiente, de modo que se forme un círculo continuo.

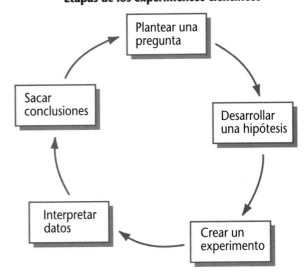

Crear tablas de datos y gráficas

¿**C**ómo se entiende el significado de los datos de los experimentos científicos? El primer paso es organizarlos para comprenderlos. Para ello, son útiles las tablas de datos y las gráficas.

Tablas de datos

Ya reuniste los materiales y preparaste el experimento. Pero antes de comenzar, necesitas planificar una forma de anotar lo que ocurre durante el experimento. En una tabla de datos puedes escribir tus observaciones y mediciones de manera ordenada.

Por ejemplo, digamos que un científico realizó un experimento para saber cuántas calorías queman sujetos de diversas masas corporales al realizar varias actividades. La tabla de datos muestra los resultados.

Observa en la tabla que la variable manipulada (la masa corporal) es el encabezado de una columna. La variable de respuesta (en el experimento 1, las calorías quemadas al andar en bicicleta) encabeza la siguiente columna. Las columnas siguientes se refieren a experimentos relacionados.

CALORÍAS QUEMADAS EN 30 MINUTOS DE ACTIVIDAD			
Masa corporal	Experimento 1 Ciclismo	Experimento 2 Baloncesto	Experimento 3 Ver televisión
30 kg	60 calorías	120 calorías	21 calorías
40 kg	77 calorías	164 calorías	27 calorías
50 kg	95 calorías	206 calorías	33 calorías
60 kg	114 calorías	248 calorías	38 calorías

Gráficas de barras

Para comparar cuántas calorías se queman al realizar varias actividades, puedes trazar una gráfica de barras. Las gráficas de barras muestran los datos en varias categorías distintas. En este ejemplo, el ciclismo, el baloncesto y ver televisión son las tres categorías. Para trazar una gráfica de barras, sigue estos pasos.

1. En papel cuadriculado, dibuja un eje horizontal, o eje de las *x*, y uno vertical, o de las *y*.
2. En el eje horizontal, escribe los nombres de las categorías que vas a graficar. Escribe también un nombre para todo el eje.
3. En el eje vertical anota el nombre de la variable de respuesta. Señala las unidades de medida. Para crear una escala, marca el espacio equivalente a los números de los datos que reuniste.
4. Dibuja una barra por cada categoría, usando el eje vertical para determinar la altura apropiada. Por ejemplo, en el caso del ciclismo, dibuja la barra hasta la altura de la marca 60 en el eje vertical. Haz todas las barras del mismo ancho y deja espacios iguales entre ellas.
5. Agrega un título que describa la gráfica.

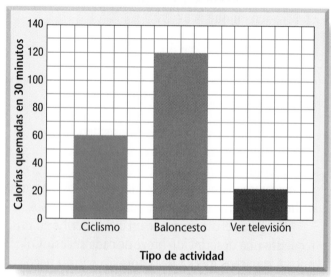

Calorías quemadas por una persona de 30 kilos en diversas actividades

Gráficas de líneas

Puedes trazar una gráfica de líneas para saber si hay una relación entre la masa corporal y la cantidad de calorías quemadas al andar en bicicleta. En estas gráficas, los datos muestran los cambios de una variable (la de respuesta) como resultado de los cambios de otra (la manipulada). Conviene trazar una gráfica de líneas cuando la variable manipulada es *continua*, es decir, cuando hay otros puntos entre los que estás poniendo a prueba. En este ejemplo, la masa corporal es una variable continua porque hay otros pesos entre los 30 y los 40 kilos (por ejemplo, 31 kilos). El tiempo es otro ejemplo de variable continua.

Las gráficas de líneas son herramientas poderosas, pues con ellas calculas las cifras de condiciones que no probaste en el experimento. Por ejemplo, con tu gráfica puedes estimar que una persona de 35 kilos quemaría 68 calorías al andar en bicicleta.

Para trazar una gráfica de líneas, sigue estos pasos.
1. En papel cuadriculado, dibuja un eje horizontal, o eje de las *x*, y uno vertical, o de las *y*.
2. En el eje horizontal, escribe el nombre de la variable manipulada. En el vertical, anota el nombre de la variable de respuesta y añade las unidades de medida.
3. Para crear una escala, marca el espacio equivalente a los números de los datos que reuniste.
4. Marca un punto por cada dato. En la gráfica de esta página, las líneas punteadas muestran cómo marcar el punto del primer dato (30 kilogramos y 60 calorías). En el eje horizontal, sobre la marca de los 30 kilos, proyecta una línea vertical imaginaria. Luego, dibuja una línea horizontal imaginaria que se proyecte del eje vertical en la marca de las 60 calorías. Pon el punto en el sitio donde se cruzan las dos líneas.

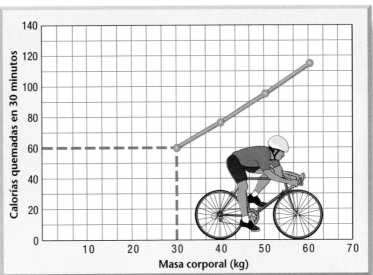

Efecto de la masa corporal en las calorías quemadas al practicar el ciclismo

5. Conecta los puntos con una línea continua. (En algunos casos, tal vez sea mejor trazar una línea que muestre la tendencia general de los puntos graficados. En tales casos, algunos de los puntos caerán arriba o abajo de la línea.)
6. Escribe un título que identifique las variables o la relación de la gráfica.

Traza gráficas de líneas con los datos de la tabla de los experimentos 2 y 3.

ACTIVIDAD

Acabas de leer en el periódico que en la zona donde vives cayeron 4 centímetros lluvia en junio, 2.5 centímetros en julio y 1.5 centímetros en agosto. ¿Qué gráfica escogerías para mostrar estos datos? Traza tu gráfica en papel cuadriculado.

ACTIVIDAD

Gráficas circulares

Como las gráficas de barras, las gráficas circulares sirven para mostrar los datos en varias categorías separadas. Sin embargo, a diferencia de las gráficas de barras, sólo se trazan cuando tienes los datos de *todas* las categorías que comprende tu tema. Las gráficas circulares se llaman a veces gráficas de pastel, porque parecen un pastel cortado en rebanadas. El pastel representa todo el tema y las rebanadas son las categorías. El tamaño de cada rebanada indica qué porcentaje tiene cada categoría del total.

La tabla de datos que sigue muestra los resultados de una encuesta en la que se pidió a 24 adolescentes que declararan su deporte favorito. Con esos datos, se trazó la gráfica circular de la derecha.

Deportes que prefieren los adolescentes

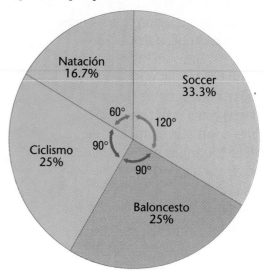

DEPORTES FAVORITOS	
Deporte	Número de estudiantes
Soccer	8
Baloncesto	6
Ciclismo	6
Natación	4

Para trazar una gráfica circular, sigue estos pasos.

1. Dibuja un círculo con un compás. Marca el centro con un punto. Luego, traza una línea del centro a la parte superior.

2. Para determinar el tamaño de cada "rebanada", establece una proporción en la que x sea igual al número de grados de la rebanada (NOTA: Los círculos tienen 360 grados). Por ejemplo, para calcular el número de grados de la rebanada del "soccer", plantea la relación siguiente:

$$\frac{\text{estudiantes que prefieren el soccer}}{\text{número total de estudiantes}} = \frac{x}{\text{número total de grados del círculo}}$$

$$\frac{8}{24} = \frac{x}{360}$$

Haz la multiplicación cruzada y resuelve x.

$$24x = 8 \times 360$$
$$x = 120$$

La rebanada de "soccer" tendrá 120 grados.

3. Mide con un transportador el ángulo de la primera rebanada. La línea de 0° es la que trazaste hasta la parte superior del círculo. Dibuja una línea que vaya del centro del círculo al extremo del ángulo que mediste.

4. Prosigue alrededor del círculo, midiendo cada rebanada con el transportador. Comienza en el borde de la rebanada anterior para que no se superpongan. Cuando termines, el círculo debe estar completo.

5. Determina el porcentaje del círculo que representa cada rebanada. Para ello, divide el número de grados de cada rebanada entre los grados del círculo (360) y multiplica por 100. En el caso de la rebanada del "soccer", calcula el porcentaje como sigue:

$$\frac{120}{360} \times 100\% = 33.3\%$$

6. Colorea cada rebanada. Escribe el nombre de la categoría y el porcentaje que representa.

7. Escribe el título de la gráfica circular.

> En un salón de 28 estudiantes, 12 van a la escuela en autobús, 10 caminan y 6 van en bicicleta. Traza una gráfica circular para mostrar estos datos. **ACTIVIDAD**

Seguridad en el laboratorio

Símbolos de seguridad

Estos símbolos te alertan de posibles daños en el laboratorio y te recuerdan que trabajes con cuidado.

Gafas de protección Usa siempre estas gafas para protegerte los ojos en cualquier actividad que requiera sustancias químicas, flamas o calor o bien la posibilidad de que se rompan cristales.

Delantal Ponte el delantal para proteger de daños tu piel y tu ropa.

Frágil Trabajas con materiales que se pueden romper, como recipientes de cristal, tubos de vidrio, termómetros o embudos. Maneja estos materiales con cuidado. No toques los vidrios rotos.

Guantes térmicos Ponte un guante de cocina o alguna otra protección para las manos cuando manipules materiales calientes. Las parrillas, el agua o los cristales calientes pueden causar quemaduras. No toques objetos calientes con las manos desnudas.

Caliente Toma los objetos de vidrio calientes con abrazaderas o tenazas. No toques objetos calientes con las manos desnudas.

Objeto filoso Las tijeras puntiagudas, los escalpelos, las navajas, las agujas, los alfileres y las tachuelas son filosos. Pueden cortar o pincharte la piel. Dirige siempre los bordes filosos lejos de ti y de los demás. Usa instrumentos afilados según las instrucciones.

Descarga eléctrica Evita la posibilidad de descargas eléctricas. Nunca uses equipo eléctrico cerca del agua ni cuando el equipo o tus manos estén húmedos. Verifica que los cables no estén enredados ni que puedan hacer que alguien tropiece. Desconecta el equipo cuando no esté en uso.

Corrosivo Trabajas con ácido u otra sustancia química corrosiva. No dejes que salpique en tu piel, ropa ni ojos. No inhales los vapores. Cuando termines la actividad, lávate las manos.

Veneno No permitas que ninguna sustancia química tenga contacto con la piel ni inhales los vapores. Cuando termines la actividad, lávate las manos.

Ten cuidado Cuando un experimento requiere actividad física, toma tus precauciones para que no te lastimes ni lesiones a los demás. Sigue las instrucciones del maestro. Avísale si hay alguna razón por la que no puedas participar en la actividad.

Precaución con los animales Trata con cuidado a los animales vivos para no hacerles daño ni que te lastimen. El trabajo con partes de animales o animales conservados también requiere cuidados. Cuando termines la actividad, lávate las manos.

Precaución con las plantas Maneja las plantas en el laboratorio o durante el trabajo de campo sólo como te lo indique el maestro. Avísale si eres alérgico a ciertas plantas que se van a usar en una actividad. No toques las plantas nocivas, como la hiedra, el roble o el zumaque venenosos ni las que tienen espinas. Cuando termines la actividad, lávate las manos.

Flamas Es posible que trabajes con flamas de mecheros, velas o cerillos. Anúdate por atrás el cabello y la ropa sueltos. Sigue las instrucciones de tu maestro sobre cómo encender y extinguir las flamas.

No flamas Es posible que haya materiales inflamables. Verifica que no haya flamas, chispas ni otras fuentes expuestas de calor.

Vapores Cuando haya vapores venenosos o desagradables, trabaja en una zona ventilada. No inhales los vapores directamente. Prueba los olores sólo cuando el maestro lo indique y efectúa un movimiento de empuje para dirigir el vapor hacia tu nariz.

Desechos Es preciso desechar en forma segura las sustancias químicas y los materiales de la actividad. Sigue las instrucciones de tu maestro.

Lavarse las manos Cuando termines la actividad, lávate muy bien las manos con jabón antibacteriano y agua caliente. Frota los dos lados de las manos y entre los dedos. Enjuaga por completo.

Normas generales de seguridad Es posible que veas este símbolo cuando ninguno de los anteriores aparece. En este caso, sigue las instrucciones concretas que te proporcionen. También puede ser que veas el símbolo cuando te pidan que establezcas tu propio procedimiento de laboratorio. Antes de proseguir, pide a tu maestro que apruebe tu plan.

Reglas de seguridad en ciencias

Para que estés preparado y trabajes con seguridad en el laboratorio, repasa las siguientes reglas de seguridad. Luego, vuélvelas a leer. Asegúrate de entenderlas y seguirlas todas. Pide a tu maestro que te explique las que no comprendas.

Normas de atuendo

1. Para evitar lesiones oculares, ponte las gafas de protección siempre que trabajes con sustancias químicas, mecheros, objetos de vidrio o cualquier cosa que pudiera entrar en los ojos. Si usas lentes de contacto, avísale a tu maestro o maestra.
2. Ponte un delantal o una bata cuando trabajes con sustancias corrosivas o que manchen.
3. Si tienes el cabello largo, anúdalo por atrás para alejarlo de sustancias químicas, flamas o equipo.
4. Quítate o anuda en la espalda cualquier prenda o adorno que cuelgue y que pueda entrar en contacto con sustancias químicas, flamas o equipo. Súbete o asegura las mangas largas.
5. Nunca lleves zapatos descubiertos ni sandalias.

Precauciones generales

6. Lee varias veces todas las instrucciones de los experimentos antes de comenzar la actividad. Sigue con cuidado todas las directrices escritas y orales. Si tienes dudas sobre alguna parte de un experimento, pide a tu maestro que te ayude.
7. Nunca realices actividades que no te hayan encargado o que no estén autorizadas por el maestro. Antes de "experimentar" por tu cuenta, pide permiso. Nunca manejes ningún equipo sin autorización explícita.
8. Nunca realices las actividades de laboratorio sin supervisión directa.
9. Nunca comas ni bebas en el laboratorio.
10. Conserva siempre limpias y ordenadas todas las áreas del laboratorio. Lleva al área de trabajo nada más que cuadernos, manuales o procedimientos escritos de laboratorio. Deja en la zona designada cualesquiera otros artículos, como bolsas y mochilas.
11. No juegues ni corretees.

Primeros auxilios

12. Informa siempre de todos los incidentes y lesiones a tu maestros no importa si son insignificantes. Notifica de inmediato sobre cualquier incendio.
13. Aprende qué debes hacer en caso de accidentes concretos, como que te salpique ácido en los ojos o la piel (enjuaga los ácidos con abundante agua).
14. Averigua la ubicación del botiquín de primeros auxilios, pero no lo utilices a menos que el maestro te lo ordene. En caso de una lesión, él deberá aplicar los primeros auxilios. También puede ser que te envíe por la enfermera de la escuela o a llamar a un médico.
15. Conoce la ubicación del equipo de emergencia, como el extintor y los artículos contra incendios y aprende a usarlos.
16. Conoce la ubicación del teléfono más cercano y a quién llamar en caso de emergencia.

Medidas de seguridad con fuego y fuentes de calor

17. Nunca uses ninguna fuente de calor, como velas, mecheros y parrillas, sin gafas de protección.
18. Nunca calientes nada a menos que te lo indiquen. Sustancias que frías son inofensivas, pueden volverse peligrosas calientes.
19. No acerques al fuego ningún material combustible. Nunca apliques una flama ni una chispa cerca de una sustancia química combustible.
20. Nunca pases las manos por las flamas.
21. Antes de usar los mecheros de laboratorio, verifica que conoces los procedimientos adecuados para encenderlos y graduarlos, según te enseñó tu maestro. Nunca los toques, pues pueden estar calientes, y nunca los descuides ni los dejes encendidos.
22. Las sustancias químicas pueden salpicar o salirse de tubos de ensayo calientes. Cuando calientes una sustancia en un tubo de ensayo, fíjate que la boca del tubo no apunte hacia alguien.
23. Nunca calientes líquidos en recipientes tapados. Los gases se expanden y pueden hacer estallar el recipiente.
24. Antes de tomar un recipiente que haya sido calentado, acércale la palma de la mano. Si sientes el calor en el dorso, el recipiente está demasiado caliente para asirlo. Usa un guante de cocina para levantarlo.

Uso seguro de sustancias químicas

25. Nunca mezcles sustancias químicas "por diversión". Puedes producir una mezcla peligrosa y quizás explosiva.

26. Nunca acerques la cara a un recipiente que contiene sustancias químicas. Nunca toques, pruebes ni aspires una sustancia a menos que lo indique el maestro. Muchas sustancias químicas son venenosas.

27. Emplea sólo las sustancias químicas que requiere la actividad. Lee y verifica dos veces las etiquetas de las botellas de suministro antes de vaciarlas. Toma sólo lo que necesites. Cuando no uses las sustancias, cierra los recipientes que las contienen.

28. Desecha las sustancias químicas según te instruya tu maestro. Para evitar contaminarlas, nunca las devuelvas a sus recipientes originales. Nunca te concretes a tirar por el fregadero o en la basura las sustancias químicas y de otra clase.

29. Presta atención especial cuando trabajes con ácidos y bases. Vierte las sustancias sobre el fregadero o un recipiente, nunca sobre tu superficie de trabajo.

30. Si las instrucciones son que huelas una sustancia, efectúa un movimiento giratorio con el recipiente para dirigir los vapores a tu nariz; no los inhales directamente.

31. Cuando mezcles un ácido con agua, vacía primero el agua al recipiente y luego agrega el ácido. Nunca pongas agua en un ácido.

32. Extrema los cuidados para no salpicar ningún material del laboratorio. Limpia inmediatamente todos los derrames y salpicaduras de sustancias químicas con mucha agua. Enjuaga de inmediato con agua todo ácido que caiga en tu piel o ropa y notifica enseguida a tu maestro de cualquier derrame de ácidos.

Uso seguro de objetos de vidrio

33. Nunca fuerces tubos ni termómetros de vidrio en topes de hule y tapones de corcho. Si lo requiere la actividad, pide a tu maestro que lo haga.

34. Si usas un mechero de laboratorio, coloca una malla de alambre para impedir que las flamas toquen los utensilios de vidrio. Nunca los calientes si el exterior no está completamente seco.

35. Recuerda que los utensilios de vidrio calientes parecen fríos. Nunca los tomes sin verificar primero si están calientes. Usa un guante de cocina. Repasa la regla 24.

36. Nunca uses objetos de vidrio rotos o astillados. Si algún utensilio de vidrio se rompe, díselo a tu maestra y deséchalo en el recipiente destinado a los vidrios rotos. Nunca tomes con las manos desnudas ningún vidrio roto.

37. Nunca comas ni bebas en un artículo de vidrio de laboratorio.

38. Limpia a fondo los objetos de vidrio antes de guardarlos.

Uso de instrumentos filosos

39. Maneja con mucho cuidado los escalpelos y demás instrumentos filosos. Nunca cortes el material hacia ti, sino en la dirección opuesta.

40. Si te cortas al trabajar en el laboratorio, avisa de inmediato a tu maestra o maestro.

Precauciones con animales y plantas

41. Nunca realices experimentos que causen dolor, incomodidad o daños a mamíferos, aves, reptiles, peces y anfibios. Esta regla se aplica tanto en la escuela como en casa.

42. Los animales se manipulan sólo si es absolutamente indispensable. Tu maestro te dará las instrucciones sobre cómo manejar las especies llevadas a la clase.

43. Si eres alérgico a ciertas plantas, mohos o animales, díselo a tu maestro antes de iniciar la actividad.

44. Durante el trabajo de campo, protégete con pantalones, mangas largas, calcetines y zapatos cerrados. Aprende a reconocer las plantas y los hongos venenosos de tu zona, así como las plantas con espinas, y no las toques.

45. Nunca comas parte alguna de plantas u hongos desconocidos.

46. Lávate bien las manos después de manipular animales o sus jaulas. Lávate también después de las actividades con partes de animales, plantas o tierra.

Reglas al terminar experimentos

47. Cuando termines un experimento, limpia tu área de trabajo y devuelve el equipo a su lugar.

48. Elimina materiales de desecho de acuerdo con las instrucciones de tu maestro.

49. Lávate las manos después de cualquier experimento.

50. Cuando no los uses, apaga siempre los quemadores y las parrillas. Desconecta las parrillas y los equipos eléctricos. Si usaste un mechero, ve que también esté cerrada la válvula de alimentación del gas.

Glosario

A

aceleración Proporción en que cambia la velocidad. (p. 34)

aislante Material cuyas partículas no transfieren calor con facilidad. (p. 175)

B

barra bimetálica Barra hecha de dos metales que se expanden en diferente proporción. (p. 186)

C

caída libre Movimiento en la caída de un objeto en la que la única fuerza que actúa es la gravedad. (p. 58)

calor Energía térmica que es transferida de una sustancia a otra. (p. 171)

calor específico Cantidad de calor requerido para aumentar la temperatura de un kilogramo de sustancia un grado kelvin. (p. 176)

cambio de estado Cambio físico de la materia de un estado a otro. (p. 182)

cero absoluto Temperatura a la que no puede extraerse más energía de la materia. (p. 170)

combustibles fósiles Materiales como el carbón que al quemarse liberan energía química. (p. 155)

combustión Proceso de quemar un combustible para producir energía térmica. (p. 187)

condensación Cambio de la materia del estado gaseoso al estado líquido. (p. 185)

conducción Transferencia de calor entre las partículas dentro de una sustancia. (p. 172)

conductor Material que transfiere calor con facilidad entre las partículas. (p. 175)

congelación Cambio de la materia de líquido a sólido. (p. 184)

convección Transferencia de calor por el movimiento de corrientes dentro de un fluido. (p. 173)

conversión de energía Proceso de cambio de una forma de energía en otra. (p. 149)

corriente de convección Corriente causada por un fluido caliente que asciende y un fluido frío que se hunde. (p. 173)

cuña Plano inclinado móvil. (p. 120)

D

definición operativa Enunciado que describe cómo será medida una variable o cómo será definido un término. (p. 207)

densidad Masa de una sustancia contenida en una unidad de volumen. (p. 94)

E

ebullición Vaporización que ocurre sobre y bajo la superficie de un líquido. (p. 184)

eficiencia Porcentaje de trabajo inicial que se convierte en trabajo final. (p. 114)

eje y rueda Objetos circulares y cilíndricos sujetados que giran en torno a un eje común. (p. 124)

energía Capacidad para producir trabajo o causar cambios. (p. 140)

energía cinética Energía que tiene un objeto debido a su movimiento. (p. 141)

energía eléctrica Energía de cargas eléctricas en movimiento. (p. 145)

energía electromagnética Energía de la luz y de otras formas de radiación. (p. 145)

energía mecánica Energía cinética o potencial asociada al movimiento o la posición del objeto. (p. 144)

energía nuclear Energía potencial almacenada en el núcleo del átomo. (p. 145)

energía potencial Energía almacenada y mantenida en estado de preparación. (p. 142)

energía potencial gravitacional Energía potencial que depende de la altura de un objeto. (p. 143)

energía potencial elástica Energía de objetos que pueden tensarse o apretarse. (p. 143)

energía química Energía potencial almacenada en enlaces químicos. (p. 144)

energía térmica Energía total de las partículas de un objeto. (p. 144)

engranaje Dos o más ruedas unidas por dientes entrelazados. (p. 128)

escala Celsius Escala de temperatura donde el cero y 100 son las temperaturas a las que el agua se congela y hierve. (p. 169)

escala Fahrenheit Escala de temperatura donde 32 y 212 son las temperaturas en que el agua se congela o hierve. (p. 169)

escala Kelvin escala de temperatura en la que cero es la temperatura a la que no puede extraerse más energía de la materia. (p. 169)

estados Las tres formas (sólida, líquida y gaseosa) en que existe la materia. (p. 182)

evaporación Vaporización que ocurre en la superficie de un líquido. (p. 184)

expansión térmica Expansión de la materia al calentarla. (p. 185)

experimento controlado Experimento en el que todos los factores excepto uno se mantienen constantes. (p. 207)

fluido Sustancia que cambia de forma con facilidad. (p. 80)

fricción Fuerza que una superficie ejerce sobre otra cuando se frotan. (p. 56)

fricción de fluido Fricción que ocurre al moverse un objeto a través de un fluido. (p. 57)

fricción de deslizamiento Fricción que ocurre cuando una superficie sólida se desliza sobre otra. (p. 57)

fricción de rodamiento Fricción que ocurre cuando un objeto rueda sobre una superficie. (p. 57)

fuerza Impulso o atracción que se ejerce sobre un objeto. (p. 44)

fuerza centrípeta Fuerza que hace que un objeto se mueva en círculos. (p. 71)

fuerza de flotación Fuerza hacia arriba que ejerce un líquido sobre un objeto sumergido. (p. 91)

fuerza final Fuerza que una máquina ejerce sobre un objeto. (p. 111)

fuerza inicial Fuerza ejercida en una máquina. (p. 111)

fuerza neta Fuerza total sobre un objeto cuando se suman las fuerzas individuales que actúan sobre él. (p. 46)

fuerza desequilibrada fuerza neta diferente de cero que cambia el movimiento de un objeto. (p. 46)

fuerzas equilibradas Fuerzas iguales que actúan sobre un objeto en direcciones opuestas. (p. 46)

fulcro Punto fijo en el que se balancea una palanca. (p. 121)

fusión Cambio de forma de la materia de sólida a líquida. (p. 183)

gravedad Fuerza que atrae objetos hacia la Tierra. (p. 58)

hipótesis Predicción sobre el resultado de un experimento. (p. 206)

inercia Tendencia de un objeto a resistir cualquier cambio en su movimiento. (p. 48)

joule Unidad de trabajo igual a un newton-metro. (p. 109)

ley de la conservación de la energía Regla según la cual la energía no puede crearse ni destruirse. (p. 152)

ley de la conservación del momentum Regla según la cual el momentum total de los objetos no cambia en una interacción. (p. 68)

máquina Aparato que cambia la cantidad de fuerza ejercida o la dirección en que se ejerce la fuerza. (p. 110)

máquina compuesta Aparato que combina dos o más máquinas simples. (p. 128)

masa Cantidad de materia que contiene un objeto. (p. 49)

metro Unidad básica de longitud del SI. (p. 19)

momentum Producto de la masa y la velocidad de un objeto. (p. 67)

motor de combustión externa Motor que al funcionar quema el combustible en su parte exterior. (p. 188)

motor de combustión interna Motor que quema el combustible en sus cilindros. (p. 188)

motor térmico Máquina que convierte la energía térmica en energía mecánica. (p. 187)

movimiento Estado en el que cambia la distancia entre un objeto y otro. (p. 17)

newton Unidad de medida que es igual a la fuerza requerida para acelerar un kilogramo de masa a 1 metro por segundo. (p. 53)

palanca Objeto rígido que gira o rota en torno a un punto fijo. (p. 121)

pascal Unidad de presión igual a un newton por metro cuadrado. (p. 79)

peso Fuerza de gravedad sobre un objeto en la superficie de un planeta. (p. 59)

placa Una de las partes más grandes que componen la capa exterior de la Tierra. (p. 28)

plano inclinado Superficie plana con un extremo más alto que otro. (p. 119)

polea Rueda acanalada por la que se hace pasar una cuerda, cadena o cable. (p. 126)

potencia Velocidad con que se realiza un trabajo. (p. 158)

presión Fuerza ejercida en una superficie dividida entre el área total sobre la que se ejerce la fuerza. (p. 79)

principio de Arquímedes Regla en que la fuerza de flotación sobre un objeto es igual al peso del fluido que desplaza ese objeto. (p. 91)

principio de Bernoulli Regla en que la corriente de un fluido de rápido movimiento ejerce menor presión que el fluido del entorno. (p. 98)

principio de Pascal Regla según la cual, cuando se aplica una fuerza en un fluido confinado, el incremento de la presión se transmite de manera equivalente en todas partes del fluido. (p. 87)

proyectil Cualquier objeto que es lanzado. (p. 58)

punto de congelación Temperatura a la que se congela una sustancia. (p. 56)

punto de ebullición Temperatura a la que hierve un líquido. (p. 184)

punto de fusión Temperatura a la que se funde una sustancia. (p. 183)

punto de referencia Objeto o lugar que se usa como referencia para determinar si un objeto está en movimiento. (p. 18)

radiación Transferencia de energía mediante ondas electromagnéticas. (p. 174)

resistencia del aire Fricción de fluido que experimentan los objetos que caen a través del aire (p. 59)

satélite Cualquier objeto que, en el espacio, viaja en torno a otro objeto. (p. 71)

sistema hidráulico Sistema que multiplica la fuerza al transmitir presión desde una superficie pequeña a través de un fluido confinado a una superficie grande. (p. 88)

Sistema Internacional de Unidades (SI) Sistema de medidas basado en múltiplos de diez y de medidas establecidas de masa, longitud y tiempo. (p. 18)

temperatura Medida de la energía cinética promedio de las partículas de una sustancia. (p. 168)

tendón Banda de material conectivo que une el músculo al hueso. (p. 132)

termostato Aparato que regula la temperatura. (p. 186)

tornillo Plano inclinado enrollado en torno a un cilindro central en forma de espiral. (p. 121)

trabajo Fuerza ejercida en un objeto que hace que se mueva. (p. 106)

vaporización Cambio de estado de la materia de líquido a gas. (p. 184)

variable Cualquier factor que puede cambiar en un experimento. (p. 207)

variable de respuesta Factor que cambia como resultado de un cambio en la variable manipulada en un experimento. (p. 207)

variable manipulada El único factor que los científicos cambian durante un experimento. (p. 207)

velocidad Distancia que viaja un objeto en una unidad de tiempo. (p. 20)

velocidad vectorial Rapidez con dirección. (p. 23)

velocidad terminal Velocidad máxima que un objeto alcanza al caer. (p. 59)

ventaja mecánica Número de veces que una máquina multiplica la fuerza ejercida sobre ella. (p. 113)

ventaja mecánica ideal Ventaja mecánica que una máquina tendría sin fricción. (p. 115)

ventaja mecánica real Ventaja que proporciona una máquina en una situación real. (p. 115)

Reconocimientos

Ilustración

John Edwards & Associates: 68–69, 72, 81, 88 t, 142, 149, 188, 189
GeoSystems Global Corporation: 29
Andrea Golden: 10, 194
Martucci Design: 24, 38, 79, 96
Matt Mayerchak: 40, 102, 164, 192
Morgan Cain & Associates: 60, 71, 75, 80, 84, 87, 88 b, 91, 94, 100, 103, 111, 120, 121, 126, 127, 137, 168, 169, 173, 176, 182, 183, 186, 190, 193, 195, 196
Ortelius Design Inc.: 30–31, 124–125
Matthew Pippin: 156
Rob Schuster: 99
J/B Woolsey Associates: 11, 13, 41, 59, 65, 89, 99 insets

Fotografía

Investigación fotográfica Sue McDermott

Imagen de portada Judy White/Picture Perfect

Naturaleza de las ciencias
Página 10, Brian Smale/Discover Magazine; **11,** Stephen G. Maka/DRK Photo; **12,** Brian Smale/Discover Magazine; **12 inset,** Helen Ghiradella/Discover Magazine.

Capítulo 1
Páginas 14–15, Frans Lanting/Minden Pictures; **16 t,** Richard Haynes; **16 bl,** Bob Abraham/The Stock Market; **16 br,** Roy Morsch/The Stock Market; **17 t,** D. Roundtree/The Image Bank; **17 b,** Steve Maslowski/Photo Researchers; **18,** NASA; **19 l,** Chuck Zsymanski/International Stock; **19 r,** Robert Maier/Animals Animals; **20,** Mike Agliolo/International Stock; **21,** John Kelly/The Image Bank; **22,** National Motor Museum, Beaulieu, England; **23 t,** Topham/The Image Works; **23 b,** David Barnes/The Stock Market; **24,** Marc Romanelli/The Image Bank; **25,** A.T. Willet/The Image Bank; **27,** Richard Haynes; **28 t,** Russ Lappa; **28 b,** Image Makers/The Image Bank; **31,** Richard Haynes; **32,** Richard Haynes; **33,** Lou Jones/The Image Bank; **34 t,** Richard Haynes; **34 b,** Mike Hewitt/Allsport; **35 l,** Tracy Frankel/The Image Bank; **35 m,** Tim DeFrisco/Allsport; **35 r,** Yann Guichaoua/Agence Vandystadt/ Allsport; **36 t,** Addison Geary/Stock Boston; **36 inset,** Corel Corp.; **37,** Corel Corp.; **39 t,** Robert Maier/Animals Animals; **39 b,** Mike Agliolo/International Stock.

Capítulo 2
Páginas 42–43, David Stoecklein/The Stock Market; **44 t,** Russ Lappa; **44 bl,** Calimberti/Liaison International; **44 br,** Alain Ernoult/The Image Bank; **45,** Richard Thom/Visuals Unlimited; **46,** Elisabeth Weiland/Photo Researchers; **47 all,** Richard Haynes; **48,** Bilderberg/The Stock Market; **49 t,** Russ Lappa; **49 b, 51, 52,** Richard Haynes; **54,** Richard Haynes; **55,** Russ Lappa; **56 t,** Jan Hinsch/Science Photo Library/Photo Researchers; **56 b,** B & C Alexander/Photo Researchers; **57 tl,** The Photo Works/Photo Researchers; **57 tr,** Welzenbach/The Stock Market; **57 b,** Russ Lappa; **58 t,** Jack Novak/Superstock; **58 bl,** Megna/Peticolas/Fundamental Photographs; **58br,** Richard Megna/ Fundamental Photographs; **61,** NASA; **62,** Richard Haynes; **63,** Ken O'Donaghue; **64 t,** Richard Haynes; **64 b,** Ed Young/Science Photo Library/Photo Researchers; **65,** Bob Woodward/The Stock Market; **66 l,** Syracuse/Dick Blume/The Image Works; **66 r,** Michael Devin Daly/The Stock Market; **68,** Russ Lappa; **70 t,** Richard Haynes; **70 b,** Corel Corp.; **71,** Jeff Hunter/The Image Bank; **73,** Superstock.

Capítulo 3
Páginas 76–77, Rana Clamitans/Visuals Unlimited; **78 t,** Richard Haynes; **78 bl,** Chlaus Lotscher/ Stock Boston; **78 br,** Milton Feinberg/Stock Boston; **82 l, 82 r,** Richard Megna/Fundamental Photographs; **83,** Russ Lappa; **84,** Benn Mitchell/The Image Bank; **85,** Russ Lappa; **86 t,** Richard Haynes; **86 b,** Chris Sheridan/ Monkmeyer; **89 l,** Stuart Westmorland/Photo Researchers; **89 inset,** Andrew Mertiner/Photo Researchers; **90 t,** Russ Lappa; **90 b,** Ken Marshall/Madison Press Limited; **91,** Russ Lappa; **93,** Richard Haynes; **94,** Russ Lappa; **95,** Runk/Schoenberger/Grant Heilman Photography, Inc.; **97 t,** Richard Haynes; **97 b,** Mercury Archives/The Image Bank; **98 t,** Richard Haynes; **98 b,** Patti McConville/The Image Bank; **100 t,** Russ Lappa; **100 b,** Richard Haynes; **101 tl,** Chlaus Lotscher/ Stock Boston; **101 tr,** Milton Feinberg/Stock Boston; **101 b,** Mercury Archives/The Image Bank.

Capítulo 4
Páginas 104–105, Belinda Banks/Tony Stone Images; **106 all,** Richard Haynes; **107 t,** David A. Jentz/Photo Network; **107 b,** Fotopic/Omni-Photo Communications; **109,** Stephen McBrady/Photo Edit; **110 t,** Richard Haynes; **110 b,** Skjold/Photo Edit; **111,** Skjold/Photo Edit; **112,** Siegfried Tauquer/Leo De Wys; **113 t,** David Young-Wolff/Photo Edit; **113 b,** Richard Haynes; **114,** Russ Lappa; **117,** Richard Haynes; **118 t,** Richard Haynes; **118 b,** Russ Lappa; **119,** John Akhtar/Vivid Images Phtg., Inc.; **120 t,** Tony Freeman/Photo Edit; **120 b, 121,** Russ Lappa; **122 t,** Museum of Modern Art, New York/©FPG International 1991; **123 t,** Russ Lappa; **123 l,** Jerry Wachter/Photo Researchers; **123 r,** Elliot Smith/International Stock; **124 t,** Sylvain Grandadam/Tony Stone Images; **124 b,** Gerard Champion/The Image Bank; **125 t,** Jeffrey Aaronson/Network Aspen; **125 r,** G.B. Archives/Sygma; **126,** John Elk/Stock Boston; **128 t,** David R. Frazier; **128 b,** Tony Freeman/Photo Edit; **129,** Jeff Smith/The Image Bank; **130,** Cleo Freelance Photo/New England Stock; **131,** Richard Haynes; **132,** Russ Lappa; **133 all,** Richard Haynes; **134 t,** Ken Karp; **134 m, b,** Richard Haynes; **135,** Tony Freeman/Photo Edit.

Capítulo 5
Páginas 138–139, Chris Rogers/The Stock Market; **140 t,** Richard Haynes; **140 b,** Charles Doswell III/Tony Stone Images; **141,** Zigy Kaluzny/Tony Stone Images; **143,** J. MacPherson/The Stock Market; **144 l,** John Shaw/Tom Stack & Associates; **144 m,** Paul Silverman/Fundamental Photographs; **144 r,** Daniel Cox/Allstock/PNI; **144–145,** James Balog/Tony Stone Images; **145 t,** William L. Wantland/Tom Stack & Associates; **145 b,** Howard Sochurek/The Stock Market; **146, 147, 148 t,** Richard Haynes; **148 b,** Ken Straiton/The Stock Market; **150 t,** Dr, Harold E. Edgerton/The Harold E. Edgerton 1992 Trust; **150 b,** Jon Chomitz; **151 l,** Richard Megna/Fundamental Photographs; **151 r,** Russ Lappa; **152,** "Waterfall" by M. C. Escher, ©1998, Cordon Art-Baarn-Holland, All Rights Reserved; **153,** Courtesy of the Archives, California Institute of Technology; **154 t,** Russ Lappa; **154 b,** Ludek Pesek/Photo Researchers; **155,** Bryan Peterson/The Stock Market; **158,** Russ Lappa; **159,** Bill Bachmann/Photo Researchers; **161,** Richard Haynes; **162,** The Granger Collection, NY; **163 t,** J. MacPherson/The Stock Market; **163 b,** Dr, Harold E. Edgerton/The Harold E. Edgerton 1992 Trust; **165,** Globus, Holway & Lobel/The Stock Market.

Capítulo 6
Páginas 166–167, Alfred Pasieka/Peter Arnold; **168, 170, 171 t,** Russ Lappa; **171 b,** Michael Mancuso/Omni-Photo Communications; **172,** Stephen L. Saks/Photo Researchers; **173,** Ken O'Donaghue; **174 t,** Tom Campbell/Gamma-Liaison; **174 b,** Richard Haynes; **175 l,** Wayne Lynch/DRK Photo; **175 r,** Gay Bumgarner/TSI; **177,** Mike Mazzaschi/Stock Boston; **179,** Richard Haynes; **180,** Andy Sacks/TSI; **181 t,** Richard Haynes; **181 b,** Wayne Eastep/TSI; **182 tl,** Runk/Schoenberger/Grant Heilman Photography; **182 tr,** Jack Reznicki/The Stock Market; **182 bl,** Jan Halaska/Photo Researchers; **184,** R. Knolan Benfield, Jr./Visuals Unlimited; **185,** Richard Choy/Peter Arnold, Inc.; **187 t,** Richard Haynes; **187 b,** Larry Ulrich/DRK Photo; **189,** Xenophon A. Beake/The Stock Market; **191,** Wayne Lynch/DRK Photo.

Exploración interdisciplinaria
Página 194 t, IFA/Peter Arnold; **194–195 m,** John Higginson/TSI; **194–195 b** Chris Warren /International Stock; **196–197,** Bob Kramer/Stock Boston; **197 t,** Joseph Pobereskin/TSI; **197 b,** Richard Haynes; **198 tl, 198 b,** Corbis-Bettmann; **198 tm, 198 tr,** The Granger Collection, NY; **199,** Corbis-Bettmann; **200–201,** Richard Weiss/Peter Arnold.

Manual de destrezas
Página 202, Mike Moreland/Photo Network; **203 t,** Foodpix; **203 m,** Richard Haynes; **203 b,** Russ Lappa; **206,** Richard Haynes; **208,** Ron Kimball; **209,** Renee Lynn/Photo Researchers.

Versión en español

Editorial Compuvisión México